TAMARA HINZ

DU BIST DIR ANVERTRAUT

GEISTLICH UND PERSÖNLICH WACHSEN

SCM
R.Brockhaus

SCM

Stiftung Christliche Medien

Der SCM-Verlag ist eine Gesellschaft der Stiftung Christliche Medien, einer gemeinnützigen Stiftung, die sich für die Förderung und Verbreitung christlicher Bücher, Zeitschriften, Filme und Musik einsetzt.

Edition
AufAtmen
Herausgeber: Ulrich Eggers

MIX
Papier aus verantwortungsvollen Quellen
FSC® C083411
www.fsc.org

Internet: www.scmedien.de; E-Mail: info@scm-verlag.de

Umschlaggestaltung: Miriam Gamper-Brühl | Essen | www.dko-design.de
Umschlagfotos: Sven Lorenz/Essen
Satz: Christoph Möller, Hattingen
Druck und Bindung: CPI books GmbH, Leck
Gedruckt in Deutschland
ISBN 978-3-417-26655-9
Bestell-Nr.: 226.655

Für die Erforschung des Weltalls haben wir einiges Geschick entwickelt, aber für die Erforschung unseres persönlichen inneren Raums haben wir ähnliche Fähigkeiten nicht entwickelt. Die längste Reise ist die Reise nach innen.

Dag Hammerskjöld[1]

Inhalt

Kapitel 1

Dora und Heiner

Ich lebe mein Leben in wachsenden Ringen.

Rainer Maria Rilke

Ich sitze bei Dora und Heiner im Wohnzimmer. Heinerle, wie er von seiner Frau liebevoll genannt wird, reicht mir mit einer Hand, die von Altersflecken übersät ist, einen Teller mit köstlichem Käsekuchen. Den esse ich hier immer, seit Dora weiß, dass dieser Kuchen zu meinen Favoriten zählt. Dora schenkt mir mit etwas zittrigen Händen eine Tasse Kaffee ein, bevor sie vorsichtig und langsam wieder auf das Sofa neben Heiner sinkt. Der lässt seinen Blick kurz über den gedeckten Tisch schweifen und sagt wie nebenbei: „Danke, Jesus!" Dora legt ihre runzlige in Heiners altersfleckenübersäte Hand und beide strahlen mich erwartungsvoll, mit hellwachen und blitzenden Augen an.

„Na, dann erzähl mal, Kindchen (Dora sagt immer Kindchen zu mir – ungeachtet der Tatsache, dass ich die fünfzig schon längst überschritten habe), erzähl mal, was dein Leben so macht!"

Und ich erzähle, „was mein Leben so macht". Erzähle von dem, was ich in der letzten Woche erlebt habe, erzähle von meinen Siegen genauso wie von meinen Niederlagen, von lustigen Begebenheiten und solchen, die mich nachdenklich oder traurig gestimmt haben. Ich erzähle von meiner Angst, etwas falsch zu machen, von meiner Unsicherheit und meinem Versagen, aber auch von Momenten, in denen sich alles richtig angefühlt hat und absolut rund- und perfekt gelaufen ist.

Ich erzähle, weil ich mich hier, in diesem Zimmer, bei diesen beiden alten Menschen, absolut verstanden, absolut geliebt und absolut angenommen fühle. Die beiden strahlen solch eine Wärme und Herzensgüte aus, dass man eigentlich gar nicht anders kann, als sich rundherum wohlzufühlen.

Von Heiner und Dora hört man keine selbstgerechten Sätze, wie: „*Das* hätte es bei uns früher nicht gegeben!“ Man sieht bei ihnen keinen erhobenen Zeigefinger und bekommt keine frömmelnden Vorträge zu hören. Von ihnen fühle ich mich nie auf unangenehme Weise belehrt, obwohl das Zusammensein mit ihnen und das, was sie sagen, Lehre pur ist!

Wenn Heiner und Dora etwas sagen, dann reden sie entweder von sich persönlich oder sie sagen „uns“ und „wir“. So, als würden sie ihre Arme weit öffnen und mich in ihre Erfahrungen und Lernprozesse mit hineinnehmen. In ihrer Gegenwart gibt es kein „oben“ und kein „unten“, sondern nur ein Nebeneinander, ein Zusammen und ein gemeinsames Unterwegssein in der Nachfolge.

Und noch etwas lässt mich ihre Gegenwart so genießen: Die beiden sind abgrundtief ehrlich. Als ich ihnen letzthin von einer Situation erzähle, in der ich mich meinem Mann gegenüber sehr unschön benommen habe, nickt Heiner. „Du, das kenn ich leider auch“, sagt er mit bekümmerter Miene, „ich war gegenüber Dora und unseren Kindern manchmal ein richtiger Stieselkopp und habe ihnen damit oft sehr wehgetan. Für manche Szene schäme ich mich noch heute.“

Ich kann mir zwar nicht so richtig vorstellen, dass dieser liebenswürdige alte Herr auch ein „Stieselkopp“ sein kann, aber da Dora wissend nickt, scheint es zu stimmen. „Ich bin so dankbar, dass unser Herr mir immer wieder vergibt. Und meine Dorle tut das – Gott sei's gedankt – auch“, schiebt er hinterher und umfängt seine Frau mit einem liebevollen Blick.

„Unser Herr“ ist in diesem Raum allgegenwärtig. Jesus ist hier so stark und spürbar anwesend, dass ich kein bisschen überrascht oder irritiert wäre, säße er leibhaftig und sichtbar zwischen Dora und Heiner auf der Couch. Von ihm reden die beiden mit einer einzigartigen Mischung aus Achtung, Respekt und großem Vertrautsein. Sie reden von einem Jesus, der unglaublich faszinierend, begeisternd und uns zugewandt ist, und malen mir dabei immer wieder vor Augen, wie das Leben mit ihm sein kann und wie es ursprünglich gedacht war. Wenn ich bei Dora und Heiner bin, bekomme ich eine irre Lust, diesen Jesus noch besser kennenzulernen, und möchte sofort alles für ihn stehen und liegen lassen. Mit „ihrem“ Jesus zusammen zu sein, scheint ein Fest zu sein – und bei diesem Fest will ich unbedingt dabei sein!

Wie wird man so? So authentisch, so souverän, so humorvoll, so geradlinig, so stark, so liebevoll und wertschätzend, so unglaublich … jesusähnlich?

Ich könnte den beiden stundenlang zuhören, wenn sie mir dann erzählen, „was *ihr* Leben so macht“. Wie sie mal sehr humorig (dann stoßen die beiden sich an und kichern wie zwei alberne Teenager), mal sehr verletzlich, mal sehr sachlich oder auch zu Tränen gerührt von ihrem Leben erzählen. Und ich? Ich will eigentlich immer nur eins wissen: Wie wird man so? So authentisch, so souverän, so humorvoll, so geradlinig, so stark, so liebevoll und wertschätzend, so unglaublich … jesusähnlich?

Darauf angesprochen, antwortet mir Heiner mit einem Rilkezitat: „Ich lebe mein Leben in wachsenden Ringen“, sagt er und erklärt: „Weißt du, wir kommen in unserem Leben (da ist es wieder, dieses ‚wir‘) immer wieder an die gleichen Stellen, haben immer wieder die gleichen Themen zu bearbeiten, immer wieder die gleichen Knackpunkte. Das hat etwas mit unserer Persönlichkeit, mit unseren Wunden und mit unseren ganz eigenen Versuchlichkeiten zu tun. Aber wenn wir dranbleiben und uns in diesen Situationen immer wieder entscheiden, Jesus hinterherzulaufen, dann wachsen wir spiralförmig nach oben."

„Genau", ergänzt Dora, „das sind aber meistens gar keine gewichtigen Momente, sondern in unzähligen kleinen Situationen des Alltages entscheiden wir, wie wir leben wollen. Ob wir nach rechts gehen oder nach links. Ob wir *mit* Jesus gehen oder ohne ihn. Ob wir geistlich wachsen oder stehen bleiben." Sie blickt mich nachdenklich an. „Weißt du, du bist dir anvertraut und bist verantwortlich dafür, was du aus dir und deinem Leben machst … Ich zeig dir mal was."

Überraschend kraftvoll steht sie von der Couch auf, geht zu einem Schrank und öffnet ihn. Im mittleren Fach stehen, ordentlich gestapelt und beschriftet, jede Menge Pappkartons. Dora greift wahllos nach einem der Kartons, zieht ihn heraus, stellt ihn auf den Tisch und hebt den Deckel ab. Neugierig schiele ich hinein und sehe jede Menge alte Schreibhefte. Manche sind bereits etwas vergilbt, andere arg zerfleddert. „Hier", sie nimmt das oberste Heft in die Hand, schlägt es auf und hält es mir hin, „ich habe mir beim Bibellesen, bei Predigten oder im Hauskreis oft Notizen gemacht. Das war und ist meine persönliche Wachstumshilfe."

Ich nehme ihr das Heft aus der Hand und blättere darin. Tatsächlich: In ordentlicher Handschrift steht oben das Datum, dann kommt der Bibeltext, um den es ging, und darunter folgen einige Stichworte zum Inhalt. Dann ein kurzer Absatz und …

„Was ist das?", frage ich und zeige auf die Zeilen, die da noch stehen. „Da", sagt Dora, „habe ich mir aufgeschrieben, was ich aus dem, was ich gelesen habe, lernen möchte, was ich ändern will oder was meine nächsten Schritte in dieser Sache sein sollen. Diese konkreten Schritte, die sind so wichtig, weil …", sie überlegt einen Moment und sucht nach Worten, „… weil du dir damit einen Weg für dein geistliches und persönliches Wachstum bahnst.

Und da", sie zeigt mit ihrem zittrigen Runzelfinger auf die nachfolgenden Zeilen, „da habe ich mir noch weitere Bibelstellen aufgeschrieben, die mir zu diesem Thema eingefallen sind, und hab sie dann noch einmal nachgelesen." Sie beugt sich zu mir hinüber und zwinkert mir verschwörerisch zu: „Weißt du, ohne Bibel geht da nix." Sie lehnt sich zufrieden wieder zurück. „Du glaubst es nicht, aber diesen ganzen Spuren zu folgen – das war manchmal richtig spannend!"

Erstaunt sehe ich sie an. So, so – richtig spannend war das also … Ich bin erst mal sprachlos und denke an gefühlte tausend Predigten, die ich schon gehört, Bibeltexte, die ich gelesen, und Bibelgesprächsgruppen, denen ich beigewohnt habe. Und wie wenig sie mich und mein Leben verändert haben – weil ich nicht drangeblieben bin, weil ich zu abgelenkt oder zu bequem war und daher eine Stunde später schon wieder alles vergessen hatte, was Jesus mir vielleicht hatte sagen wollen.

Diese konkreten Schritte, die sind so wichtig, weil du dir damit einen Weg für dein geistliches und persönliches Wachstum bahnst.

„Und das hast du dann auch alles in deinem Leben umgesetzt?", frage ich neugierig. Bevor Dora antworten kann, meldet Heiner sich mit einem verschmitzten Grinsen zu Wort. „Das *hätte* meine liebe Dorle gerne alles umgesetzt", feixt er und erntet dafür einen liebevollen Klaps von seiner Frau.

Während die beiden noch hin- und herplänkeln, mache ich mir so meine Gedanken. Man wird also tatsächlich nicht „einfach so" zu solch einem Menschen wie Dora oder wie Heiner. Geistliches und persönliches Wachstum passieren offenbar nicht automatisch und gänzlich ohne unser Zutun, sondern das Ganze scheint das Ergebnis von vielen kleinen und großen Entscheidungen und einer ehrlichen Auseinandersetzung mit sich selbst zu sein. Hat anscheinend auch mit intensivem Bibelstudium zu tun, mit konkreten Schritten und beharrlichem Dranbleiben. Wie hat Dora das genannt? „Dem geistlichen und persönlichen Wachstum einen Weg bahnen ...“

Geistliches und persönliches Wachstum passieren offenbar nicht automatisch und gänzlich ohne unser Zutun, sondern das Ganze scheint das Ergebnis von vielen kleinen und großen Entscheidungen und einer ehrlichen Auseinandersetzung mit sich selbst zu sein.

Eigenartigerweise erzeugen diese Gedanken in mir weder Druck, noch geben sie mir das Gefühl, eine geistliche Niete zu sein, weil *ich* vermutlich niemals so diszipliniert und strukturiert vorgehen werde, wie Dora es mir vormacht. Solche frustrierenden Gedanken und Gefühle stellen sich bei mir in Gegenwart von dermaßen vorbildlichen Menschen normalerweise im Bruchteil von Sekunden ein. Aber das ist eben auch typisch für diese beiden wunderbaren Menschen: Ich fühle mich von ihnen extrem motiviert, geistlich zu wachsen, aber immer so, wie es zu *mir* passt. Dora und Heiner spornen mich an, mein Bestes zu geben, aber fordern niemals von mir, *ihr* Bestes zu kopieren. Sie ermutigen mich, die Quintessenz aus dem, was sie sagen, herauszufiltern und diese dann in *meinem* Tempo, mit *meinen* Möglichkeiten und in *meiner* Lebenswirklichkeit umzusetzen. Und mehr als alles andere hat dieser von mir ersehnte Entwicklungs- und Reifungsprozess ganz eindeutig mit dem zu tun, was diese beiden aus allen Poren verströmen: einer absolut vertrauensvollen, fröhlich-entspannten Beziehung zu Jesus.

Ich bin neugierig geworden, möchte mich ebenfalls auf Spurensuche begeben und will nachforschen, was es mit solch einem Leben in wachsenden Ringen auf sich hat. Möchte dem Geheimnis geistlicher und persönlicher Reife nachspüren. Und dabei meine Frage mitnehmen: *Wie wird man so? So authentisch, so souverän, so humorvoll, so geradlinig, so stark, so liebevoll und wertschätzend, so unglaublich … jesusähnlich?*

Und genau wie Dora und Heiner möchte ich „Wir“ und vielleicht das eine oder andere Mal auch „Ich“ sagen und damit uns alle, die wir Jesus hinterherlaufen, mit hineinnehmen. Möchte ausmalen, wie es sein könnte und wie es ursprünglich vielleicht gedacht war. Möchte dabei aber zutiefst ehrlich bleiben und aufzeigen, wo es bei uns manchmal „hakt“.

Und wie Dora möchte ich, nachdem ich die guten Wahrheiten erarbeitet habe, nicht in der Theorie hängen bleiben, sondern konkret werden, Schritte in die richtige Richtung gehen und damit einen Weg bahnen. Einen Weg, der andere dazu einlädt, mitzugehen – gemäß *ihrem* Tempo, *ihren* Möglichkeiten und *ihrer* Lebenswirklichkeit. Aber vor allem will ich forschen, was die Bibel zu diesem Thema sagt. Denn, so viel habe ich bereits verstanden: „… ohne Bibel geht da nix!“

Ein Satz von Dora hat sich bei mir ganz tief eingegraben. Es ist, so glaube ich, fast der einzige Satz, den sie nicht in dem für sie typischen „wir“ formuliert hat, sondern mit dem sie mich direkt angesprochen hat: „Weißt du“, hat sie gesagt, „du bist dir anvertraut …“

TEIL I

WAS UNSER LEBEN AUSMACHT

Kapitel 2

Gewollt und geliebt!

Die Ehre Gottes ist der lebendige Mensch.

Irenäus von Lyon

Geliebt! – Immer noch atme ich tief durch, wenn ich diese Aussage über mein Leben höre. Denn für mich ist dieser Zuspruch alles andere als selbstverständlich. Ich habe meine liebenswerten und starken Seiten, mit denen ich ganz passabel und vorzeigbar bin – durchaus. Aber ich kann auch anders. Ich kann anstrengend, schwierig und kontrollierend sein. Manchmal kann ich richtig fies und ungerecht werden. Ich kann dichtmachen, mich abwenden und dem anderen die kalte Schulter zeigen oder mich komplett in meinen Emotionen vergaloppieren. Ich kann in einem Moment sehr selbstüberzeugt sein und im nächsten ein Häufchen Elend, das nach etwas Lob und Anerkennung lechzt. Ich kann rachsüchtig und stolz sein.

Und manchmal, wenn diese unangenehmen und dunklen Seiten aus mir hervorbrechen und andere Menschen mich auf diese Weise kennenlernen, dann packt mich die nackte Angst, ob ich dieses Mal den Bogen nicht überspannt habe. Ob mein Mann, meine Kinder oder gute Freunde und Mitarbeiter sich nicht doch irgendwann von mir abwenden werden und sagen: „Jetzt reicht's! Das Maß ist voll!" Ob nicht doch irgendwann der Punkt kommt, wo der andere geht – weil ich zu weit gegangen bin. Weil ihre Liebe mich nicht aushält.

Ich weiß – und das wird wohl der Grund für meine Angst sein –, dass mir mit Menschen so etwas tatsächlich passieren könnte. Weil es eben Menschen sind und ihre Liebesfähigkeit daher auch begrenzt ist.

Der Einzige, bei dem ich diese Angst nicht habe, ist Jesus. Ich habe bei ihm absolut keine Angst, dass er sich irgendwann vielleicht doch von mir abwenden wird. Ich kenne niemanden, der mich so bedingungslos liebt wie er. Er wird tatsächlich niemals gehen und wird mich niemals alleinlassen. Auch wenn ich es noch so sehr vermasselt habe.

Das Verrückte dabei ist: Ich käme nie auf die Idee, diese bedingungslose Liebe auszunutzen. Im Gegenteil: Diese absolute Sicherheit, die ich bei Jesus erlebe, macht mir Mut, Schädliches loszulassen und Sünde zu überwinden. Spornt mich an, alles für ihn zu geben, was ich habe und zu geben vermag. Diese Liebe zaubert das Beste und Schönste in mir hervor!

Die Überschrift *Geliebt!* steht aber nicht nur über meinem Leben, sondern über dem Leben eines jeden Menschen. Warum ich das mit großer Gewissheit und aus tiefster Überzeugung sagen kann? Für die Antwort müssen wir einen Blick in die Bibel werfen („… ohne Bibel geht da nix!") und nachforschen, wie alles begann. Müssen uns ansehen, was es mit dieser Liebe Gottes auf sich hat und ob sie tatsächlich so tragfähig und belastbar ist wie von mir geschildert. So tragfähig, dass wir das Leben, welches uns anvertraut wurde, auf diesem Fundament aufbauen können.

Eine der wichtigsten Grundaussagen über unser Leben finden wir in einer der beiden Erzählungen über die Erschaffung des Menschen.

Da formte Gott, der Herr, den Menschen aus Erde vom Ackerboden und blies in seine Nase den Lebensatem. So wurde der Mensch zu einem lebendigen Wesen.

Dann legte Gott, der Herr, in Eden, im Osten, einen Garten an und setzte dorthin den Menschen, den er geformt hatte. Gott, der Herr, ließ aus dem Ackerboden allerlei Bäume wachsen, verlockend anzusehen und mit köstlichen Früchten, in der Mitte des Gartens aber den Baum des Lebens und den Baum der Erkenntnis von Gut und Böse.
Und Gott, der Herr, nahm also den Menschen und setzte ihn in den Garten von Eden, damit er ihn bebaue und behüte.

1. Mose 2,7-9.15

Wie alles begann

Mit sehr viel Liebe zum Detail, mit wunderschönen und aussagekräftigen Bildern wird in der Schöpfungserzählung das Wesentliche dessen, was unser Leben ursprünglich ausmacht, entfaltet. Der eigentliche Grund, warum wir leben, ist Gott. Gott will uns! Was für eine großartige Überschrift über unserem Leben: Ich bin gewollt!

Je nachdem, wie unser Leben verläuft, müssen wir in unserem Lebensbuch immer wieder zu diesem Anfang zurückblättern und uns die Überschrift „Von Gott gewollt“ erneut vergegenwärtigen. Denn wir alle kennen Situationen, in denen wir uns ungewollt und überflüssig fühlen. „Ob ich da bin oder nicht, interessiert doch keine Sau“ – diese Aussage eines Jugendlichen mag etwas drastisch klingen, spiegelt aber ein Lebensgefühl wider, was uns durchaus auch als Erwachsene ab und an überfallen kann. Befinden wir uns gerade in einer sehr erfüllenden Phase und werden gebraucht oder haben wir eine wichtige Aufgabe, die uns Bedeutung verleiht, dann mag dieses Gefühl in den Hintergrund treten. Aber haben wir den Eindruck, irgendwie nutzlos zu sein, dann fühlen wir uns einsam.

Werden wir von Menschen zurückgewiesen, ist diese „Keine Sau interessiert sich für mich"-Stimmung ganz schnell wieder da. Für uns und unser Wohlgefühl ist es eben existenziell wichtig, gewollt zu sein. Deshalb versuchen wir unsere Beziehungen, unser Leben und Arbeiten so zu gestalten, dass dieses „Du bist gewollt" an vielen Stellen erfahrbar wird. Und das ist gut so! Letztlich steckt jedoch in diesem Bedürfnis eine Ursehnsucht nach Gott und er ist auch der Einzige, der diese Sehnsucht mit seinem „Ich will dich" wirklich stillen kann.

Gottes Dasein war und ist handfest in seinem „Für uns sein" erlebbar.

Dieser Gott, der nun den Menschen erschafft, ist nicht irgendein Gott, sondern der Gott, der sich seinen Menschen später vorstellt. Im hebräischen Grundtext steht hier statt *„Gott, der Herr,* formte den Menschen" *„Jahwe Elohim* formte den Menschen".

Elohim war die ganz allgemeine Bezeichnung für Gott. Jahwe hingegen war der Name Gottes, mit dem er sich später auch Mose vorgestellt hat. Auf die Frage von Mose, wie er ihn denn nennen solle, antwortete Gott: „Ich bin Jahwe", was so viel bedeutet wie: Ich bin der „Ich bin, der ich bin" oder der „Ich bin da" oder, besser noch: der „Ich bin *für dich* da" (2. Mose 3,13-15). Denn Gottes Dasein in Vergangenheit, Gegenwart und Zukunft, ja, darüber hinaus auch außerhalb von Raum und Zeit war nie etwas Abstraktes, sondern manifestierte sich in der Geschichte und suchte immer die liebende Beziehung zu uns Menschen. Bis heute! Sein Dasein war und ist handfest in seinem „Für uns sein" erlebbar.

Der, der sagt: „Ich will dich", schmeißt uns also nicht einfach ins Leben und überlässt uns dann desinteressiert unserem Schicksal. Wenn er mit uns spricht, dreht er uns nicht den Rücken zu, sondern ist uns zugewandt, schaut uns aufmerksam an und hört uns interessiert zu. Sein Reden und Handeln in unserem Leben ist auf unser

Wohl ausgerichtet. Gott ist unser Verbündeter, der uns fördern und unterstützen will und der an unserer Seite kämpft. Auf diese Überschrift müssen wir uns im Laufe unseres Lebens immer wieder zurückbesinnen.

Von Staub und Sehnsucht

Dieser „Ich bin für dich da", der will, dass der Mensch ins Leben gerufen wird, formt nun aus der Erde des Ackerbodens einen Menschen. Das hebräische Wort, welches hier mit „Ackerboden" übersetzt ist, lässt sich besser mit dem Wort „Staub" wiedergeben. Der Mensch wurde aus *Staub* geformt. Bei dem Wort „Ackerboden" könnte man noch an nahrhafte, vielleicht lehmhaltige und gut formbare Erde denken. Da bringt der Boden gewisse Qualitäten mit, die das Modulieren des Menschen unterstützen oder erleichtern. Aber Staub? Staub zerrinnt zwischen den Fingern. Staub ist Staub-trocken, ihm fehlen Substanz und Voraussetzungen, um daraus etwas zu gestalten. Staub pustet, wischt oder fegt man weg. Er ist der Inbegriff von Vergänglichkeit. Zerfällt etwas zu Staub, ist nichts Substanzielles mehr übrig. Staub ist eigentlich … nichts.

Was für eine Einsicht über den Menschen! Wir bringen in diesen Schöpfungsvorgang nichts mit und leisten keinen eigenen Beitrag. Alles, was wir haben, und alles, was wir sind, haben und sind wir ausschließlich durch den „Ich bin für dich da". Wir sind Abhängige, die ohne Gott überhaupt nicht existieren können. Da bleibt kein Raum für unangebrachten Stolz oder sich selbst auf die Schulter klopfende Eitelkeit, aber umso mehr für Staunen und Dankbarkeit. Aus Staub etwas zu formen – das bringt nur Gott fertig!

Und jetzt hält er dieses kleine Staubmännchen in den Händen und bläst ihm ganz vorsichtig den Lebensatem in die Nase. Wie viel

Zärtlichkeit, wie viel Vorsicht und wie viel Achtsamkeit schwingen dabei mit! Durch den Lebensatem Gottes wird der Mensch ein lebendiges Wesen. Hier steht eigentlich: „So wurde der Mensch zu einer lebendigen *Seele*." Dieses Wort „Seele" meint im Hebräischen in seiner Grundbedeutung die Kehle oder den Schlund eines Lebewesens und damit seine Bedürftigkeit, sein Angewiesensein und seine Verletzlichkeit. Wir sind wie junge Vögel, die ständig ihren Schnabel aufsperren, den Eltern ihre offene Kehle hinhalten und erwarten, dass da immerfort etwas hineingestopft wird.

Ich finde, dieses Bild ist sehr passend, trifft es doch unser Lebensgefühl nur zu gut! Wir leben unser Leben immer mit einer ganz tiefen Bedürftigkeit und ständigen Sehnsucht nach Erfüllung und Sättigung. Diese Sehnsucht tragen wir in uns, weil Gott sie in uns hineingelegt und uns so geschaffen hat. Deswegen sind unsere Sehnsucht nach Leben und unser Verlangen nach Erfüllung in sich niemals etwas Schlechtes, sondern gehören wesensmäßig zu unserem Menschsein. Wir sollten uns davor hüten, unsere Sehnsüchte und Bedürfnisse zu verdrängen oder zu verleugnen. Im Gegenteil: Je stärker sich unerfüllte Sehnsüchte und unklare Bedürfnisse in uns melden, umso genauer sollten wir hinschauen, uns mit ihnen auseinandersetzen und verantwortlich dafür sorgen, dass sie im Sinne Gottes gestillt werden.

Gott setzt den Menschen nun in einen Garten mit verlockend anzusehender Vegetation und köstlichen Früchten. Er bietet seinem Geschöpf einen grandiosen Lebensraum an, in dem er in vollen Zügen genießen und sich freuen kann, in dem er nach Herzenslust ausprobieren und kreativ tätig werden kann, in dem er gestalten und die von Gott geschenkten Begabungen entfalten kann.

Das ist unser Leben: auf Beziehung zum Schöpfer hin angelegt, mit einer tiefen Sehnsucht und Bedürftigkeit, die nur von ihm gestillt werden kann, mit einem ungeheuren Potenzial, das entfaltet und entwickelt werden möchte, und mit einer großen Lebens- und Daseinslust, die in uns hineingelegt wurde.

Misstrauisch

Direkt am Anfang der Bibel wird aber auch erzählt, dass wir Menschen es nicht hinbekommen, in dieser Beziehung zu leben. Wir glauben Gott sein „Ich bin *für* dich da“ nicht. Wir misstrauen der Lebens- und Daseinslust, die er uns anbietet. Wir glauben nicht, dass unsere Sehnsucht und Bedürftigkeit bei ihm absolut gestillt und beantwortet werden können. Wir kriegen es nicht hin, all die guten Absichten Gottes in unserem Leben umzusetzen. Wir machen uns auch nur selten bewusst, dass wir nur Staub sind, der ausschließlich durch Gottes Schöpfungshandeln Formen annehmen kann, und dass wir jeden Tag neu den Lebensatem Gottes eingehaucht bekommen müssen, um überhaupt lebendig zu sein.

Das Staubmännchen wird nicht fallen gelassen, weggewischt oder weggepustet. Der „Ich bin für dich da“ macht weiter und setzt noch einmal an.

Wir misstrauen, wir verdrehen, wir verzerren, wir schaden und verletzen uns selbst … und Gott. Die Geschichte von der Abwendung des Menschen von Gott, die uns in 1. Mose 3 erzählt wird, findet in unserem Leben tagtäglich in unzähligen Situationen statt, und die misstrauische Frage: „Sollte Gott gesagt haben?“, kommt uns sofort in den Sinn, wenn unser Vertrauen herausgefordert ist.

Dennoch hört bei Gott die Geschichte an dieser Stelle nicht auf. Das Staubmännchen wird nicht fallen gelassen, weggewischt oder weggepustet. Der „Ich bin für dich da“ macht weiter und setzt noch einmal an:

„Als aber die Güte und Menschenliebe Gottes, unseres Retters, erschien, hat er uns gerettet – nicht weil wir Werke vollbracht hätten, die uns gerecht machen können, sondern aufgrund seines Erbarmens" (Titus 3,4-5a; EÜ). Da tritt er noch einmal auf den Plan, der „Ich bin für dich da", und offenbart sich wieder als Menschenliebhaber und Menschenfreund! Schafft wieder aus dem Nichts etwas Neues. Denn das, was wir ihm anbieten können, unsere Werke, ist nichts und zerfällt bei genauerem Hinsehen sofort zu Staub. Gott tut wieder alles und wir können dem nichts hinzufügen. Seine Güte und Menschenliebe haben uns gerettet! In Jesus hat diese Menschenliebe und Menschenfreundlichkeit Gottes ihren Höhepunkt erreicht. Sie hat unter uns gelebt und ist unseren Tod gestorben. Gott hat sein „Ich bin für dich da" noch einmal unter Einsatz seines Lebens unter Beweis gestellt. Mehr „Ich bin *für* dich da" geht nicht. Einen noch größeren Beweis für seine Liebe kann es nicht geben.

Diese Liebe ist also tatsächlich das Fundament, das trägt, egal wie unser Leben verläuft und wie es sich gestaltet. Und von dieser Liebe kann uns nichts mehr trennen! Paulus bringt es in seinem Brief an die Römer auf den Punkt: *„Denn ich bin gewiss: Weder Tod noch Leben, weder Engel noch Mächte, weder Gegenwärtiges noch Zukünftiges, weder Gewalten der Höhe oder der Tiefe noch irgendeine andere Kreatur können uns scheiden von der Liebe Gottes, die in Christus Jesus ist, unserem Herrn"* (Römer 8,38-39).

Die wichtigste Botschaft, die uns mitgegeben wurde und die eine unveränderliche Grundvoraussetzung für unser Leben ist, heißt: „Du bist eine von Gott Geliebte! Du bist ein von Gott Geliebter!"

Die meisten von uns werden diese Aussage als theologische Richtigkeit durchwinken. Wir alle haben diese Wahrheit wahrscheinlich schon zigmal gehört und gelesen. Doch meine Sehnsucht ist, dass diese Wahrheit in meinem Herzen immer tiefere Wurzeln schlägt und mich und mein Leben nachhaltig verändert. Denn es macht einen großen Unterschied, ob ich in dieser Liebe *lebe* oder ob ich sie nur als theologische Richtigkeit im Kopf habe. Es macht einen Unterschied, ob ich das mir anvertraute Leben unter dem Aspekt des Geliebtseins gestalte oder ob mich andere, vielleicht sogar fromm verbrämte Motive antreiben. Lebe ich als Geliebte, dann wird meine Beziehung zu Gott nicht von Angst oder Zwang dominiert, sondern diese Liebe befreit mich zu einer sehr intimen, vertrauensvollen, entspannten Beziehung mit Gott. Eine Beziehung, die einer guten Freundschaft gleicht.

Befreit zu einer vertrauensvollen Begegnung mit Gott

Wir sind bei solchen guten Freunden eingeladen. Schon den ganzen Tag freuen wir uns auf das Zusammensein, wissen wir doch, wie wohltuend diese Begegnung sein wird. Wir werden zusammen essen und im Laufe des Abends das eine oder andere Gläschen guten Wein leeren. Wir werden uns viel Neues und Interessantes zu erzählen haben, werden so manch „heißes Eisen“ anpacken und kontrovers diskutieren, werden an unseren Träumen und Visionen weiterspinnen, werden ungeheuer viel zusammen lachen, aber auch mit Tränen in den Augen unsere Not miteinander teilen. Wir werden von Schwierigkeiten erzählen, die wir mit uns selbst, in unseren Ehen oder unseren Familien haben, und dabei auch unsere Begrenztheit, unsere Fehler und Schwächen nicht aussparen. Wir können das tun, weil wir uns vertrauen und weil wir uns in der Gegenwart des jeweils anderen verstanden und angenommen fühlen. Wir sind völlig entspannt, müssen uns nicht profilieren, müssen voreinander nicht besser dastehen, als wir sind, brauchen uns aber auch nicht zu verstecken mit dem, was uns richtig gut gelingt. Vielleicht reicht die Zeit auch noch für ein Spielchen, bevor wir, gesättigt mit leckerem Essen und gutem Wein, mit vielen neuen Impulsen und leichtem Herzen, ermutigt und fröhlich wieder auseinandergehen. Nach dieser Begegnung, die ein kleines Fest mitten im Alltag ist, werden wir uns, das wissen wir schon jetzt, richtig, richtig gut fühlen und mit neuer Energie in die Woche starten.

In der Gegenwart des Menschenliebhabers, des Menschenfreunds, fühlten sie sich zufrieden, gesättigt, entspannt, verstanden, inspiriert.

Ein Fest mitten im Alltag – so fühlt sich eine Begegnung mit jemandem an, der uns vertraut ist und von dem wir uns absolut geliebt und angenommen wissen. Mit dem wir Lasten teilen und bei dem wir ganz entspannt bleiben können, weil wir keine Kraft darauf verschwenden müssen, etwas zu verstecken oder uns aufzuplustern. So fühlt sich eine Beziehung an, die uns neue Lebensenergie verleiht, weil wir aus der Begegnung mit einer Fülle an neuen Impulsen und Ideen weggehen, wie wir unser Leben kreativ und fruchtbringend gestalten können.

So oder ähnlich müssen sich die Menschen in der Gegenwart von Jesus gefühlt haben. In der Gegenwart des Menschenliebhabers, des Menschenfreunds. In seiner Nähe fühlten sie sich zufrieden, gesättigt, entspannt, verstanden, inspiriert und durch viele interessante und spannende Impulse ermutigt, ihr Leben schöpferisch zu gestalten und in gute Bahnen zu lenken. Nicht umsonst hat er die Menschen, vor allem die, welche ihre Bedürftigkeit eingestanden haben, magisch angezogen. Seine Nähe hatte etwas unglaublich Wohltuendes – auch oder gerade da, wo er mit seinem Reden und Handeln manch wunden Punkt traf. Das „Ich bin *für* dich" muss bei ihm so stark spürbar gewesen sein, dass Schuld bekannt wurde, Menschen umgekehrt sind und Neues gewagt wurde.

Ich bin überzeugt: So kann sich auch heute die Begegnung mit Gott anfühlen, wenn wir ihn als Menschenfreund und Menschenliebhaber kennenlernen und ihn ganz persönlich als den „Ich bin *für* dich da" erfahren. Letztlich können wir ihn auch nur so erfahren. So, wie er sich selbst vorgestellt hat. Seine Nähe tut gut, inspiriert, sättigt und macht gleichzeitig Lust auf mehr. Macht Lust, loszulassen, umzukehren und Neues zu wagen.

Befreit zu einem freundlichen Umgang mit uns selbst

Je nachdem, welche geistliche Prägung wir „genossen" haben, steckt uns aber möglicherweise das Gefühl, Gott sei *gegen* uns, tief in den Knochen. In *mir* steckte dieses Gefühl jedenfalls sehr lange. Wenn ich auf mein Leben zurückblicke, sehe ich, dass trotz gegenteiliger, „erwachsener" Lippenbekenntnisse dennoch lange Zeit tief in mir ein kleines, verängstigtes Kind hockte, welches befürchtete, von Gott ausgeschimpft, von ihm vor versammelter Mannschaft heruntergeputzt und dann mit dem Vermerk „unbrauchbar" weggeschickt zu werden. Das Erleben, ein Sünder zu sein, ohne die Gnade als tiefsten Ausdruck der Liebe Gottes wirklich erfahren zu haben, führte dazu, dass ich in der Gegenwart Gottes statt dankbarer Freude häufig nur tiefe Beschämung empfand. Und manches, was in meinem Leben nicht so rundgelaufen war wie von mir ersehnt und erhofft, nährte in mir die Zweifel, ob Gott es wirklich gut mit mir meint.

Das hatte natürlich Auswirkungen auf mein Leben: Wenn es mir richtig gut ging, wenn ich in Beziehungen oder Tätigkeiten Erfüllung fand, wenn ich mir etwas von Herzen wünschte, wartete ich nur darauf, dass mir der „Ich bin gegen dich" den Weg versperrte und mir die Tour vermasselte. Wenn ich mich dagegen bei einer Sache unwohlfühlte und viel lieber „Nein" statt „Ja" sagen wollte, wenn mir etwas überhaupt keine Freude bereitete und mir mehr Last als Lust war, dann rechnete ich fest damit, dass dieser „Ich bin gegen dich" mich mit Handschellen gerade an *diese* Situationen, an *diesen* Dienst und *diese* Beziehungen fesseln würde.

Solch ein Gottesbild führt dazu, dass wir uns nicht mehr nach vorne bewegen und uns sehnsüchtig dem Leben, das Gott uns schenken will, entgegenstrecken, sondern stattdessen in den Rückzug gehen. Wir sperren unsere „bedürftige Kehle" nicht mehr weit auf und halten uns Gott mit unseren Sehnsüchten hin, sondern „halten den Schnabel" und bleiben in der hintersten Ecke hocken, weil wir von ihm sowieso nichts Gutes erwarten. Auf Veränderungsimpulse, auf Korrektur, auf den Ansporn, loszulassen, zu überwinden, zu wachsen und zu reifen, lassen wir uns erst recht nicht ein. Warum auch?! Schuld bekennen? Fehlverhalten ablegen? Umkehren? Neues einüben? Pah! Es wäre ja dumm, auf die Ratschläge eines „Ich bin *gegen* dich" zu hören.

Diese verzerrte Vorstellung von Gott hat fatale Auswirkung auf unseren Umgang mit uns selbst. Denn die gesunden und von Gott angelegten Impulse, unser Leben erfüllend, zu uns passend und befriedigend zu gestalten und uns gegen Lebensfeindliches zur Wehr zu setzen, werden im Keim erstickt und unsere natürlichen Abwehrkräfte geschwächt. Mit uns selbst in Beziehung zu treten, gut für uns zu sorgen, auf uns achtzugeben und eigene Wünsche und Bedürfnisse zu formulieren – all das verkneifen wir uns und treten gegen uns selbst als Gegner an. Denn – so ist unser Grundgefühl: Gott ist ja auch unser Gegner, der ständig an uns herumkorrigiert und uns „irgendwie“ anders haben will oder uns permanent auffordert, Dinge zu tun, die uns selbst absolut widerstreben. Wenn er nicht *für* uns ist, dürfen wir selbst auch nicht für uns sein – das ist die logische Konsequenz eines Glaubens, der in Gott nicht den Verbündeten, sondern den Feind sieht.

> Der „Ich bin gegen dich" ist das Zerrbild einer schädlichen Frömmigkeit, von dem wir uns getrost verabschieden dürfen.

Doch Gott hat sich nicht als der „Ich bin *gegen* dich“ vorgestellt, sondern als der „Ich bin *für* dich“! In Jesus kam die Menschen*liebe* Gottes zu uns mit der Absicht, uns zu retten und erfülltes Leben zu schenken – nicht damit, uns zu vernichten und uns das Leben zu rauben. Der „Ich bin gegen dich“ ist das Zerrbild einer schädlichen Frömmigkeit, von dem wir uns getrost verabschieden dürfen.

Aus meinem Leben weiß ich, dass dieser Abschied nicht leicht ist. Der „Ich bin gegen dich“, der sich unberechtigterweise in unserem Herzen breitgemacht hat, ist ganz schön hartnäckig! Nur durch die unsägliche Geduld von Jesus konnte dieser Abschied gelingen. Was hat er alles versucht, wie viele Ideen hat er gehabt und wie viele zärtliche und werbende Worte hat er gefunden, um das kleine, verängstigte Kind in mir hervorzulocken! Wie oft hat er mich ermutigt, mir gut zugeredet und es wieder und wieder versucht, wenn ich mich dann doch erneut verkrochen habe. Wieder und wieder! So lange, bis ich ihm sein „Du bist geliebt“ wirklich glauben konnte. Bis ich, so wie am Anfang dieses Kapitels erwähnt, von Herzen sagen konnte: *Der Einzige, bei dem ich keine Angst habe, ist Jesus. Ich habe bei ihm absolut keine Angst, dass er sich irgendwann vielleicht doch von mir abwenden wird. Ich kenne niemanden, der mich so bedingungslos liebt wie er. Er wird tatsächlich niemals gehen und wird mich niemals alleinlassen. Auch wenn ich es noch so sehr vermasselt habe.*

Paulus sagt: *„Was ergibt sich nun, wenn wir das alles bedenken? Ist Gott für uns, wer ist dann gegen uns?"* (Römer 8,31). Ja, wer könnte da noch gegen uns sein? Etwa wir selbst? Nein, das wäre unsinnig! Gott ist *für* uns und geht liebevoll und freundlich mit uns um – also können wir selbst erst recht einen liebevollen und freundlichen Umgang mit uns pflegen!

Was macht unser Leben also aus? Was ist eine der wichtigsten Grundvoraussetzungen für gesundes Wachstum? Die Antwort auf diese Frage lautet zuallererst: Wir sind gewollt und in jeder Sekunde unseres Lebens geliebt von dem „Ich bin *für* dich da". Das ist eine großartige Ausgangsbasis, um das Leben, welches uns anvertraut wurde, zu gestalten!

Einen Weg bahnen

Wie oft habe ich schon gehört und gelesen, dass ich von Gott geliebt bin und dass er für mich ist! Es gibt Momente, in denen ich diesen Worten von Herzen glauben und vertrauen kann. Aber genauso oft zweifle ich an ihnen oder kann sie nur schwer erfassen. Ich erlebe Dinge, die so gar nicht dazu passen wollen. Ich bete voller Sehnsucht um sein Eingreifen, sein heilendes Handeln, um Befreiung aus Bindungen und um Veränderung der Situationen, die mir das Leben schwer machen – und nichts passiert. Sein Schweigen und Nichthandeln, an dem ich so sehr leide, nährt in mir das Misstrauen, dass er es vielleicht doch nicht gut mit mir meint.

In mir sitzen auch alte Prägungen, die mich zutiefst dieser absoluten und grenzenlosen Liebe misstrauen lassen. Diese alten Prägungen lassen mich befürchten, dass ich Gott gar nicht so wich-

tig bin und er einfach nur – ohne Rücksicht auf Verluste – sein „Reich Gottes"-Ding durchziehen will. In mir sitzt oft genug das Bild eines strengen, lebensfeindlichen Gottes, der ein Höchstmaß an Einsatz, Gehorsam und Disziplin fordert und ein Minimum an Lebensfreude und Daseinslust gewährt.

Deswegen habe ich mein Herz für das Reden und Handeln dieses Gottes verschlossen. Ich bin in eine Frömmigkeit abgeglitten, die reicht, um gerade noch dabei zu sein und mein Mindestsoll zu erfüllen.

Aber da ist noch ein kleiner Funke Sehnsucht in mir, dass es (noch einmal) anders werden könnte und diese großartige Liebe Gottes, von der ich lese und auch andere immer wieder reden höre, auch in meinem Leben erfahrbar wird.

Diesen kleinen Funken will ich nähren und die Worte von seiner Liebe noch einmal hören und auf mich wirken lassen. Meine Fragen, Ängste und Zweifel werde ich nicht verdrängen oder so tun, als seien sie nicht existent, sondern ich werde sie vor Gott aussprechen und sie unter seine „Liebesworte" stellen. Gespannt werde ich abwarten, was dann passiert …

Zum Nachlesen

Zefanja 3,17; Johannes 10,9-10; Römer 5,5-8; Römer 8,31-39; Epheser 2,4-5; 1. Johannes 3,1a; 1. Johannes 4,9; Judas 21.

Kapitel 3

Unser innerer und äußerer Mensch

Ein fröhliches Herz tut dem Leib wohl, ein bedrücktes Gemüt lässt die Glieder verdorren.
Sprüche 17,22

Neulich traf ich nach längerer Zeit einen alten Bekannten wieder und fragte ihn nach seinem Ergehen. „Ich bin in letzter Zeit ganz schön k.o. und mein Rücken macht mir immer wieder ziemlich zu schaffen", antwortete er, „aber innerlich geht's mir total gut. Bei meiner Arbeit", erklärte er dann weiter, „läuft es seit einem Jahr super: nette Kollegen, eine gute Auftragslage, aber alles noch im grünen Bereich und nicht *zu* stressig. Und auch an der ‚Familienfront' ist zurzeit alles ruhig. Ausnahmsweise mal kein Zickenalarm bei unseren Teenietöchtern!" Er grinste. „Allerdings", fuhr er fort, „muss ich mich jetzt wirklich langsam mal aufraffen und mehr Sport machen, damit diese blöden Rückenschmerzen weggehen. Wenn die noch schlimmer werden, bin ich bald nämlich nicht mehr so gut drauf!"

Innerlich „gut drauf", obwohl man körperlich angeschlagen ist, oder andersherum körperlich fit und gesund, aber innerlich „schlecht drauf", weil man gestresst, besorgt, deprimiert oder verärgert ist – das hat wahrscheinlich jeder von uns schon einmal erlebt.

Tatsächlich wurden wir von Gott mit einem inneren und einem äußeren Menschen geschaffen (2. Korinther 4,16), die einerseits getrennt „funktionieren", aber dennoch in gleicher Weise unser Lebensgefühl mitbestimmen und auf geheimnisvolle Weise zusammenwirken. Das ist eine weitere unabänderliche Gegebenheit, die jedem von uns mitgegeben und anvertraut wurde.

Für den äußeren Menschen kennt die Bibel unter anderem Wörter wie „Leib“ oder „Fleisch“. Nach ihrem Verständnis *haben* wir keinen Körper, sondern *sind* Leib und *sind* Fleisch. „Leib“ und „Fleisch“ bezeichnen dabei immer auch den gesamten Menschen.

Paulus schreibt an die Römer: *„Ich ermahne euch nun, liebe Brüder, durch die Barmherzigkeit Gottes, dass ihr eure Leiber gebet zum Opfer, das da lebendig, heilig und Gott wohlgefällig sei. Das sei euer vernünftiger Gottesdienst“* (Römer 12,1; LUT). Das Wort „Leib“ ist auch tatsächlich das Wort, das wir an dieser Stelle im griechischen Grundtext finden. Aber gemeint ist nicht, dass wir nur unseren Körper Gott hingeben, sondern ihm uns als ganze Person zur Verfügung stellen. Denn wir haben nicht nur einen Körper, sondern wir sind Körper.

> Wir haben nicht nur einen Körper, sondern wir sind Körper.

Das Gleiche gilt für unsern inneren Menschen. Hier benutzt die Bibel Wörter wie Geist, Seele, Herz oder einfach das Innere oder „der inwendige Mensch“. Diese Begriffe sind nicht scharf voneinander abgegrenzt, im Sinne von: Die Seele ist *dafür* zuständig, das Herz *dafür* und der Geist *dafür.* Die Autoren der Bibel waren von einem ganzheitlichen Denken geprägt, und so hatten sie gar kein Interesse daran, die einzelnen „Zuständigkeitsbereiche“ voneinander abzugrenzen.

In unserem Inneren „stecken“ unsere Gedanken, unsere Gefühle und unser Wille, hier werden wir zutiefst bewegt und erschüttert, erfreut oder betrübt, hier treffen wir Entscheidungen, machen uns Gedanken und hecken Pläne aus. Hier empfangen wir auch das Reden Gottes, werden in der Tiefe von ihm berührt, haben Sehnsucht nach ihm und entscheiden uns, unser Leben auf ihn auszurichten.

Aber auch hier gilt: Wir *haben* nicht Geist, Seele oder Herz, sondern genauso wie der äußere Mensch *sind* wir auch innerer Mensch.

„Deswegen sage ich euch: Sorgt euch nicht um euer Leben und darum, dass ihr etwas zu essen habt, noch um euren Leib und darum, dass ihr etwas anzuziehen habt", fordert Jesus uns in der Bergpredigt auf (Matthäus 6,25). Hier steht für „Leben" im Griechischen eigentlich das Wort „Seele": *„Sorgt euch nicht um eure Seele und darum, dass ihr zu essen habt*" – damit ist aber nicht etwa nur unsere Psyche, sondern, wie hier auch übersetzt, unser ganzes Leben und unsere gesamte Existenz gemeint.

Innerer und äußerer Mensch bilden also eine Einheit und sind zwei Facetten unseres Menschseins: Sie machen uns aus und sind nur lebendig, weil Gott uns seinen Lebensatem einhaucht.

Innen und außen gehören zusammen

Daraus folgt: Wir können den inneren und den äußeren Menschen nicht auseinanderreißen und getrennt „behandeln", sondern beide wirken miteinander und beeinflussen sich gegenseitig. Wenn wir in uns hineinspüren und mit uns im Einklang leben, dann ist uns das bewusst, und wir leben und handeln auch entsprechend. Ein ausgedehnter Spaziergang an der frischen Luft in einer schönen Landschaft tut eben nicht nur unserem Körper gut, sondern auch unsere Seele atmet auf und wir fühlen uns hinterher „rundum" belebt und erfrischt. „Jetzt geh erst mal ins Bett und schlaf dich ordentlich aus – morgen sieht die Welt schon wieder ganz anders aus" – dieser Ratschlag, den ich als Mutter einem besorgten Kind mehr als einmal gegeben habe, weiß das auch. Nach einer erholsamen Nacht, mit ausreichendem Schlaf, fühlen wir uns tatsächlich nicht nur körperlich wieder fit, sondern auch unser innerer Mensch hat sich ausgeruht und startet in den neuen Tag mit weniger Befürchtungen und Ängsten, dafür mit neuer Zuversicht und Lebensfreude.

Ebenso kennen wir Situationen in unserem Leben, in denen unser Inneres durch körperliche Beeinträchtigungen wie Schmerzen oder Behinderungen in Mitleidenschaft gezogen ist. Wir sind dann „mies drauf", haben weniger Lebensmut und Lebensfreude oder fühlen uns deprimiert und ängstlich. Umgekehrt reagiert unser Körper mit, wenn es uns innerlich schlecht geht: Uns schlägt etwas auf den Magen, uns geht etwas an die Nieren und eine belastende Situation bereitet uns Kopfzerbrechen oder bricht uns das Herz. Wir reagieren psychosomatisch.

Deswegen sind wir herausgefordert, gleichermaßen gut mit unserem inneren wie auch mit unserem äußeren Menschen umzugehen – also gut mit *uns* umzugehen, denn wir sind eine Einheit und ein kostbares „Produkt" unseres Schöpfers. Das erfordert, aufmerksam auf das zu hören, was uns Körper und Seele zu sagen haben. So können wir rechtzeitig wahrnehmen, wenn wir aus der Spur geraten sind, und entsprechend darauf reagieren.

Eine gesunde Mitte

Dieser aufmerksame Umgang mit uns selbst hat zum Ziel, eine gesunde Balance zwischen einem Zuviel und einem Zuwenig an „Eigendrehung" hinzukriegen. Solchermaßen ausbalanciert zu leben, ist aber gar nicht so leicht. Ich kenne das von mir selbst: Früher habe ich viel zu oft meine Grenzen überschritten, Warnsignale von Körper und Seele überhört und die Erfüllung meiner körperlich-seelischen Bedürfnisse prinzipiell hintenangestellt. Diese Grenzenlosigkeit hat andere Menschen förmlich dazu eingeladen, in mein Leben einzubrechen und sich nach Lust und Laune zu bedienen. Erst wenn gar nichts mehr ging, wenn ich körperlich oder seelisch völlig ausgelaugt war, habe ich angefangen, um mich zu schlagen. Aber dann so richtig! Dass ich plötzlich so aggressiv und „zickig“ wurde, war verständlicherweise für meine Mitmenschen kaum nachvollziehbar. Genauso wenig die Tatsache, dass ich plötzlich „abtauchte“, nur noch meine Ruhe haben wollte und jede an mich gerichtete Bitte vehement und kategorisch abblockte. Diesen Lebensstil pflegte ich für einige Tage, Wochen oder gar Monate, bis mein Akku wieder halbwegs aufgefüllt war. Dann hatte ich plötzlich keine Lust mehr, mich nur noch mit mir und meinem Wohlergehen zu beschäftigen, fühlte mich unterfordert und gelangweilt. Mein Leben sollte schließlich nicht darin bestehen, dass ich mich selbst von morgens bis abends verhätschelte! Also fing ich wieder an, mich einzusetzen. Aber weil ich die gesunde Mitte nicht fand, sondern ganz schnell wieder übers Ziel hinausschoss, landete ich ruck, zuck erneut in der *Über*forderung.

In dieser gesunden Mitte lässt es sich am besten leben, hier bin ich entspannt und gelassen und gleichzeitig maximal leistungsfähig; hier habe ich viel zu geben und bin zugleich selbst gut versorgt!

Dieses Hin und Her zwischen dem Zuviel und dem Zuwenig hat mich viel Kraft gekostet. Und erst über die Jahre habe ich gelernt, „mittig“ zu leben. Das bedeutete für mich, durchaus auf die Bedürfnisse anderer Menschen einzugehen, aber *auch* gut für mich selbst zu sorgen. Liebe zu geben, aber *auch* Grenzen zu setzen. Hundertprozentigen Einsatz zu bringen, aber dabei mein eigenes Maß, *meine* hundert Prozent, gut im Blick zu behalten.

So nach und nach stellte ich fest: In dieser gesunden Mitte lässt es sich am besten leben, hier bin ich entspannt und gelassen und gleichzeitig maximal leistungsfähig; hier habe ich viel zu geben und bin zugleich selbst gut versorgt!

Die Bibel bietet uns etliche Impulse, die uns helfen, eine gute Mitte zu finden. So heißt es im Prediger:

„Deshalb: Iss, trink und sei fröhlich dabei. Denn Gott gefällt dein Tun seit Langem! Trag saubere Kleidung und pfleg dein Gesicht mit Salbe. Sei glücklich mit der Frau, die du liebst; genieß jeden flüchtigen Tag deines kurzen Lebens, das Gott dir auf dieser Erde gegeben hat.“

Prediger 9,7-9a

Hier werden wir ermutigt, unseren Körper zu hegen und zu pflegen und alles Leibliche fröhlich zu genießen.

Dagegen finden wir in Sprüche 4,24 den Satz: *„Gesell dich nicht zu den Weinsäufern, zu solchen, die im Fleischgenuss schlemmen; denn Säufer und Schlemmer werden arm, Schläfrigkeit kleidet in Lumpen“* – und damit die Warnung vor dem Zuviel und eine deutliche Ermahnung, die uns helfen soll, in ebendieser gesunden Mitte zu bleiben.

Einen Vers zuvor werden wir übrigens dazu aufgefordert: *„Mehr als alles hüte dein Herz, denn von ihm geht das Leben aus“* (Vers 23). Wir sollen uns also gut um unseren inneren Menschen kümmern und unsere Gemütslage, unsere Wünsche, unser Wollen und unsere Gefühle im Blick behalten. Aber genauso werden wir ermahnt, uns bei diesem „Hüten“ nicht nur um uns selbst zu drehen und uns von unseren Gedanken und Gefühlen bestimmen zu lassen, sondern unser Inneres immer wieder auf Gott auszurichten. *„Wir nehmen alles Denken gefangen, damit es Christus gehorcht“*, schreibt Paulus an die Korinther und meint damit diese innere Korrektur und Selbstjustierung auf Gott hin (2. Korinther 10,19b).

Je nach unserer persönlichen und geistlichen Prägung und je nach Typ müssen wir bei diesem guten Umgang mit uns selbst unterschiedliche Schwerpunkte setzen und so dafür sorgen, dass wir nicht in ein Zuviel oder ein Zuwenig an Selbstfürsorge abgleiten.

Manch einer neigt, ähnlich wie ich, dazu, sich zu vernachlässigen, und muss den Blick für sich selbst erst entwickeln und die Achtung vor dem eigenen Leben einüben. Wurden wir stark von einem „Jetzt reiß dich mal zusammen"-Denken geprägt oder wurde uns oft gesagt: „Jetzt stell dich bloß nicht so an", dann mag uns das Gespür für unser seelisches und körperliches Empfinden abhandengekommen sein, und wir reißen uns auch heute immer nur zusammen und „stellen uns nicht so an". Wir überschreiten ständig unsere Grenzen und merken gar nicht, dass Körper und Seele leise oder bereits laut und vernehmlich Alarm schlagen. Wurde uns vermittelt, es sei „geistlich", sich selbst bis zum Anschlag für das Werk des Herrn aufzuopfern, und Christen hätten immer parat zu stehen, um die Bedürfnisse anderer Menschen zu bedienen, dann fällt es uns wahrscheinlich erst recht schwer, uns selbst in den Blick zu nehmen und auch gut für *uns* zu sorgen. Gerade dann brauchen wir mehr als alles andere eine Begegnung mit dem „Ich bin *für* dich da", der kurzen Prozess macht mit dem Sklaventreibergott und der uns zu einem Leben im Einklang mit uns selbst befreit.

Andere wiederum haben sich selbst zu *sehr* im Blick und werden so zum Spielball ihrer körperlich-seelischen Befindlichkeiten. Kürzlich suchte ich mit ein paar Jugendlichen nach einem Termin, um einen Einsatz, dem sie alle vorab mit voller Begeisterung zugestimmt hatten, vorzubereiten. Wie wär's mit Freitagabend? Genervtes Augenverdrehen. Da verabrede man sich mit Freunden! Also Samstagvormittag? Mich trafen verwunderte Blicke. Samstags schlafe man bis mittags, um sich von den Strapazen des vorausgegangenen Abends zu erholen. Und nachmittags hänge man ab, weil man abends noch feiern gehen wolle. Ja dann, so sagte ich, sei doch der Samstag*nachmittag* ideal – wenn da sowieso nur Abhängen angesagt sei. Ein empörter Aufschrei! Man brauche doch auch noch Zeit, um sich zu regenerieren! Die ganze Woche sei so anstrengend gewesen! Bis an die Grenzen der Belastbarkeit sei man getrieben worden und hätte dabei die letzten Reserven aus sich herausgepresst! Völlig ausgelaugt sei man jetzt und bräuchte nun dringend Erholung!

Inzwischen war *ich* ob dieser komplizierten Terminsuche ebenfalls an den Grenzen meiner Belastbarkeit angekommen. Ich biss die Zähne zusammen und wir gingen noch einmal die ganze Woche durch. Nein, hier habe man Klavierunterricht und dort Training. Donnerstagabend? Ausgeschlossen! Schließlich habe man am Nachmittag Zeitungen ausgetragen (man müsse das kümmerliche Taschengeld doch etwas aufbessern) und sei danach entweder durchgefroren, nass geregnet oder völlig verschwitzt. In jedem Fall müsse man seinen strapazierten Body erst einmal in ein entspannendes Wannenbad tauchen. Und danach? Mich traf ein waidwunder Blick. Nein, da sei dringend ein freier Abend vonnöten. Das würde ich doch sicherlich verstehen …

Solch eine Überfürsorglichkeit uns selbst gegenüber legt uns genauso lahm wie ein Mangel an Selbstwahrnehmung.

Ich verstand allerdings! Verstand, dass ich hier einen typischen Fall von „sich selbst *zu* sehr im Blick haben“ vor mir hatte. Ein Denken und Verhalten, welches aber ganz sicher nicht nur ein Thema der jungen Generation ist. Erwachsene kommunizieren vielleicht nicht immer in dieser Deutlichkeit und Ehrlichkeit, dass sie eigentlich „keinen Bock“ auf den geforderten Einsatz haben – aber das Ergebnis ist häufig dasselbe.

Solch eine Überfürsorglichkeit uns selbst gegenüber legt uns aber genauso lahm wie ein Mangel an Selbstwahrnehmung. Wir gehen dann nie über uns selbst hinaus, sondern bleiben ängstlich oder einfach bequem in den eng gesteckten Grenzen unserer eigenen Befindlichkeiten hocken und damit weit hinter dem zurück, was Gott durch uns in unserem Leben tun möchte. Wir machen keine neuen Erfahrungen mit Gott und auch nicht mit uns selbst. Wir erleben kein Wachstum und enthalten uns selbst die stolzen und glücklichen Gefühle vor, die immer dann einsetzen, wenn wir uns hinausgewagt und Außergewöhnliches geleistet haben.

Haben wir nie gelernt, unseren inneren und unseren äußeren Menschen zu führen, dann kann dieser gute Umgang mit uns selbst also auch das Setzen von Grenzen bzw. das Einüben einer förderlichen Selbstdisziplin und Selbstleitung beinhalten. Der „Ich bin *für* dich da" ist eben kein Sofakissengott, sondern ermutigt uns, unsere Grenzen zu erweitern, Neues zu wagen und dabei die Möglichkeiten Gottes in den Blick zu nehmen.

Innen und außen haben begrenzte Ressourcen

Innerer und äußerer Mensch sind in ihrer Kraft und in ihren Möglichkeiten begrenzt. „Forever young" ist ein Wunschtraum, entspricht aber nicht dem, was für unser Leben vorgesehen ist. *„Von Jahr zu Jahr säst du die Menschen; sie gleichen dem sprossenden Gras. Am Morgen grünt es und blüht, am Abend wird es geschnitten und welkt"*, so heißt es in den Psalmen (90,5-6).

Jeder von uns wird irgendwann im Laufe seines Lebens, sei's früher oder später, mit diesem Verwelken konfrontiert. Wir spüren etwas davon, wenn wir krank werden. Wir spüren es, wenn unsere Psyche plötzlich nicht mehr mitspielt. Wir spüren es, wenn Kräfte nachlassen: Anforderungen, die wir bis dato spielend bewältigt haben, werfen uns mit einem Mal völlig aus der Bahn. Unser Akku wird scheinbar immer leerer, und es gibt gar nicht so viele Aus- und Ruhezeiten, wie nötig wären, um ihn wieder richtig aufzuladen.

Das Erleben innerer und äußerer Schwäche, Kraftlosigkeit oder

Krankheit kann uns in schwere Krisen führen, weil wir mit unserer Ohnmacht und Hilflosigkeit konfrontiert sind. Unser Körper oder unsere Seele, auf die bis jetzt immer Verlass war, streiken plötzlich, verweigern ihren Dienst und lassen uns im Stich.

Vielleicht kämpfen wir eine ganze Zeit lang gegen diese Einschränkungen, die sich uns mit einem Mal in den Weg gestellt haben, an. Und das ist gut und richtig so! Wir wehren uns mit Händen und Füßen gegen das Leiden und unternehmen alles Erdenkliche, um es wieder loszuwerden. Wir beten verzweifelt gegen die Krankheit und gegen die Schwäche.

Und wie oft antwortet Gott mit der erbetenen Heilung! Wie oft dürfen wir erleben, dass Situationen sich wieder zum Guten wenden, Kräfte wiederkommen, Krankheit weicht und äußere oder innere Heilung geschieht. Wir werden wiederhergestellt und sind ganz die Alten. Erleichtert atmen wir auf, weil wir noch einmal davongekommen sind – und haben doch erkannt, wie endlich und begrenzt wir sind, wie wenig Verlass auf unsere vermeintliche Stärke ist und wie schnell sich das Blatt wenden kann.

Was aber, wenn wir diese Wiederherstellung nicht erleben? Manchmal gelingt es, dass wir uns nach anfänglichem Kämpfen und Ringen vorsichtig der Situation annähern, die Gott uns nun zumutet und zutraut. Das Ziel dieser Annäherung ist das Loslassen von dem, was nicht mehr ist, und das Annehmen der Situation, wie wir sie jetzt vorfinden.

Aber der Weg dorthin ist mühsam und umkämpft und wir müssen ihn uns häufig erst bahnen. Unsere Seele braucht Zeit, sehr viel Zeit, bis wir wirklich in der Lage sind, die Situation anzunehmen. Wir sollten uns selbst in diesem Prozess nicht ungeduldig vorwärtspeitschen. Ein achselzuckendes oder fromm-überhöhtes „Der Herr hat's gegeben, der Herr hat's genommen", ohne dass unser innerer

Mensch wirklich mitkommt und diesen Satz mit Überzeugung abdecken kann, ist hier nicht hilfreich. Trauer, Wut und Schmerz – Gefühle, die den Abbau unserer Ressourcen und das Erleben eigener Begrenztheit immer begleiten – dürfen sein und sind kein Zeichen von Unglauben oder mangelndem Gottvertrauen. Im Gegenteil: Gerade der, der sich bei Gott sicher und geborgen fühlt, der den „Ich bin *für* dich da" kennt, traut sich auch, mit all seiner Trauer, seiner Verzweiflung, seiner Enttäuschung und seiner Wut zu Gott zu gehen. Wohin auch sonst?

> Trauer, Wut und Schmerz – Gefühle, die den Abbau unserer Ressourcen und das Erleben eigener Begrenztheit immer begleiten – dürfen sein und sind kein Zeichen von Unglauben oder mangelndem Gottvertrauen.

Wenn es uns dann nach und nach gelingt, unser Hadern zu überwinden und mit unseren Einschränkungen ausgesöhnt zu leben, dann entdecken wir, dass unser innerer und äußerer Mensch auch mit seiner Begrenztheit ein Geschenk ist, mit dem wir Gott lieben und ihm dienen können.

Unser innerer und unser äußerer Mensch wurden uns für dieses Leben anvertraut. Es geht darum, mit ihnen – also mit unserer *ganzen* Person – im Einklang zu leben. Es geht darum, uns zu fordern, aber nicht zu *über*fordern. Es geht darum, bis an den Rand unserer Grenzen zu gehen, diese Grenzen aber nicht zu *über*schreiten. Es geht darum, den steten Abbau unserer Ressourcen und unsere Vergänglichkeit zu akzeptieren.

Es geht darum, uns mit unserem ganzen Sein, vom ersten bis zum letzten Atemzug, Gott zur Verfügung zu stellen!

Einen Weg bahnen

Immer wieder will ich Gott dafür danken, dass er mir einen gesunden, funktionierenden Körper geschenkt hat. Ich möchte es aufs Neue wertschätzen, dass ich atmen und mich bewegen kann, dass ich schmerzfrei bin, dass all meine Organe, Gelenke und Muskeln ihren Dienst erfüllen und in einem einzigartigen Zusammenspiel mir zum Wohl funktionieren.

Ebenso dankbar bin ich für den Reichtum meines inneren Menschen und für die Vielfalt meiner Gefühle und Gedanken. Ich will es nicht als Selbstverständlichkeit hinnehmen, dass meine Seele gesund ist, und bin dankbar für die Fähigkeit, zu lieben, Freude zu empfinden und Gott zu loben.

Vielleicht durchlebe ich aber auch gerade eine Zeit, in der all diese Aussagen nicht zutreffen. Krankheit und Schmerzen bestimmen mein Denken und meine Seele tappt im Dunkeln. Ich bin voller Sorgen und Angst, weil ich nicht weiß, was der morgige Tag, die nächste Woche oder das nächste Jahr bringen werden. Dankbar registriere ich, dass Gottes „Ich bin für dich" mir gerade jetzt gilt und dass er meine Verzweiflung und all mein Klagen aushält. Ich will mir immer wieder in Erinnerung rufen, dass Gott mehr als einmal auf mein Schreien gehört hat und mich mit Genesung und Wiederherstellung beschenkt hat. Mit diesem Handeln Gottes will ich auch weiterhin rechnen.

Möglicherweise mutet Gott mir aber auch eine Einschränkung oder Schwäche dauerhaft zu. Ich bin dagegen angerannt und habe alles Erdenkliche getan, um sie wieder loszuwerden. Vom vielen Kämpfen bin ich müde geworden und muss mir meine Ohnmacht und Hilflosigkeit eingestehen. Ich will sorgsam darauf achten, dass ich nun nicht in Anklage und Bitterkeit stecken bleibe, sondern meine Seele behutsam dazu anleiten, das Unabän-

derliche anzunehmen und Ja zu sagen. Ich will darauf vertrauen, dass Gott einen Weg für mich hat und mir ein erfülltes Leben schenken kann, auch wenn die ersehnte Heilung und Befreiung ausbleiben.
Weil ich weiß, dass ich mir selbst für eine begrenzte Zeit anvertraut bin, will ich sorgsam mit mir und meinen Ressourcen umgehen. Dabei will ich gut hinhören, was für mich in meiner momentanen Lebensphase dran ist.
Mahnt Jesus mich, aus meinem Leben das Tempo herauszunehmen und mir mehr Aus- und Ruhezeiten zu gönnen? Warum fällt es mir so schwer, auf ihn zu hören?
An welchen Stellen meines Lebens habe ich es mir dagegen zu bequem gemacht, scheue ich vor neuen Aufgaben und Herausforderungen zurück, weil mir das alles zu anstrengend ist und ich lieber meine Ruhe haben will? In welchen Bereichen meines Lebens will und muss ich ganz neu ein „Steh auf" von Jesus hören?
Heute entscheide ich mich noch einmal ganz neu, Gott mit Leib und Seele zu lieben und ihm zu dienen!

Zum Nachlesen

Psalm 38; Psalm 73,25-28; Psalm 103,1-6; Psalm 139,13-18; Jesaja 40,28-31; 2. Korinther 4,7; 2. Korinther 12,7-9; Jakobus 5,13-16.

Kapitel 4

Die DNA des inneren Menschen: unsere Persönlichkeit und unsere Begabungen

Nutz die Talente die du hast. Die Wälder wären sehr still, wenn nur die besten Vögel sängen.
Henry van Dyke

Mein größter Lehrmeister in Sachen „Kennenlernen und Entwickeln der eigenen Persönlichkeit und Begabungen" ist meine Ehe. Denn unterschiedlicher als mein Mann und ich kann man wohl kaum sein. Diese Tatsache hat zum einen dafür gesorgt, dass wir uns immer wieder mit der Andersartigkeit des anderen auseinandersetzen mussten und dabei lernen konnten, diese Andersartigkeit nicht nur zu verstehen und anzunehmen, sondern auch von ihren Stärken zu profitieren. Zum anderen hat unsere Unterschiedlichkeit bei mir dafür gesorgt, das *Eigene,* also mein ganz persönliches „Strickmuster", immer wieder in den Blick zu nehmen, damit ich mich selbst und das, was zu *mir* passt, in unserem Miteinander nicht verliere. Denn in allen engen Beziehungen – sei es nun eine Ehe, eine gute Freundschaft oder eine größere, verbindlich gelebte Gemeinschaft – gilt es, trotz eines gewissen (und auch erforderlichen) Maßes an Anpassung an den anderen dennoch die eigenen Konturen zu behalten und die eigene Persönlichkeit und eigene Begabungen zu entwickeln.

Damit die eigene Entwicklung *und* ein gutes Miteinander in gleicher Weise gelingen, ist es hilfreich, zunächst einmal sich selbst und das eigene Persönlichkeits- und Begabungsprofil so gut wie möglich zu kennen. Denn nur wer weiß, wer er ist und was er hat, kann sich optimal in Beziehungen einbringen. Und nur wer um die eigenen Stärken und seine ganz eigenen Bedürfnisse weiß und diese auch angemessen vertreten kann, kann dann auch Kompromisse eingehen, ohne dass in ihm das Gefühl entsteht, er werde vom anderen ständig „über den Tisch gezogen".

Nur wer weiß, wer er ist und was er hat, kann sich optimal in Beziehungen einbringen.

Unsere Begabungen und unsere Persönlichkeit haben ihren Sitz in unserem inneren Menschen. So wie unser äußerer Mensch eine unverwechselbare DNA hat, so hat auch unser innerer Mensch unverwechselbare Eigenschaften. Sie wurden uns mitgegeben und bilden eine weitere Grundlage, auf der wir das uns anvertraute Leben gestalten können.

Unser innerer Mensch umfasst, so haben wir im letzten Kapitel festgestellt, unsere Gedanken, unsere Gefühle und unseren Willen. Hier werden wir zutiefst bewegt und erschüttert, erfreut oder betrübt, hier treffen wir Entscheidungen, machen uns Gedanken und hecken Pläne aus. Hier empfangen wir das Reden Gottes, werden in der Tiefe von ihm berührt, haben Sehnsucht nach ihm und entscheiden uns, unser Leben auf ihn auszurichten. *Wie* das aber geschieht, auf welche Weise wir empfinden, wie wir denken und uns dann auch verhalten, *wie* wir das Reden Gottes an uns erfahren und anschließend in unserem Leben umsetzen, das hat mit der Beschaffenheit unserer Persönlichkeit zu tun. Und die ist, genauso wie unser äußerer Mensch, unverwechselbar und einzigartig.

In unserem inneren Menschen schlummern auch die Anlagen für unsere uns von Gott geschenkten Begabungen – ganz besondere Fähigkeiten, die in dieser Konstellation und in der Zusammensetzung mit unserer Persönlichkeitsstruktur nur uns anvertraut wurden.

Gott hat uns in dieser Einzigartigkeit geschaffen und möchte, dass wir diese Einzigartigkeit entfalten, uns entwickeln und immer mehr zu dem Menschen werden, den er bereits in uns sieht. Unser innerer Mensch ist unser ganz persönlicher Garten Eden, den es zu entdecken und zu gestalten gilt. Hier tut sich ein großer Bereich auf, in dem wir wachsen und überwinden können, Herausforderungen bestehen und über unsere eng gesteckten Grenzen hinausgehen können. Hier werden wir ermutigt, Neues zu wagen und unbekanntes Terrain zu erobern. Wenn wir den „Ich bin *für* dich da" im Blick haben, dann ist dieser Prozess mit sehr viel Entdeckerfreude und Lebenslust verbunden und hat nichts gemein mit einem „Du musst an dir arbeiten, um Gott zu gefallen"-Denken.

Je näher wir in unserer Lebensgestaltung dem kommen, was unserer Persönlichkeit und unseren Begabungen entspricht, je mehr wir unserer Einzigartigkeit Raum zur Entfaltung geben und unsere Einmaligkeit auch in unserem Gottes-Dienst leben, umso zufriedener sind wir. Unsere „bedürftigen Kehlen", die sich so sehr nach Befriedigung, nach Herausforderung, nach Sinn, Glück und Erfüllung sehnen, sind dann gut gefüllt!

Uns selbst besser kennenlernen

Die Aussicht auf ein Leben, das sehr erfüllend, weil gut zu uns passend ist, kann uns ein Ansporn sein, uns auf eine Reise zu unserem inneren Menschen zu begeben. Uns unserer Einzigartigkeit bewusst zu werden, ist ein weiterer Antrieb dafür, dass wir Lust am Entdecken und Entwickeln unserer Persönlichkeit und den uns geschenkten Begabungen bekommen. Denn was *wir* nicht sind, was *wir* nicht tun und was *wir* nicht einbringen in diese Welt, das wird auch niemand anders sein oder tun. Unser Platz wird, so wir ihn nicht ausfüllen, leer bleiben. Im menschlichen Bereich mag es dann eine Zweitbesetzung geben, die unsere Lücke mehr oder weniger gut ausfüllt. Aber unsere ganz spezifische Art, *Gott* zu ehren, ihn zu lieben und ihm zu dienen, kann tatsächlich von niemand anderem ersetzt oder übernommen werden. Denn er wollte mit *uns* eine Liebesbeziehung und wollte *uns* und nicht irgendjemand anderes für das Leben, welches er uns anvertraut hat.

Es geht also zunächst einmal darum, uns selbst besser kennenzulernen und das Besondere und Einzigartige an unserer Person zu entdecken, um es dann später zu entfalten.

Die Beobachtung und Wahrnehmung unserer eigenen „Wohlfühlfaktoren", unserer Vorlieben und Vorgehensweisen, aber auch unserer Abneigungen, Schwächen und Unfähigkeiten bringt uns mit uns selbst in Kontakt.

Wenn wir einem anderen Menschen einen ersten „Überblick" über unsere Persönlichkeit und ihre Eigenarten geben sollten – was würden wir dann sagen? Sind wir eher lebhaft oder ruhig, eher beziehungsorientiert oder eher an Sachen interessiert? Gehören wir mehr zu den emotionalen oder eher zu den sachlichen, nüchternen Menschen? Arbeiten wir eher strukturiert oder unstrukturiert? Sind wir eher „Mimosen" oder zählen wir mehr zu den „Dickhäutern"? Sind wir sehr ruhebedürftig und lieben es, allein zu sein, oder brauchen wir stets viel Trubel um uns herum?

Die Beobachtung und Wahrnehmung unserer eigenen „Wohlfühlfaktoren", unserer Vorlieben und Vorgehensweisen, aber auch unserer Abneigungen, Schwächen und Unfähigkeiten bringt uns mit uns selbst in Kontakt.

Dass wir sehr sensibel sind, merken wir beispielsweise daran, dass wir uns von der Fülle der Eindrücke häufig regelrecht erdrückt fühlen, aber auch ein feines Gespür für das Ergehen anderer Menschen haben.

Dass wir ein gewisses Maß an Struktur und Ordnung brauchen, sehen wir daran, dass uns sehr impulsive Menschen, ungeordnete Verhältnisse oder plötzliche Veränderungen ein Graus sind, wir aber auch sehr gewissenhaft, organisiert und verlässlich sind.

Dass wir eher sachlich und nüchtern „gestrickt" sind, entdecken wir, weil uns emotional geladene Situationen leicht verunsichern, nerven oder überfordern, wir jedoch in brenzligen Augenblicken einen kühlen Kopf bewahren und durch emotionale Turbulenzen nicht so leicht aus der Bahn geworfen werden.

Brauchen wir viel Leben und Aktion um uns herum, dann sind Ruhe, Alleinsein und Stille für uns eher Stressfaktoren, während wir bei einer Anhäufung von Terminen und einem permanenten Umgebensein von Menschen regelrecht aufblühen.

An diesen Beispielen sehen wir, dass eine gute Selbstbeobachtung und Selbstwahrnehmung die wichtigste Voraussetzung ist, um uns selbst und unserer inneren DNA auf die Spur zu kommen.

Auch unsere Begabungen entdecken wir, indem wir hinhören und hinschauen, welche Aktivitäten in uns am stärksten das „Garten Eden"-Gefühl aufkommen lassen. Ein selbstvergessenes Sichentfalten, große Begeisterung für eine Tätigkeit, ungeahnte Energieschübe trotz großer Anstrengung und jede Menge Daseinslust und Lebensfreude – das sind Empfindungen, die sich einstellen, wenn wir „unser Ding" gefunden haben. Wir könnten es auch so ausdrücken: „Diese Arbeit, diese Tätigkeit oder dieser Dienst macht mir total viel Spaß. Die Zeit vergeht wie im Flug und ich kann's gar nicht erwarten, wieder loszulegen. Ich bin mit Feuereifer dabei, habe ständig neue Ideen, wie ich mein Tun noch mehr optimieren kann, und bekomme auch oft Bestätigung von außen. Selbst wenn es Schwierigkeiten gibt und ich manchmal entmutigt bin – irgendwie zieht es mich immer wieder zu dieser Tätigkeit hin.

Dieses ‚Thema‘ taucht in meinem Leben immer wieder auf und übt große Faszination auf mich aus.“

Uns selbst bejahen

Solch eine Selbstbeobachtung macht aber nur dann Sinn, wenn wir uns bewusst sind, dass Gott es so beabsichtigt hat und will, dass wir uns mit uns selbst wohlfühlen und mit unserem Leben zufrieden sind. Das ist durchaus nicht selbstverständlich. Denn bei manch einem taucht an dieser Stelle sofort wieder der gestrenge „Ich bin *gegen* dich“ auf und hebt mahnend seinen Zeigefinger.

Wenn unser Denken von diesem „Ich bin *gegen* dich“-Gott geprägt ist, dann meinen wir zutiefst, dass wir mit unseren Bedürfnissen keine Beachtung verdienen und unser Wohlergehen für Gott auch gar keine Rolle spielt. Wir erleben uns als Diener, die nichts zu melden haben, als kleine, unbedeutende Rädchen in dem großen „Reich Gottes“-Getriebe, einzig dafür da, das Ding irgendwie am Laufen zu halten. Persönliche Wünsche, Vorlieben und Befindlichkeiten haben in diesem Denken keinen Platz und werden nicht berücksichtigt – Hauptsache, die Arbeit wird getan!

Der „Ich bin *für* dich da“ sagt uns jedoch etwas ganz anderes: „Ich habe dich einzigartig geschaffen. Großartig, dass du diese Einzigartigkeit mehr und mehr entdecken und auch dein Leben entsprechend gestalten willst. Ich unterstütze dich sehr gerne darin, denn nichts verschafft mir mehr Ehre und macht mich glücklicher, als wenn meine geliebten Kinder leben, wozu ich sie geschaffen habe. Ich habe für dich jede Menge Ideen und Impulse, die dein Leben bereichern werden, und bin schon ganz gespannt, was du dazu sagen wirst!“

In diesem Prozess ist es wichtig, dass wir uns als *ganze* Person bejahen und vorurteilsfrei an uns herantreten. Denn nur dann wird sich zeigen, was tatsächlich in uns steckt. Wenn wir von vornherein *Vor*entscheidungen und *Vor*bewertungen treffen zu dem, was sein *darf* und was nicht (nach dem Motto: „*So* darf ich nicht sein“, oder: „*So etwas* darf mir keinen Spaß machen“), dann behindern wir diesen Prozess, und unsere Eigenarten werden sich gar nicht erst ans Licht trauen. Wieso auch? Sie bekommen von uns ja sowieso keine Existenzberechtigung!

Nichts verschafft mir mehr Ehre und macht mich glücklicher, als wenn meine geliebten Kinder leben, wozu ich sie geschaffen habe.

Solche *Vor*bewertungen speisen sich aus unserem bisherigen Erleben und unserer Prägung. Wir haben beispielsweise ein eher phlegmatisches Temperament, sind sehr ruhig, unaufgeregt und im Reden und Handeln sehr bedächtig. Aber in unserer Familie, in der Schule, am Arbeitsplatz usw. durften wir *so* nicht sein, sondern wurden häufig aufgefordert, mehr Tempo zu machen, extrovertierter und nicht so „trantütig“ zu sein. Dann werden wir diese Seite unserer Persönlichkeit vermutlich auch nicht besonders schätzen. Taucht dieser phlegmatische Anteil von uns in irgendeiner Situation auf, dann versuchen wir sofort, anders zu sein. Initiativer, schneller, geselliger oder spontaner. Ebenso, wie wir meinen, dass es richtig sei und andere uns haben wollen.

Bejahend und vorurteilsfrei hieße an dieser Stelle, erst einmal einen Schritt zurückzutreten und ohne Bewertung diesen Zug in unserer Persönlichkeit wahrzunehmen, *sein* zu lassen und zu beobachten, wie er sich verhält.

Für den Umgang mit unseren Begabungen gilt das Gleiche. Auch hier treffen wir häufig Vorbewertungen. Haben wir etwa eine künstlerische Ader, die von unserem Umfeld jedoch immer nur herabgewürdigt wurde, dann bringen wir selbst dieser Gabe wahrscheinlich auch nur wenig Achtung und Wertschätzung entgegen. Darauf angesprochen, winken wir nur müde ab und sagen: „Ach, das ist doch kein Ding." Diese Abwertung führt dazu, dass die Gabe immer mehr verkümmert, sodass sie irgendwann tatsächlich „kein Ding" mehr ist.

Bejahend und vorurteilsfrei hieße hier, dass wir dieser alten Prägung entschieden entgegentreten und uns bewusst machen, dass *jede* Begabung von Gott geschenkt und gut ist und dass es da kein „Besser" oder „Schlechter" und erst recht kein „Richtig" oder „Falsch" gibt. Wir machen uns auch klar, dass wir mit *jeder* Begabung Gott lieben, ihn ehren und ihm dienen können – auch wenn dieser Dienst vielleicht nicht den Vorstellungen mancher Frommen entspricht und in konventionellen Kirchen- und Gemeindekreisen wenig Platz hat.

Wir treten also einen Schritt zurück, locken unsere Begabung wieder hervor und signalisieren ihr, dass sie bei uns Raum bekommt. Nur wenn wir dem, was wir in uns vorfinden, bejahend und wertschätzend gegenübertreten, wird sich unser „authentisches Ich" immer mehr zeigen, mit der Folge, dass sich die Stärken in unserer Persönlichkeitsstruktur und unsere Begabungen zunehmend entwickeln.

Tun wir das nicht, bleibt unser Selbst in einem anerzogenen „So solltest du sein"-Menschen stecken, und wir laufen permanent in Schuhen, die andere uns angezogen haben.

Zugegeben: Irgendwie voran kommt man in solchen Schuhen schon, aber dann und wann beschleicht uns das Gefühl, dass sie uns eigentlich gar nicht richtig passen. Immer wieder laufen wir uns Blasen, weil die Dinger zu klein sind, oder schlappen unbeholfen umher, weil sie zwei Nummern zu groß sind. An einen Marathon, an einen Sprint oder an große Sprünge ist nicht zu denken.

Veränderung zulassen

Erst, wenn sich unser Inneres wieder hervortraut, weil es sich von dem „Ich bin für dich da“ und von uns uneingeschränkt geliebt und bejaht weiß, kann eine Veränderung im positiven Sinne beginnen. Denn Gottes Liebe macht nicht blind, sondern sehend. Ja sagen zu unserem Sosein verdunkelt nicht, sondern erhellt unsere Sicht auf uns selbst. Und so entdecken wir in diesem Prozess der Selbsterkenntnis ganz sicher auch störende Anteile in unserer Persönlichkeit.

Wir sind zum Beispiel äußerst impulsiv und merken, dass wir dazu neigen, unüberlegte und vorschnelle Entscheidungen zu treffen, deren Folgen wir hinterher bereuen.

Wir sind sehr dominant und tendieren dazu, andere mit unserer Stärke an die Wand zu spielen, sodass sie sich von uns schnell bevormundet fühlen.

Wir neigen zu Pessimismus und schwermütiger Grübelei, fallen deswegen immer wieder in emotionale Löcher und machen uns durch unser Sorgen das Leben unnötig schwer.

Wir sind recht antriebsschwach und bequem, lassen uns nur schwer in Bewegung setzen und lehnen Veränderung und Neues generell ab.

Diese oder andere „Störfelder“ beeinträchtigen die Entwicklung unserer Begabungen und Fähigkeiten und funken uns immer wieder dazwischen. Wenn alles, was zu uns gehört, erst einmal unvoreingenommen und vorurteilsfrei sein darf, dann werden sich auch solche „Wachstumshemmer“ und fragwürdigen Anteile unserer Persönlichkeit zeigen. Aber *erst jetzt* können wir sie auch im Sinne Gottes angehen und bearbeiten. Wir haben kein *Vor*urteil getroffen, sondern warten die Beurteilung Gottes ab. Manch einer ist erstaunt, dass einiges, was in den eigenen Augen schlecht und „völlig unmöglich“ ist, in Gottes Augen überhaupt kein Problem ist und anderes, was man selbst ganz vorzeigbar fand, von Gott mit einigen Fragezeichen versehen wird.

Wenn Gott uns mit seiner Liebe nahe kommt, setzt immer ein Prozess der Veränderung ein, und ungute Anteile unserer Persönlichkeit werden von ihm korrigiert. Dabei ist das Wissen, von Gott absolut und rundum geliebt zu sein, so wie wir *sind*, auch in diesem Veränderungsprozess das unumstößliche Fundament, auf dem wir stehen.

> Wenn alles, was zu uns gehört, erst einmal unvoreingenommen und vorurteilsfrei sein darf, dann werden sich auch solche „Wachstumshemmer" und fragwürdigen Anteile unserer Persönlichkeit zeigen.

Die Erfahrung dieser bedingungslosen Liebe und Annahme Gottes, einschließlich unserer dunklen Seiten, führt nicht, wie von manchen befürchtet, zu einer „Dann ist ja alles egal"-Mentalität. Im Gegenteil: Die Nähe des „Ich bin für dich da" und seine uneingeschränkte Liebe zu uns laden ein, reizen und verlocken geradezu zu dieser Veränderung.

Im 1. Petrusbrief fordert Petrus die Christen zu solch einer Veränderung auf und dazu, ungute Verhaltensweisen und Eigenschaften abzulegen. Was ist seine Begründung? *„Denn ihr habt erfahren, wie gütig der Herr ist"* (2,3). Das Erleben des barmherzigen, liebevollen Umgangs Gottes mit uns spornt *gerade* zur Veränderung an. Denn wir lernen ihn immer besser kennen und vertrauen ihm mehr und mehr. Reagieren wir anfangs noch abwehrend oder zurückhaltend auf seine Veränderungsimpulse, werden wir nach und nach immer zutraulicher, lassen unser „Ich weiß am besten, was gut für mich ist" allmählich los und überlassen uns seinem verändernden Wirken. Dabei entdecken wir, wie befreiend, wohltuend und lebensfördernd seine Gedanken und Impulse für unser Leben sind. Und so passiert es, dass wir *seinem* „Ich weiß am besten, was gut für dich ist" immer mehr glauben und vertrauen.

Auch in diesen Veränderungsprozessen bleibt der „Ich bin für dich da“ der Handelnde. Die Kraft zur Veränderung geht von *ihm* und nicht von uns aus. Gottes Geist, der in uns wohnt, will uns verwandeln. Und nur er kann es! Nötige Veränderungsprozesse in unserer Persönlichkeit und die Korrektur unguter Anteile unseres Charakters passieren weder durch menschliche oder vermeintlich geistliche Kraftakte, sondern in erster Linie, weil wir in die Nähe des „Ich bin für dich da“ kommen und uns von ihm das Wesentliche abschauen!

Und unsere Gaben und Fähigkeiten? Auch sie gedeihen und entwickeln sich vorzüglich in dieser „Jochgemeinschaft“ mit Jesus. Er holt das Beste aus uns heraus, was wir zu bieten haben, wartet geduldig, wenn wir nicht mitkommen, spornt uns an, ermutigt uns und lenkt uns in Richtungen, wo unsere Begabungen ausgezeichnet zum Tragen kommen. Unser gesamter innerer Mensch ist also bei ihm in den besten Händen!

Einen Weg bahnen

Wie viel habe ich schon über die Entwicklung meiner Persönlichkeit und über die Entfaltung meiner Begabungen gelesen und gehört. Aber ich merke, dass veränderte Lebenssituationen und der Eintritt in neue Lebensphasen es erfordern, dass ich mich mit diesem Thema immer wieder auseinandersetze. Manches habe ich unterwegs verloren, was es noch einmal ganz neu zu entdecken gilt. An bestimmten Stellen habe ich mich verbogen und angepasst, um besser in ein vorgegebenes System zu passen. Und manchmal hat mich das Leben mit seinen Sachzwängen so fest im Griff, dass überhaupt keine Zeit bleibt, über „so was“ nachzudenken.

Dennoch möchte ich mir die Mühe machen, noch einmal genauer hinzuschauen, damit das Einzigartige und Besondere, was Gott in mich hineingelegt hat, auch zur Entfaltung kommen kann. Dafür will ich einige Fragen beantworten:

- Könnte ich, wenn mich jemand dazu aufforderte, die Stärken und Schwächen meiner Persönlichkeit benennen?
- Könnte ich auch formulieren, welche besonderen Begabungen und Fähigkeiten mir von Gott mitgegeben wurden?
- Achte ich mich selbst mit dem, was mir anvertraut wurde, oder werte ich es ab, weil es in meinen Augen oder in den Augen anderer nichts Besonderes ist?
- Bin ich davon überzeugt, dass Gott mir weiten Raum für mich und mein Sosein geben will?
- Habe ich den Eindruck, mit meiner Persönlichkeitsstruktur und meinen Begabungen am richtigen Platz zu sein, sodass ich mich zur Ehre Gottes optimal entfalten kann? Oder müsste ich hier noch einmal Veränderungen vornehmen – und wie könnte das geschehen?
- Welche konkreten Schritte könnte ich gehen, damit die „Stolpersteine" in meiner Persönlichkeit nicht mehr so ins Gewicht fallen?

Ich möchte mich Jesus mit all dem, was in mir steckt, ganz neu zur Verfügung stellen und bin gespannt, was er aus meinem Leben noch machen wird!

Zum Nachlesen

Psalm 139,13-14; Matthäus 25,14-30; 1. Korinther 12,4-11; Galater 5,22-23; Epheser 2,8-10; Epheser 4,21-24; 1. Petrus 2,1-5; 1. Petrus 4,10-11.

Kapitel 5

Unsere Biografie

Das Leben kann nur rückwärts verstanden, muss aber vorwärts gelebt werden.
Sören Kierkegaard

„Stelle dein bisheriges Leben dar!“, so lautete die Arbeitsanweisung. Wir saßen während eines Seminars mit mehreren Personen um einen großen Tisch herum. Jeder von uns hatte einen langen, dicken Wollfaden, mehrere Steine von unterschiedlicher Größe und etliche Teelichter vor sich liegen. Nun waren wir also aufgefordert, mithilfe dieser Utensilien unser bisheriges Leben darzustellen. Dabei sollte die Schnur unseren Lebensweg symbolisieren (z.B.: Wann ging es in deinem Leben bergauf? Wann bergab? In welchen Zeiten waren die Wege sehr verschlungen? Usw.). Die Steine stellten schwere Zeiten, Hindernisse oder Lasten dar und die Teelichter sollten Sinnbild für all das Gute und Schöne in unserem Leben sein, für stabile Phasen, „Highlights“, Gebetserhörungen usw.

Wir machten uns ans Werk. Konzentriertes Schweigen senkte sich über die Gruppe, während im Hintergrund leise Musik lief. Es war spannend, herausfordernd und auch gar nicht so leicht, auf diese Weise noch einmal in die eigene Geschichte einzutauchen, sie sich bewusst zu vergegenwärtigen und dann auch gegenständlich darzustellen. Als wir fertig waren, betrachtete jeder sein Werk – es wurde hier noch ein bisschen gezupft und nachgebessert, dort noch ein Stein weggenommen oder hinzugefügt und die eine oder andere Kerze, die wir nun angezündet hatten, verschoben. Wir saßen da und … schauten. Schauten auf unser Leben, schauten auf unsere bisherige Geschichte und auf all das Erlebte, was nun so sichtbar vor uns lag. Schauten auf Höhen und Tiefen, auf wirre Zeiten und großartige Momente. Lange Zeit ließen wir dieses Bild und das, was es über uns aussagte, auf uns wirken.

Nach einiger Zeit wurden wir aufgefordert, uns die „Lebenswege" der anderen Gruppenmitglieder anzuschauen und – sofern es gewollt und gewünscht war – uns gegenseitig etwas über ihre Entstehung zu erzählen. Ich stand auf, drehte meine Runde und sah mir an, was die anderen gelegt hatten. Und ich war baff! Jedes Werk war so unübersehbar einzigartig wie der Lebensweg, der dahintersteckte. Da gab es schnurgerade Wege und wüst verknotete Gebilde. Da gab es winzige Steinchen oder Steine, die in ihrer Größe an riesige Felsbrocken erinnerten. Da gab es Wegstrecken, die im Kerzenlicht leuchteten, und Abschnitte in tiefster Dunkelheit.

Und wir erzählten. Erzählten voller Freude und Dankbarkeit von lichten Tagen, an denen wir viel Gutes erlebt und Gott in besonderer Weise gespürt hatten. Erzählten von undurchdringlichen Wirrnissen und Knoten in unserem Leben – Knoten, die sich bei manch einem bis zu diesem Zeitpunkt nicht gelöst hatten. Erzählten mit Tränen in den Augen und brüchiger Stimme von schweren Zeiten und belastenden Situationen. Manches verschwiegen wir auch. Zu persönlich war das Erlebte, zu intim, vielleicht auch zu bewegend oder gar schrecklich, um es in Worte zu fassen und vor anderen Menschen laut auszusprechen.

Und wir sahen und hörten zu. Sahen und hörten Dinge vom anderen, die wir vorher nicht gewusst hatten und die den anderen mit einem Mal in einem ganz anderen Licht erscheinen ließen. Während wir erzählten oder zuhörten, spürten wir: Jeder von uns hatte seine ganz eigene Geschichte, seine ganz eigene Biografie, die kostbar und einzigartig war. Und damit hatte jeder von uns ein anderes Fundament, auf dem er das ihm anvertraute Leben nun weiter aufbaute und ausgestaltete.

Und das gilt für uns alle! Unser Gewordensein ist wie der Abdruck unseres Fingers: einzigartig und besonders. Niemand sonst hat unsere Geschichte erlebt, niemand dieselben Begegnungen gehabt, kein anderer dieselben Erfahrungen gemacht und niemand hat genau unsere Gefühle gespürt. Wir hatten viele Freunde oder waren sehr einsam, wir waren gesund oder häufig krank, wir hatten eine sehr unbeschwerte Kindheit oder wurden schon früh mit Schicksalsschlägen konfrontiert. Wir hatten eine ganz individuelle Beziehung zu unseren Eltern und Geschwistern und haben die Botschaften und Erlebnisse, welche uns in unserer Familie mitgegeben wurden, auf ganz einzigartige Weise aufgenommen, interpretiert und für unser Leben ausgewertet. Wir fühlten uns geliebt oder abgelehnt, wurden gefördert oder waren uns selbst überlassen. Wir wurden mit großer Strenge oder mit viel Nachsicht erzogen, uns umgab eine Atmosphäre der Wärme oder ein Klima der Kälte und Ignoranz. Der Umgang mit uns, die Worte und Sätze, die man uns sagte, wurden von uns verinnerlicht und haben uns geprägt.

Unser Gewordensein ist wie der Abdruck unseres Fingers: einzigartig und besonders.

Alles, was uns bisher begegnet ist, und alle Schlussfolgerungen, die wir daraus für unser Denken und Handeln gezogen haben, ließen uns zu dem Menschen werden, der wir heute sind: ein einzigartiges Individuum, dessen Geschichte ihm als ein wertvoller Schatz anvertraut wurde. Unsere Biografie gehört untrennbar zu uns, ob uns das gefällt oder nicht. Selbst wenn wir es wollten – wir können sie nicht abschütteln wie ein lästiges Insekt, sondern bleiben unser Leben lang mit dem Erlebten verbunden. Wir selbst sind unsere Geschichte und unsere Geschichte sind wir.

Es lohnt sich also, diese Geschichte genauer anzuschauen, um das Potenzial, das uns mitgegeben wurde, voll auszuschöpfen. Wie viel Wunderbares wurde da in uns hineingelegt! Die Fähigkeit zu lieben und zu vertrauen, die Fähigkeit, mit anderen mitzuempfinden und Freundschaften zu bauen. Die Fähigkeit, uns mitzuteilen, zu streiten und uns wieder zu versöhnen. Die Fähigkeit, den Alltag zu gestalten, zu organisieren und zu planen. Die Fähigkeit, einer Arbeit nachzugehen und durchzuhalten, wenn es schwierig wird. Die Fähigkeit, zu überwinden, zu kämpfen und uns durchzubeißen. Die Fähigkeit, das Richtige zu erkennen und uns dafür einzusetzen, uns gleichzeitig vom Bösen abzuwenden. Wir alle können in unserer Geschichte dieses Gute – sei es viel oder wenig – finden, für das wir dankbar sein und auf das wir aufbauen können.

Es lohnt sich aber auch, die ungeliebten Anteile unserer Geschichte genau anzuschauen, uns mit ihnen auseinanderzusetzen und uns mit ihnen auszusöhnen. Denn wenn wir uns beständig gegen die unguten Anteile unserer Biografie wehren, wehren wir uns letztlich beständig gegen uns selbst und können uns nicht lieben. Als Ausgesöhnte zu leben bedeutet, auch zu dem Ungewollten Ja zu sagen und es als zu uns gehörig zu akzeptieren. Tun wir das, werden wir erleben, dass sich auch das Ungeliebte in etwas Liebenswertes verwandelt. Nicht weil es so angenehm oder schön wäre, sondern weil es eine Bedeutung für unser Leben gewinnt, die wir irgendwann nicht mehr missen möchten. Und gerade schwierige Aspekte haben uns im Rückblick manchmal erstaunliche Fähigkeiten verliehen, für die wir heute dankbar sein können!

Ausgesöhnt zu leben, ist allerdings nicht gleichbedeutend damit, dem Schicksal ergeben und ausgeliefert zu sein. Wo wir uns „nach hinten" ausgesöhnt haben, dürfen wir uns nach vorne verändern. Denn wir sind kein Spielball unserer Biografie und kein immerwährendes Opfer der Geschehnisse unseres Lebens. Wir müssen nicht denken, was wir immer dachten, müssen nicht handeln, wie wir immer handelten, müssen nicht reagieren, wie wir es immer taten. Wir dürfen heute an unserer Geschichte weiterschreiben, dürfen ihr neue Nuancen geben, dürfen verändern und neue Interpretationen und Bewertungen der Geschehnisse vornehmen. Wir dürfen Lüge durch Wahrheit ersetzen, Einsamkeit durch Nähe, dürfen Verhärtungen aufweichen und zerstörende Worte durch Lob und Ermutigung heilen. Wir dürfen heute Ja sagen, wo es früher Nein hieß, und dürfen Nein sagen, wo wir früher immer Ja sagen mussten. Wir dürfen uns heute an Dingen erfreuen, die uns einst untersagt waren, und dürfen uns Schädlichem verweigern, dem wir früher hilflos ausgesetzt waren. Wir dürfen Neues ausprobieren, es als unpassend wieder verwerfen oder als neue Facette unseres Seins integrieren. Wir dürfen erwachsen werden und reifen und unser Leben so leben, wie es heute zu uns passt.

Wir dürfen heute an unserer Geschichte weiterschreiben, dürfen ihr neue Nuancen geben, dürfen verändern und neue Interpretationen und Bewertungen der Geschehnisse vornehmen.

Da, wo der Schmerz sitzt

Die Auseinandersetzung mit unserer Biografie kann auf sehr unterschiedliche Weise geschehen. Wir werden dazu sicher auch nicht nur einmal in unserem Leben aufgefordert, sondern immer wieder; solch ein reflektierender Rückblick kann in den unterschiedlichsten Lebensphasen sinnvoll sein. Es wäre sogar vermessen zu meinen, wir täten diese Arbeit einmal und dann sei die Auseinandersetzung mit unserem Gewordensein und unseren Prägungen ein für alle Mal abgeschlossen. In dem Maße, wie wir uns nach vorne weiterentwickeln, ent-wickelt sich auch unsere Geschichte nach hinten und der Gesamtzusammenhang, der eine rote Faden Gottes in unserem Leben tritt immer deutlicher zutage. Das braucht Zeit und ist ein immerwährender Prozess, der von Gott behutsam geführt wird. In diesem Prozess stößt er immer wieder neue Themen an oder aber dieselben Themen werden auf verschiedenste Weise und zu unterschiedlichen Zeiten noch einmal und noch einmal wiederholt.

> In dem Maße, wie wir uns nach vorne weiterentwickeln, ent-wickelt sich auch unsere Geschichte nach hinten und der Gesamtzusammenhang, der eine rote Faden Gottes in unserem Leben tritt immer deutlicher zutage.

Zu Beginn solch eines Prozesses steht häufig ein Erlebnis, welches uns zu diesem Rückblick ermutigt oder geradezu auffordert. Andere Menschen entdecken zum Beispiel ein großes Potenzial in uns und fragen uns, wie diese Begabungen und Fähigkeiten denn entstanden sind. Dann schauen wir zurück und stellen fest, dass wir in einem Klima aufgewachsen sind, in dem diese Talente bestens gedeihen konnten. Oder wir werden gelobt für besondere Charaktereigenschaften, beispielsweise eine große Zuverlässigkeit oder einen unerschütterlichen Humor, und entdecken dann: „Ich bin so zuverlässig und verbindlich, weil meine Eltern großen Wert darauf legten, einmal gemachte Zusagen einzuhalten und angefangene Arbeiten auch zu beenden. Bei uns wurde diesen Tugenden eine besonders große Bedeutung beigemessen." Oder: „Ich kann mit Humor und Fröhlichkeit manch kritischer oder belastender Situation die Schwere nehmen, weil auch bei uns zu Hause viel gelacht und den Härten des Lebens mit unerschütterlicher Lebensfreude begegnet wurde."

Es lohnt sich, immer wieder einen dankbaren Blick auf all das Potenzial zu werfen, was uns da mitgegeben wurde. Diesen Schatz gilt es zu heben und ihn zu vermehren, indem wir ihn mit den Menschen teilen, die mit uns unterwegs sind.

Manchmal spüren wir aber auch, dass es in unserer Entwicklung immer wieder „klemmt". Da heben mich gleiche oder ähnliche Situationen immer wieder aus dem Sattel. Ein bestimmter Mensch oder eine ganze Gruppe, die verwandte Züge einer bestimmten Person trägt, erwecken in mir scheinbar grundlosen Ärger oder Gefühle der Verunsicherung. Ich reagiere mit Schuldgefühlen, obwohl die aktuelle Situation gar keinen Grund dazu gibt. Ich bin plötzlich sehr gereizt und aggressiv, obwohl der Anlass verhältnismäßig belanglos ist. Ich reagiere *über* und sehe mich einer Wucht von Gefühlen ausgesetzt, die, bei Licht betrachtet, in keinem Verhältnis zu der Situation steht.

Passiert uns das immer wieder, macht es Sinn, sich auf Spurensuche in die eigene Biografie zu begeben, um herauszufinden, wo diese heftigen Gefühle ihren Ursprung haben.

An dieser Stelle haben wir die Möglichkeit, uns systematisch und sachlich mit „unserem" Thema, was da nun entstanden ist, zu beschäftigen. Wir können etwas darüber lesen oder das Gespräch mit Menschen suchen, die Ähnliches erlebt haben. Diese sachliche Auseinandersetzung hilft uns, zu verstehen und einzuordnen, und bringt uns in unserem Wachstumsprozess ein gutes Stück voran.

Oft reicht es jedoch nicht aus, diese Auseinandersetzung auf sachlicher Ebene zu führen. Denn häufig sind tiefere Schichten unseres Seins betroffen, zu denen unser Verstand keinen Zugang hat. Unsere Vergangenheit berührt uns bisweilen auf eine sehr emotionale Weise. Gedanken, Gefühle, Bilder, Gerüche oder Begegnungen mit Menschen bringen entsprechende Emotionen zurück. Manchmal sind es sehr angenehme Erinnerungen: das Lachen mit Freunden, eine Umarmung oder das stolze Lob eines uns nahestehenden Menschen. Mitunter bringen diese Bilder, Gedanken und Gefühle aber auch Erinnerungen an Dunkles und Schweres mit sich. Da sind schmerzende Wunden, Narben und Verwachsungen. Da sind unverheilte Verletzungen, da ist Ohnmacht oder Zorn und eine unendliche Trauer über ungestillte Sehnsucht und den Verlust all der Zuwendung, die wir so dringend benötigt hätten.

Diese Momente, in denen der Schmerz an die Oberfläche kommt, können wir unbeachtet vorüberstreichen lassen. Wir können uns schnell wieder der Gegenwart zuwenden, um nur nicht erinnert zu werden und Unangenehmes nicht spüren zu müssen. Manchmal erscheint uns Verdrängung als der einzig mögliche Weg, mit Vergangenem zu leben.

Wir können diese Gelegenheit aber auch nutzen, um uns diesen dunklen Gefühlen voller Achtsamkeit zuzuwenden. Sie verdienen es, sind sie doch Teil unserer Geschichte und damit Teil unseres Ichs. Und: Die Augenblicke, in denen sich diese unbequemen Gefühle an die Oberfläche wagen, sind sehr kostbar. Wir brauchen Verschüttetes nicht erst angestrengt zu suchen oder mit Gewalt hervorzuzerren, sondern es zeigt sich ganz von selbst, weil Gott uns zu diesem Ort führt, um zu heilen, zu verändern und zu befreien.

Wir können diese Gelegenheit aber auch nutzen, um uns diesen dunklen Gefühlen voller Achtsamkeit zuzuwenden. Sie verdienen es, sind sie doch Teil unserer Geschichte und damit Teil unseres Ichs.

Dennoch sind wir an dieser Stelle alle geneigt, uns zu sperren, dichtzumachen und unsere gewohnten Abwehrmechanismen oder Verteidigungsstrategien hochzufahren. Sie dienten zu unserem Schutz. Sie dienten dazu, gerade *nicht* zu fühlen. Wir haben uns zeit unseres Lebens mit ihnen wie mit einem dicken Schutzwall umgeben, der uns zwar jede Menge Enge und Unfreiheit bescherte, aber eben auch Sicherheit. Und nun sollen wir die Waffen strecken, Tore öffnen, Mauern niederreißen und uns ergeben?

Unsere Ängste sind an dieser Stelle oftmals unverhältnismäßig groß. Die Kapitulation birgt in der Regel mehr Gewinn als Verlust in sich. Denn wenn wir uns dem Schmerz stellen und bewusst auf ihn zugehen, wenn wir ihn hereinbitten und hören, was er uns zu sagen hat, wenn wir aufhören, gegen ihn zu kämpfen, und stattdessen bereit sind, uns mit ihm auseinanderzusetzen und auszusöhnen, dann verliert er seine Bedrohlichkeit. Er muss sich ja nun nicht mehr mit aller Kraft Gehör verschaffen, muss sich nicht mehr mit Gewalt an die Oberfläche kämpfen, sondern findet die Beachtung, die er braucht. Mehr ist im Moment auch gar nicht nötig. Der Schmerz in uns braucht nur einen Zuhörer, der ihm Raum gibt, der ihn versteht und annimmt. Hier beginnt die Wandlung von dunkel in hell, von destruktiv in konstruktiv, von „Das darf nicht in mir sein" in „Du gehörst untrennbar zu mir und bist wichtig für mich". Wir beginnen den Schmerz in uns und damit uns selbst und unser Gewordensein anzunehmen, hören uns zu und geben uns Raum. Der Anfang ist gemacht.

Von Gott berührt

Vor einigen Jahren geriet ich in eine heftige Krise in Form einer Erschöpfungsdepression, die einherging mit starken Angst- und Panikattacken. Meine Psyche kollabierte, machte, was sie wollte, und schien sich scheinbar durch nichts mehr beruhigen zu lassen. Solch eine Krise hat in der Regel viele verschiedene Ursachen. Bei mir lag *eine* Ursache in der Tatsache, dass ich Kind einer alkohol- und medikamentenabhängigen Mutter bin. Das ganze Ausmaß der Schädigung durch das Aufwachsen in einer Suchtfamilie trat erst nach und nach zutage. Und erst jetzt in der Krise offenbarte sich im vollen Umfang, welche verheerenden und krank machenden Denk-

und Verhaltensmuster ich mir in diesem dysfunktionalen Familiensystem angeeignet hatte.

So gab es in mir die tief sitzende und unausrottbare Überzeugung, irgendwie an der ganzen Misere schuld zu sein. Und nicht nur an *dieser* Misere. Nein, ich fühlte mich grundsätzlich schuldig und diese diffusen Schuldgefühle wurden zu meinen ständigen Begleitern – ich war wie stigmatisiert und wurde zutiefst von Scham über meine vermeintliche Schuld bestimmt. Damit einher ging das angestrengte Bemühen, alles richtig zu machen, und ein völlig überhöhtes Verantwortungsgefühl für die Geschicke aller Menschen um mich herum. Nicht zuletzt saß in mir eine unsägliche Grundangst, dass „etwas ganz Schlimmes" passieren könnte (was in meiner Kindheit leider mehr als einmal Wirklichkeit geworden war), was ich aber vielleicht durch vorausschauendes und kontrollierendes Handeln verhindern könnte.

Die bohrenden Schmerzen und all die damit verbundenen Prägungen und inneren Schwüre saßen tief verborgen in mir und steuerten mein Verhalten. Trieben mich in meiner Rolle als Mutter mehrerer Kinder und Frau eines Pastors an, alles „richtig" zu machen, und ließen mich Verantwortung übernehmen, wo ich sie gar nicht hätte übernehmen brauchen. Ließen mich Schuldgefühle für Versagen und Fehlentwicklungen empfinden, wo ich gar keine Schuld hatte, und ließen eine irre Panik in mir aufsteigen, wenn Schwierigkeiten und Konflikte sich anbahnten. Jetzt musste ich alle Kräfte, übermenschliche Kräfte, mobilisieren, damit nicht wieder „etwas ganz Schlimmes" passieren würde! Kein Wunder, dass meine Psyche unter diesem enormen Druck irgendwann total austickte und ich völlig erschöpft zusammenbrach.

Die Angstattacken hatte ich relativ schnell wieder im Griff, aber gegen die lähmende Dunkelheit kam ich einfach nicht an. Wenn

Lebenswille und Lebensfreude sterben, wird jeder Schritt zur Qual, kostet jeder Handgriff unendlich viel Mühe und jedes Quäntchen Kraft wird gebraucht, um sich gegen den Sog der Dunkelheit zu wehren. Mir blieb gar nichts anderes übrig, als zu kapitulieren und mich dem Schmerz in mir zu stellen. So nach und nach wurde aufgedeckt, wurden Zusammenhänge klar und wuchs Verstehen in mir.

Ein Tag aus dieser Zeit ist mir besonders in Erinnerung geblieben. Es war einer dieser ganz finsteren Tage, der komplett mit dem Gefühl überlagert war: Ich kann nicht mehr, ich schaff das einfach nicht mehr; das hier ist wohl mein Ende! In diesem Moment kam mir ein Satz aus der Bibel in den Sinn, der mich zutiefst berührte. Ein Satz, den Jesus einmal gesagt hat: „*Ich lebe und ihr sollt auch leben*“ (Johannes 14,19b; LUT).

Für die plötzliche Betroffenheit durch ein Gotteswort gibt es keine menschliche Erklärung oder Begründung – sie ist ein besonderes Geschenk des Heiligen Geistes an uns.

Für die plötzliche Betroffenheit durch ein Gotteswort gibt es keine menschliche Erklärung oder Begründung – sie ist ein besonderes Geschenk des Heiligen Geistes an uns. Wir alle hören und lesen jeden Tag unendlich viele Sätze. Darunter sind oft auch viele gute Worte aus der Bibel, aus Andachtsbüchern und aus Predigten. Worte Gottes. Bestenfalls speichern wir diese Worte ab, aber sie „machen“ nicht wirklich etwas mit uns. Doch dann gibt es diese besonderen Momente, in denen uns Worte wie aus heiterem Himmel treffen und wir wissen: Das ist jetzt für mich ganz persönlich; das hier ist Reden Gottes an mich! Diese Worte Gottes, die uns unerwartet berühren, haben immer etwas ganz Besonderes: Sie begegnen uns in den tiefsten Schichten unserer Persönlichkeit, kommen uns ganz nah, sind voller Kraft und gleichzeitig unendlich behutsam. Sie machen eben nicht vor unseren hochgezogenen Mauern halt, sondern nehmen unsere Einladung einzutreten an und bringen Heilung für unseren Schmerz. Ganz sanft hält Gott das „Staubmännchen" in seinen Händen und streicht ihm mit berührenden Worten über die geschundene Seele.

So war es auch bei mir mit diesem Satz: *„Ich lebe und ihr sollt auch leben"*, den ich nun ganz persönlich, nur für mich hörte: *„Ich lebe, und du, Tamara, sollst auch leben!"* Dieser Zuspruch berührte meine Seele an einer Stelle, wo Resignation, Lebensverweigerung, Selbstbestrafung und Selbstzerstörerisches Wurzeln geschlagen hatten und mir so von innen her immer wieder aufs Neue Wunden zufügten. An diesem finsteren, verborgenen Ort meines Seins, wo mein Nein zum Leben saß und wo die Depression ihren Ursprung hatte, fochten diese lebensbejahenden und lebensspendenden Worte des Auferstandenen eine Schlacht mit der Dunkelheit in mir aus. Leben gegen Tod, Licht gegen Finsternis, Freiheit gegen Bindung, Kraft und Stärke gegen zum Stillhalten verurteilende Lähmung. In die Finsternis hinein hat Christus das Leben über mir ausgerufen und mir das Leben zugesprochen. Hat mir seinen Lebenswillen und seine Lebenskraft eingehaucht und mir Worte gesagt, die ich mehr als alle anderen Worte hören musste: „Ich will, dass du lebst! Ich will, dass du überwindest, weil auch ich überwunden habe. Bei mir ist Leben und von diesem Leben gebe ich dir, die du kein Leben hast."

Diese Erfahrung ist mir deswegen so wichtig, weil sie mich gelehrt hat, dass uns Gott, wenn wir uns dem Schmerz in unserem Inneren stellen, nicht alleinlässt. Im Gegenteil: Die intensivsten und innigsten Begegnungen mit Gott haben wir da, wo unsere Abwehrmechanismen und Verteidigungsstrategien zum Erliegen kommen und wir schutzlos vor ihm stehen: verletzt und verletzlich, bedürftig und schutzlos wie ein kleines Kind.

Und wir brauchen dieses heilende Anrühren Gottes! Es reicht ja nicht aus, sich dem Schmerz zu stellen. Wir brauchen in solchen Momenten wie Kinder, die gefallen sind, Trost, Schutz und die bergenden Arme unseres liebenden Vaters im Himmel. Echte tiefe Wiederherstellung erfahren wir erst und nur in der Begegnung mit Gott. Denn von Gott berührte Wunden werden immer verwandelt. Sie erleben Heilung und werden fruchtbar gemacht für unser weiteres Leben.

Unsere Geschichte ist uns anvertraut. Gott möchte in dieser Geschichte rückwirkend heilend und befreiend wirken, damit wir mit uns selbst und mit unserem Gewordensein versöhnt leben können. Damit wir die unangenehmen Anteile unserer Biografie nicht länger verdrängen oder abspalten, sondern als zu uns gehörig akzeptieren. Geben wir der von Gott gewirkten Heilung Raum, verliert auch das Schadhafte in unserer Biografie seinen Schrecken und ruft keine Scham mehr hervor. Wir müssen nichts mehr verstecken, nichts mehr beschönigen, sondern können aufrecht und mit erhobenem Haupt sagen: „Durch Gottes Gnade bin ich, was ich bin! Nicht der Schmerz, nicht die Verletzungen, nicht die Scham bestimmen mein Denken, Verhalten und Fühlen, sondern *Gottes* unverdiente Zuwendung entfaltet in meinem Leben seine Wirkung!"

Einen Weg bahnen

Vielleicht habe ich dem bisherigen Verlauf meines Lebens keine besondere Aufmerksamkeit gewidmet. Es war für mich immer selbstverständlich, dass ich Eltern hatte, die mich gut umsorgten, Freunde, mit denen ich durchs Leben gehen konnte, eine gute Ausbildung, einen sicheren Arbeitsplatz und eine funktionierende Partnerschaft, die meinem Leben Stabilität verliehen haben. Ich bin vor nennenswerten Schicksalsschlägen und Einbrü-

chen in meinem Leben bisher bewahrt geblieben. Dafür möchte ich Gott noch einmal ganz neu danken, weiß ich doch, dass all das nicht selbstverständlich ist. Ich will dieses stabile Fundament nutzen, um viel Gutes darauf aufzubauen und weiterzugeben, was ich an Segen empfangen habe. Ich will mich neu mit Barmherzigkeit für die Menschen beschenken lassen, die in ihrem Leben nicht so recht auf die Füße kommen, weil in ihrer eigenen Biografie nicht alles so glattgegangen ist. Vieles von dem, was für mich selbstverständlich war, mussten sie entbehren. Und das hat sie geprägt. Keinesfalls werde ich auf diese Menschen herabsehen, sondern mit Verständnis und Mitgefühl auf sie zugehen.

Vielleicht hadere ich aber auch mit manchem, was in meinem Leben nicht rundgelaufen ist. Ich versuche diese Dinge, so gut wie es geht, zu vergessen oder zu verdrängen. Meistens gelingt mir das, wären da nicht jene Situationen, die plötzlich alles wieder hochspülen und mich auf eine Weise reagieren lassen, die mir selbst völlig unverständlich ist.

Weil ich wachsen, reifen und mit meinem Leben ausgesöhnt leben will, werde ich Gott bitten, diese wunden Stellen meines Lebens mit seinem heilenden Handeln zu berühren und mich rückwirkend mit dem zu versorgen, was mir so gefehlt hat. Ich weiß nicht, wie er das tun wird, aber ich vertraue ihm, dass er den richtigen Zeitpunkt und das Maß für mich weiß. Ich werde offen sein und die Schritte gehen, die er mich gehen heißt!

Zum Nachlesen

Psalm 27,10; Psalm 30,12-13; Psalm 147; Jesaja 43,16-19; Jesaja 62,2b-5; Jeremia 17,14; Johannes 5,1-9; 1. Korinther 15,9-10; 2. Korinther 5,16-17.

Nehmen wir unsere Frage vom Anfang zwischendurch noch einmal auf:

Wie wird man so? So authentisch, so souverän, so humorvoll, so geradlinig, so stark, so liebevoll und wertschätzend, so unglaublich … jesusähnlich?

Der Grund ist gelegt:

Durch eine innige Beziehung mit dem „Ich bin für dich da“, der uns gewollt und geschaffen hat und der uns uneingeschränkt liebt.

Durch ein ausgewogenes Zusammenleben unseres inneren und äußeren Menschen und die Bereitschaft, die eigenen Begrenzungen zu akzeptieren.

Indem wir die Einzigartigkeit unserer Persönlichkeit und unserer Begabungen bejahen und zur vollen Entfaltung bringen.

Und nicht zuletzt dadurch, dass wir unsere persönliche Geschichte, die untrennbar zu uns gehört, annehmen und Verwundungen auch nachträglich noch von dem „Ich bin für dich da“ heilen lassen.

Wir haben eine starke, tragfähige Grundlage, auf der wir weiter aufbauen können!

TEIL 2

WACHSEN WOLLEN UND VERÄNDERUNG ZULASSEN

Kapitel 6

Verantwortlich für das eigene Werden

Freiheit bedeutet Verantwortlichkeit. Das ist der Grund, weshalb die meisten Menschen sich vor ihr fürchten.
George Bernard Shaw

„Wir brauchen noch einen Verantwortlichen für diesen Arbeitskreis!“ Suchend schweift der Blick des Gesprächsleiters durch die Reihen. Ich ducke mich und tue mein Möglichstes, um jeden Blickkontakt mit ihm zu vermeiden. Weil ich ahne, dass diese Maßnahme nicht reichen wird, beginne ich, exzessiv in meiner Tasche zu wühlen, um damit zu signalisieren, dass ich jetzt gerade mit wichtigeren Dingen beschäftigt und deshalb nicht ansprechbar bin.

Ich hasse solche Momente! Ich bin nämlich äußerst ungerne verantwortlich für die Einberufung und Leitung von Arbeitsgruppen oder die Gestaltung und Organisation irgendwelcher Events. Ich bewundere jene strammen Leitertypen, die in solchen Situationen beherzt ihre Hand nehmen und nichts lieber tun, als vorneweg zu gehen, zu organisieren, zu planen und die Fäden in der Hand zu halten. Hut ab vor Menschen, die bereit sind, sich der hohen Anspannung und dem Druck auszusetzen, welche die Übernahme von Verantwortung mit sich bringt, und die bereit sind, den Kopf hinzuhalten, wenn die Sache nicht gut läuft oder gänzlich schiefgeht. *Mir* beschert diese Last nichts als Stress und schlaflose Nächte. Ich bin eindeutig mehr der „Teamplayer“, der sehr gerne (und auch sehr verbindlich) einen überschaubaren Part im Ganzen übernimmt, aber den Gesamtüberblick lieber anderen überlässt.

Egal, ob wir im Alltagsgeschehen aufgrund unserer Persönlichkeit oder unseres Begabungsprofils eher „Leitertypen“ oder „Teamplayer“ sind – im Bezug auf unser Leben sind wir *alle* für das verantwortlich, was wir auf der Grundlage unseres Lebens und dem, was Gott uns anvertraut hat, aufbauen. Denn geistliches und persönliches Wachstum und ein erfülltes Leben, welches viel Frucht trägt, entsteht nicht „einfach so“, sondern ist die Folge zahlreicher kleiner und großer Entscheidungen, die wir treffen, und das Ergebnis konkreter Schritte, die wir gehen.

Wir können nicht im Sinne Gottes Mensch sein, ohne Verantwortung zu übernehmen: für uns selbst, für die Entwicklung unseres Lebens und für unsere Umwelt.

Es ist ein großes Vorrecht, dass Gott uns diese Verantwortung für uns selbst und das uns geschenkte Leben überträgt. Denn er bringt uns damit Wertschätzung und Vertrauen entgegen, adelt uns mit Würde, will unsere Selbstständigkeit fördern und uns Freiheit geben. So war und ist unser Menschsein von Anfang an gedacht. Kaum in den Garten hineingesetzt, übertrug Gott dem Menschen schon Verantwortung für die Gestaltung des Gartens, für das Bebauen des Ackers und für die Tierwelt.

Wir können nicht im Sinne Gottes Mensch sein, ohne Verantwortung zu übernehmen: für uns selbst, für die Entwicklung unseres Lebens und für unsere Umwelt. Einfach alles nach Lust und Laune laufen und sich selbst nur treiben zu lassen bzw. alles nur irgendwie passiv hinzunehmen – solche Lebenshaltungen mögen vordergründig bequem sein, tun uns langfristig aber überhaupt nicht gut. Statt aufzublühen, verkümmern wir. Statt zu wachsen und zu reifen, machen wir Rückschritte. Anstelle der ersehnten Erfüllung bleibt Leere.

Vor Gott verantwortlich

Gott hat uns ins Leben gerufen und uns unser Leben anvertraut. *Er* ist unser Vater, unser Schöpfer und unser Herr. Daraus folgt, dass wir mit dem, wie wir leben und wie wir uns entwickeln, mit dem, was wir tun oder lassen, in erster Linie vor *ihm* verantwortlich sind und vor *ihm* Rechenschaft ablegen müssen. Unser Leben steht oder fällt nicht mit dem Urteil anderer Menschen über uns, sondern das Maß der Dinge ist und bleibt immer Gott selbst.

Dabei ist „Leben in Verantwortung vor Gott" nie abstrakt oder ausschließlich spirituell zu verstehen, sondern konkretisiert sich immer in einem verantwortungsvollen, jesusgemäßen Lebensstil und Umgang mit anderen. „Ich muss mich nur vor Gott rechtfertigen" darf uns nicht als Ausrede dienen, uns selbst bezüglich unserer Lebensführung in die Tasche zu lügen und uns der Korrektur durch andere Menschen zu entziehen.

Wenn wir Jesus anschauen, können wir diese große Freiheit von Menschen und ihren Meinungen über ihn hervorragend beobachten und davon lernen. Bei ihm können wir sehen, was es bedeutet, ein Leben zu führen, in dem ausschließlich Gott Weisungsbefugnis hat. Er ließ sich weder von Begeisterung noch von Ablehnung, weder von Erwartungen und Forderungen noch von den Nöten der Menschen leiten, sondern lebte allein aus dem Kontakt mit seinem Vater im Himmel. Er tröstete, heilte und ermutigte, wen *er* wollte, und korrigierte, ermahnte oder funkte dazwischen, wenn aus *seiner* Sicht der richtige Zeitpunkt dafür war – ob das den Anwesenden gerade passte oder nicht. Ein diplomatisches Taktieren oder ein gefälliges Verhalten, damit Menschen mit ihm einverstanden waren, war ihm fremd. Das lässt ihn bisweilen recht kantig erscheinen und veranlasst uns manchmal zu dem vorsichtigen Einwand: „Jesus, das hätte man doch auch ein bisschen *netter* sagen können!"

Da bleibt er als Jugendlicher nach dem Passahfest in Jerusalem zurück, während seine Eltern sich nichts ahnend bereits auf den Rückweg machen. Irgendwann – und da sind sie bereits einen ganzen Tag zu Fuß Richtung Heimat unterwegs – stellen sie fest, dass Jesus nicht mehr da ist. Ein Horrorszenario für alle Eltern! Sie fragen sich durch und suchen überall in diesem großen Pilgertrupp nach ihrem Sohn. Aber Jesus bleibt unauffindbar. Das bedeutet für die Eltern: den ganzen Weg wieder zurück. Ein stundenlanger Fußmarsch unter der glühend heißen Sonne voller Angst und Sorge: Was ist bloß unserem Kind zugestoßen? Nach dreitägiger Suche finden sie ihr „Kind" endlich im Tempel – vertieft in eine Diskussion mit wildfremden Männern über Gott und die Welt. Als Maria ihn darauf aufmerksam macht, welche Ängste sie als Eltern ausgestanden haben, kommt die lapidare Antwort: „Warum habt ihr mich gesucht? Wusstet ihr nicht, dass ich in dem sein muss, was meinem Vater gehört?" (Lukas 2,29).

Jesus ist da, wo sein Vater ist. Er ist da, wo er aus Gottes Sicht hingehört, und nicht da, wo Menschen ihn haben wollen.

Während ich solch eine Antwort von meinem Sohn vermutlich äußerst ungehörig fände und ganz sicher noch ein paar passende Worte hinterherschieben würde, heißt es von Maria am Ende der Geschichte nur, dass sie das, was geschehen war, in ihrem Herzen bewahrte. Sie hat an dieser Stelle anscheinend schon etwas verstanden: Jesus ist da, wo sein Vater ist. Davon kann ihn nichts und niemand abbringen. Er ist da, wo er aus *Gottes* Sicht hingehört, und nicht da, wo *Menschen* ihn haben wollen. Und das, was er aus seiner engen Bindung an den Vater heraus tun will und was er für richtig hält, das tut er. Und nur das. Davon bringen ihn kein offener Konflikt, keine versuchte Manipulation, keine versteckten und keine offenen Vorwürfe ab. Jesus lässt sich durch den Vorwurf von Maria („Kind, wie konntest du uns das antun, dein Vater und ich haben dich voller Angst gesucht“; Lukas 2,48b) noch nicht einmal zu einem „Entschuldigt bitte, das war rücksichtslos von mir“ drängen und scheint keinerlei Schuldgefühle zu entwickeln. Und das, obwohl sein Verhalten, zumindest aus *menschlicher* Sicht, reichlich gedankenlos war. Doch aus *Gottes* Sicht scheint es eine ganz andere Beurteilung zu erfahren.

All diese subtilen Versuche menschlicher Machtausübung konnten ihn nicht binden – denn er fühlte sich ausschließlich seinem Vater im Himmel verpflichtet.

Lesen wir weiter in den Evangelien, stellen wir fest, dass Jesus die Absichten von Menschen, ihn durch Manipulation an sich zu binden, ihn durch offene Aggression oder verbale Attacken einzuschüchtern, durch Schmeichelei zu umgarnen oder durch Großartigkeit zu beeindrucken, immer wieder durchkreuzte. All diese subtilen Versuche menschlicher Machtausübung konnten ihn nicht binden – denn er fühlte sich ausschließlich seinem Vater im Himmel verpflichtet.

Diese Freiheit und Souveränität kennzeichnete nach Pfingsten auch die ersten Jünger und bei Paulus finden wir diese innere Unabhängigkeit ebenfalls:

> *Von Verwaltern aber verlangt man, dass sie sich treu erweisen. Mir macht es allerdings nichts aus, wenn ihr oder ein anderes menschliches Gericht mich zur Verantwortung zieht; ich urteile auch nicht über mich selbst. Ich bin mir zwar keiner Schuld bewusst, doch bin ich dadurch noch nicht gerecht gesprochen; der Herr ist es, der mich zur Rechenschaft zieht. Richtet also nicht vor der Zeit; wartet, bis der Herr kommt, der das im Dunkeln*

Verborgene ans Licht bringen und die Absichten der Herzen aufdecken wird. Dann wird jeder sein Lob von Gott erhalten.

1. Korinther 4,2-5

Auch wir müssen uns nicht jedem Anspruch und jedem Urteil von Menschen beugen. Wir können, ähnlich wie Paulus es hier formuliert, in großer Unabhängigkeit unser Leben gestalten. Denn das letzte Wort über uns spricht immer noch Gott – und das *ist* noch nicht gesprochen.

Der Gedanke „Ich bin vor *Gott* für meine Entwicklung und für mein Wachsen und Werden verantwortlich“ ist mir Entlastung und Ansporn zugleich. Die Entlastung liegt in einer wachsenden inneren Freiheit. Wie viele Dinge tue oder sage ich, weil sie von Menschen erwartet werden. Wie oft beuge ich mich, weil ich Angst habe, andere könnten schlecht über mich denken oder reden. Wie oft mache ich gute Miene zum bösen Spiel, weil ich mich vor Ablehnung, Ausgrenzung oder Repressalien fürchte. Wie oft verschweige ich die Wahrheit, weil „das jetzt nicht so gut kommt“. Und das beileibe nicht nur gegenüber Menschen „der Welt“, sondern durchaus auch im Kreis der Frommen.

Da spüre ich zum Beispiel, dass ich in einem Konflikt klar und deutlich meine Sicht der Dinge formulieren und mein Gegenüber mit meiner abweichenden Meinung konfrontieren sollte. Die Wahrheit – zumindest wie ich sie verstehe – müsste jetzt eigentlich auf den Tisch! Aber ich merke auch, dass ich damit die bestehende Harmonie gefährden würde. Und das macht mir Angst. Angst, als Unruhestifter angeprangert zu werden und dann mit Ausgrenzung und Liebesentzug bestraft zu werden. Womöglich ist der andere auch so sehr beleidigt, dass er nur darauf wartet, mir bei nächster Gelegenheit „eins reinzuwürgen“ und dann zum Gegenangriff überzugehen. Auch das macht mir Angst. Also sage ich lieber nichts, nehme stattdessen das allumspannende Deckmäntelchen der „Liebe“ und breite es über unserer Gemeinschaft aus. Ich habe gar nicht erst gefragt, was *Jesus* jetzt von mir will, geschweige, dass ich den Mut gehabt hätte, es auch umzusetzen. Stattdessen orientiere ich mich sofort und reflexartig an menschlichen Erwartungen. Nicht Gottes Geist, sondern Menschenfurcht ist der eigentliche Motor, der mich in solchen Momenten antreibt.

Dieses Verhalten kommt nicht von ungefähr. Wie viele andere wurde auch ich in meiner (christlichen) Biografie stark darauf getrimmt, menschenorientiert zu denken und zu handeln. *Was sollen denn andere denken, wenn du dich* so *benimmst? Und das als Christ!* – solche Sätze habe ich noch heute im Ohr. Ein äußerst menschliches „Das tut man nicht“ oder „Das gehört sich nicht“ wurde mit geistlichem Druck versetzt – die „perfekte“ Methode, um unter frommen Vorzeichen Menschen an die Kandare zu nehmen, sie zu gängeln und so zu verhindern, dass sie ausscheren.

Diese Prägung, auf andere Rücksicht zu nehmen, ausschließlich in *ihrem* Sinne zu denken und zu handeln und keinen Anstoß zu erregen, sitzt tief. Wie wichtig es ist, dabei nicht in die Fallstricke wie auch immer gearteter menschlicher Manipulation zu geraten, hat mir dagegen keiner gesagt und wurde von mir erst nach und nach entdeckt. Denn solch ein übermäßig menschenorientiertes Denken macht uns unfrei und verbiegt uns. Unser persönliches und geistliches Wachstum verläuft nicht geradlinig und stetig, sondern wird mit Krümmungen und Windungen versehen, weil wir immer versuchen, uns den jeweiligen Situationen und Menschen anzupassen. Und so merkte auch ich irgendwann, dass durch diese starke Fremdbestimmung von *mir* kaum noch etwas übrig geblieben war und meine Konturen immer mehr verschwammen. Aufgrund dieser fehlenden, mich abgrenzenden Konturen wurde ich zunehmend durchlässiger für die Erwartungen, Ansprüche und Ambitionen anderer Menschen und löste mich selbst darin regelrecht auf.

Erst die Neuausrichtung auf Jesus, das Lernen von seiner großen Freiheit und Menschenunabhängigkeit und der Gedanke: „Ich muss es nicht allen recht machen – es reicht, wenn ich es *Gott* recht mache!", befähigt mich immer wieder neu, meinen *eigenen,* von Gott gezeigten Weg zu gehen.

Aufgrund dieser fehlenden, mich abgrenzenden Konturen wurde ich zunehmend durchlässiger für die Erwartungen, Ansprüche und Ambitionen anderer Menschen und löste mich selbst darin regelrecht auf.

Der Ansporn liegt in dem Satz: *„Dann wird jeder sein Lob von Gott erhalten"* (Vers 5b). Für Kinder (zumindest, wenn sie klein sind!) gibt es keinen größeren Antrieb als das zu erwartende Lob der Eltern, wenn sie eine Aufgabe erfolgreich erledigt haben und der ihnen übertragenen Verantwortung gerecht geworden sind. Das stolze Schulterklopfen und das begeisterte Lob sind die alles bestimmende Motivation, welche antreibt, die Sache richtig gut zu machen. So werden auch wir einmal von Gott gelobt werden.

Überrascht uns der Gedanke, dass Gott uns einmal loben wird? Mich *begeistert* er! Mich begeistert es, immer wieder den „Ich bin *für* dich da" zu entdecken. So auch hier. Bei dem Gedanken, dass Gott *„das im Dunklen Verborgene ans Licht bringen und die Absichten der Herzen aufdecken"* wird, kann uns zunächst ganz schön mulmig zumute werden. Denn mit all dem, was dann zutage tritt, kann niemand von uns vor Gott bestehen. Aber für all diese beschämenden Absichten, Gedanken und Handlungen hat Jesus sein Leben gelassen. Ich darf dieses „Für dich" annehmen. Das Verborgene in mir wird aufgedeckt, ja, aber es braucht mich nicht mehr zu beschämen, weil Jesus all das Dunkle und Zerstörerische mit ans Kreuz genommen hat – es ist bei Gott kein Thema mehr. „Wenn der Herr kommt“ hat deswegen für mich nichts Bedrohliches und Angstbesetztes, sondern in mir wächst mehr und mehr eine gespannte und aufgeregte Erwartung.

Doch neben dem Negativen ist da ja auch mein (bisweilen recht kümmerlicher) Versuch, Jesus nachzufolgen, ihn zu lieben und ihm Freude zu bereiten. Da sind all die Situationen, in denen ich mir ein „Okay, ich mach es!“ abgerungen habe. Da ist auch schmerzhafter Verzicht, weil ich Jesus nicht wehtun wollte, und da sind unter Tränen abgerungene Entscheidungen, in der Nachfolge konsequent zu sein und im Gehorsam „drunterzubleiben“.

Wie schwer mir das manchmal fällt, mit wie viel Ringen und Kämpfen das oft einhergeht – all das wird von Jesus wahrgenommen und wertgeschätzt. Der „Ich bin für dich da“ lässt all diese Dinge nicht einfach unter den Tisch fallen oder kommentiert mit: „Na ja, das ist ja wohl das Mindeste, was von dir zu erwarten war!“ Nein, für ihn haben all diese Liebeserweise große Bedeutung, er behält sie gut in Erinnerung und er wird uns einmal dafür loben.

Das glückliche „Mensch, ich bin total begeistert, wie gut du das hinbekommen hast“, welches wir von Jesus einmal zu hören bekommen werden, ist für mich ein riesengroßer Ansporn, „mein Ding“ richtig gut zu machen und in *seinem* Sinne mein Leben bestmöglich zu gestalten.

Für uns verantwortlich

Wir sind *vor* Gott, aber *für* das uns Anvertraute verantwortlich. Meist denken wir dabei direkt an unsere Mitmenschen, an die Schöpfung und an uns übertragene Arbeiten oder Dienste.

Das ist durchaus richtig (wir werden uns in einem späteren Kapitel auch damit noch beschäftigen), aber zunächst geht es an dieser Stelle um uns selbst. Das zu denken, fällt manch einem schwer, weil eine „christliche" Prägung in vielen Fällen eine starke Außenorientierung vorsieht. Die Beschäftigung mit sich selbst, dem eigenen Verhalten, Denken und Fühlen, wird schnell mit Egoismus und Selbstzentriertheit gleichgesetzt. Wenn man sich hingegen um *andere* kümmert, mit dem „Bruder" oder der „Schwester" und mit *ihren* Nöten beschäftigt ist, erscheint dies als geistlich und gut.

Dieses Denken birgt zwei Gefahren in sich. Die eine ist die Vernachlässigung der eigenen Person. Wir sind so damit beschäftigt, uns um andere zu kümmern, weil wir uns für *sie* verantwortlich fühlen, dass wir die eigenen Verwundungen, Nöte, Wünsche und Bedürfnisse kaum noch wahrnehmen. Wir „powern" nur nach außen und vergessen dabei völlig, auch gut für uns selbst zu sorgen, damit unser Akku immer wieder aufgeladen wird. Wir wissen genau, was *andere* brauchen, haben aber keinen blassen Schimmer, was uns selbst guttun würde. Auf diesem Weg verlieren wir den Kontakt zu uns selbst. Weil wir unsere Mitte immer mehr einbüßen, uns zunehmend innerlich leer fühlen und mit uns selbst kaum noch etwas anzufangen wissen, verstärken wir unser Kreisen um unsere Mitmenschen noch. Wir sorgen und drehen uns immer mehr um andere – und schleudern uns selbst dabei zunehmend an den Rand unseres eigenen Zentrums.

Wir sorgen und drehen uns immer mehr um andere – und schleudern uns selbst dabei zunehmend an den Rand unseres eigenen Zentrums.

Damit schaden wir aber nicht nur uns selbst, sondern auch anderen. Denn durch unsere inzwischen entstandene *Über*verantwortlichkeit und unser ständiges Einmischen in das Leben anderer werden nicht nur wir selbst, sondern auch andere in ihrer Entwicklung gehemmt und blockiert. Menschen, die sich im Dunstkreis unserer Überfürsorglichkeit befinden, haben gar keinen Raum, Eigenes zu entwickeln, eigene Erfahrungen zu machen oder eigene Schritte zu gehen. Sie werden von uns regelrecht erdrückt und in ihrem Wachstum behindert.

Häufig wird dieses Verhalten allerdings noch biblisch begründet, etwa mit dem bekannten Satz von Paulus aus dem Galaterbrief: *„Einer trage des anderen Last, so werdet ihr das Gesetz Christi erfüllen“* (6,2). Da steht doch, dass wir uns um andere kümmern und ihre Lasten tragen sollen, oder nicht?

> Wenn wir uns einbilden, die großen Lastenträger und Kümmerer zu sein, obwohl wir es gar nicht sind, dann lügen wir uns selbst in die Tasche.

Hier geht es jedoch darum, dass wir uns gegenseitig umeinander kümmern und unsere Lasten tragen. Es geht um ein Tauschgeschäft oder um einen Kreislauf. Mit jeder Last des anderen, die *wir* übernehmen, müssen wir auch wieder jemand anderem eine Last von *uns* abgeben. Mit jeder Person, um die *wir* uns kümmern, braucht es eine andere, die sich um *uns* kümmert. Von einem einseitigen Kraftakt, ohne dass uns andere etwas abnehmen, ist hier nicht die Rede.

Zudem geht dieser Abschnitt noch weiter: *„Wer sich einbildet, etwas zu sein, obwohl er nichts ist, der betrügt sich. Jeder prüfe sein eigenes Tun. Dann wird jeder sich nur im Blick auf sich selbst rühmen können, nicht aber im Vergleich mit anderen. Denn jeder wird seine eigene Bürde zu tragen haben“* (Verse 3-5). Meint: Wenn wir uns einbilden, die großen Lastenträger und Kümmerer zu sein, obwohl wir es gar nicht sind (und wir *sind* es nicht, weil Gott diesen Part übernehmen will), dann lügen wir uns selbst in die Tasche. „Bleib bei dir selbst“, so rät Paulus. „Du wirst dich nur im

Blick auf deine *eigene* Entwicklung rühmen können." Und: *Letztlich* kannst du dem anderen seine Last nicht abnehmen – da muss er, bei aller Unterstützung und bei allem Mitfühlen, doch ganz allein durch!

Die andere Gefahr einer zu starken Außenorientierung ist, dass wir gegenüber den eigenen Schwächen und Fehlern blind werden. Wir haben uns auf die Fahne geschrieben, andere auf den rechten Weg zu bringen, sehen uns als Wächter von Sitte und Moral und meinen, wir müssten immer und überall korrigierend eingreifen und Fehlverhalten aufdecken. Vor lauter Beschäftigung mit den Unarten und Sünden anderer verlieren wir jedoch *uns* und unsere *eigenen* Baustellen immer mehr aus dem Blick. Nicht selten wird der andere zur Projektionsfläche unserer eigenen Defizite und Lieblingssünden, mit denen wir uns nicht auseinandersetzen wollen. Womit wir selbst die größten Probleme und Schwierigkeiten haben, das bekämpfen wir dann mit großer Vehemenz bei anderen!

Mit den bekannten Worten vom „Splitter und dem Balken", die uns in den Evangelien überliefert sind, enttarnt Jesus genau dieses Projektionsverhalten: *„Wie kannst du zu deinem Bruder sagen: Lass mich den Splitter aus deinem Auge herausziehen! – und dabei steckt in deinem Auge ein Balken. Du Heuchler! Zieh zuerst den Balken aus deinem Auge, dann kannst du versuchen, den Splitter aus dem Auge deines Bruders herauszuziehen"* (Matthäus 7,4-5). „Bleib doch erst einmal bei dir selbst und stell dich deinen eigenen Themen", so ermutigt Jesus, „denn damit hast du wahrlich genug zu tun!"

Verantwortung konkret

Wir sind also zunächst dafür verantwortlich, dass *wir* uns bestmöglich entwickeln und geistliche und persönliche Wachstums- und Reifungsprozesse bei uns möglichst ungestört vonstattengehen. Was uns dabei unterstützen und helfen kann, das werden wir in den nächsten Kapiteln näher entfalten.

Zunächst einmal beginnt dieser Prozess mit einem aufmerksamen und reflektierten Blick auf uns selbst. Gemeint ist keine einmalige Bestandsaufnahme unseres inneren Menschen, sondern ein immerwährender Prozess, der so nötig und selbstverständlich ist wie der tägliche Blick in den Spiegel.

- Welche Situationen haben mich heute verärgert und warum war das so?
- Wo fühle ich mich überlastet, gestresst, und woran liegt das?
- Welche Menschen bereiten mir Probleme?
- Was haben diese Menschen an sich, das mich nervt, und warum fühle ich mich von ihnen dermaßen gegen den Strich gebürstet?
- Wo spüre ich in mir Ressentiments gegen Gott und ziehe mich deswegen von ihm zurück?
- Aber auch: Wann habe ich mich heute so richtig pudelwohl gefühlt und warum war das so? Welcher Tätigkeit bin ich da nachgegangen und mit welchen Menschen stand ich im Kontakt?

Solche oder ähnliche Fragen können uns auf die Spur zu uns selbst bringen. Sich mit ihnen auseinanderzusetzen, braucht Zeit. Das kann man nicht mal eben im Vorbeigehen erledigen. Über unzählige Situationen im Laufe eines Tages huschen wir schnell hinweg und haken sie unter „Ist irgendwie blöd gelaufen“ oder „Das war heute ein richtig guter Moment“ ab. Die Mühe, uns mit der Ursache für unsere Empfindungen auseinanderzusetzen, machen wir uns meistens nicht. Und so ist das Erlebte auch ganz schnell wieder vergessen. Wir haben weder aus dem Misserfolg gelernt noch aus dem Erfolg Schlüsse für unser weiteres Leben gezogen. Doch spätestens, wenn sich Ähnliches wiederholt, wäre es sinnvoll, diese Situationen genauer anzuschauen und Jesus zu fragen, was er uns durch die gemachten Erfahrungen lehren will.

Manchen hilft es, solch eine innere Reflektion schriftlich zu machen, zum Beispiel durch Tagebuchschreiben. Andere reflektieren ihre Selbstwahrnehmung lieber im Gespräch mit einem vertrauten Menschen. Wieder andere ziehen sich allein in die Natur zurück und sortieren so ihre Gedanken. Wie auch immer wir es tun: Es liegt in unserer Verantwortung, es *überhaupt* zu tun und unserem Leben auf diesem Weg Tiefgang zu verleihen.

Auch das ist unsere Verantwortung: nicht auszuweichen, wegzulaufen oder zu kneifen, wenn es anstrengend wird!

Damit es nun aber weitergeht und das Wachstum einsetzen kann, werden wir von Jesus aufgefordert, an dem, was er uns deutlich gemacht hat, festzuhalten und mit Ausdauer dranzubleiben. Auch das ist unsere Verantwortung: nicht auszuweichen, wegzulaufen oder zu kneifen, wenn es anstrengend wird!

„Auf guten Boden ist der Same bei denen gefallen, die das Wort mit gutem und aufrichtigem Herzen hören, daran festhalten und durch ihre Ausdauer Frucht bringen", sagt Jesus in Lukas 8,15. Was hier mit „durch ihre Ausdauer" übersetzt ist, hat im Griechischen auch die Bedeutung von „durch ihr Drunterbleiben", „durch ihr Zurückbleiben", „durch ihr Standhalten" oder „durch ihr Durchhalten". Viele Wachstumsprozesse bleiben bei uns auf der Strecke, weil uns diese Beharrlichkeit fehlt. Das Drunterbleiben und das „Kleine-Brötchen-Backen" fällt uns so schwer! Wir hätten es viel

lieber, wenn Gott seinen funkelnden Zauberstab nähme und das, was unser Wachstum blockiert, einfach „irgendwie“ wegmachte oder uns auf magische Weise ohne unser Zutun in die Höhe sprießen ließe. Manchmal handelt Gott so – aber oft eben auch nicht. Denn stärker, kräftiger und belastbarer werden wir durch Beständigkeit und das Überwinden von Widerständen. Gott überfordert uns dabei nicht. Häufig sind es ganz kleine Wachstumseinheiten, die er uns verordnet, die aber großen Erfolg haben, wenn wir uns nicht herauswinden, sondern uns ihnen stellen.

Dabei brauchen wir gar nicht nach großen, spektakulären Dingen Ausschau zu halten, sondern wir finden diese Wachstumsmöglichkeiten in den kleinen, scheinbar unbedeutenden Situationen des Alltags: in unseren Ehen, in unseren Familien, am Arbeitsplatz und in verbindlich gelebten Beziehungen. Hier werden wir geerdet. Und was hier heranwächst, geht nicht so schnell wieder ein, sondern hat starke Wurzeln und ist standfest!

Einen Weg bahnen

Ich habe verstanden, dass ich verantwortlich für das Leben bin, das Gott mir anvertraut hat.

Wie oft habe ich mich dieser Verantwortung entzogen und anderen oder den Umständen die Schuld daran gegeben, dass ich manches von dem, was Jesus mir gesagt hat, nicht umgesetzt habe. Wie oft habe ich mich in eine Opferrolle hineinmanövriert, um damit meine Bequemlichkeit, meine Lustlosigkeit, fehlenden Mut oder Mangel an Fleiß zu rechtfertigen.

Ich bekenne Jesus meine Schuld und will mich heute noch einmal neu dazu verpflichten, die volle Verantwortung für mein Denken und Handeln, für mein Tun und Lassen zu übernehmen.

Dabei will ich im Blick haben, dass ich ausschließlich vor ihm verantwortlich bin. Ich weiß, dass das bisweilen bedeuten kann, dass Menschen von mir enttäuscht sind, weil ich mich nicht gemäß ihrer Erwartungen verhalte.
Ich bekenne Jesus auch, dass ich oft mehr mit anderen Menschen und ihren Fehlern beschäftigt bin, als dass ich meine eigenen Defizite im Blick habe. Ich lenke damit von mir ab und entziehe mich der Korrektur, die ich an mir selbst vornehmen sollte.
Auch meine Überverantwortung anderen gegenüber verstellt mir den Blick auf mich selbst und führt dazu, dass ich mich einmische, wo ich mich eigentlich heraushalten sollte, und mehr tue, als von mir gewünscht und gefordert ist. Ich habe mir damit zu viel auferlegt und anderen die Möglichkeit genommen, eigene Erfahrungen zu machen und daraus zu lernen. Ich habe anmaßend gehandelt und mich an Gottes Stelle gesetzt, weil ich der Überzeugung war, am besten zu wissen, was für den anderen gut und richtig ist. Das tut mir leid!
Jetzt werde ich meinen Blick wieder verstärkt auf mich selbst richten und im Hören auf Jesus meine kleinen „Alltagsschritte" gehen. Ich bin neugierig, was er mir zeigen wird …

Zum Nachlesen

Hesekiel 2,16-21; Lukas 12,13-21; Lukas 16,19-31; Römer 1,19-21, Römer 14,1-12; 1. Korinther 3,10-14; 2. Korinther 5,10; Galater 6,7-10.

Kapitel 7

Tief verwurzelt

Der Baum auf dem Berge nimmt hin, was das Wetter auch bringen mag. Er kann nur eins tun: seine Wurzeln so tief wie möglich treiben und bereit werden, standzuhalten. Unsere Wurzeln sind in dir, Herr. So halten sie fest in jedem Sturm, der an Leib, Seele und Geist rüttelt.

Corrie ten Boom

Für das Heranreifen unseres inneren Menschen sind starke, tiefe Wurzeln unabdingbar. Sie helfen uns, auch dann stehen zu bleiben, wenn es heftig stürmt und alles um uns herum einknickt. Außerdem können wir Wasser und Nährstoffe herauftransportieren und uns am Leben erhalten, wenn der Boden ausgedörrt ist oder die allgemeinen Vegetationsbedingungen schlecht sind. Durch ein starkes, gesundes Wurzelwerk sind wir in der Lage, auch dann wieder neu auszutreiben, wenn an der Oberfläche fast alles zerstört wurde.

Es gibt kaum einen Menschen, der im Laufe seines Lebens nicht irgendwann von Stürmen, Dürreperioden oder zerstörerischen Katastrophen heimgesucht wird. Ob und wie das geschieht – darauf haben wir in der Regel nur sehr wenig Einfluss. Dass unser innerer Mensch durch solche Zeiten aber halbwegs unbeschadet hindurchkommt oder nach einer Zeit des Beschnitts wieder „ausschlägt", daran können wir sehr wohl mitwirken. Wir können unsere Wurzeln bereits in guten, stabilen Zeiten ganz tief eingraben und uns daran gewöhnen, aus der Tiefe und nicht nur aus der Oberfläche zu leben. Es ist schwierig, wenn wir damit erst anfangen wollen, wenn es hart auf hart kommt. Wir müssen in schweren Zeiten auf das bereits Vorhandene zurückgreifen können.

Woher sollen denn in Phasen von Krankheit und Trauer all die tröstenden und Halt gebenden Gottesworte kommen, wenn wir nicht bereits vorher, als alles noch glattlief, Bibeltexte und Verse in Kopf und Herz gespeichert haben, die unsere Seele jetzt abrufen kann?

Woher sollen denn in Krisenzeiten oder Zeiten der Ratlosigkeit Menschen kommen, die uns begleiten und uns mit ihrem wertvollen Rat zur Seite stehen, wenn wir vorher nie in starke, tragfähige Beziehungen investiert haben? Wie oft beklagen sich Menschen in einer Notsituation, dass niemand, auch niemand aus der Gemeinde, sich um sie gekümmert habe. Nun mag dieser Vorwurf an der einen oder anderen Stelle durchaus berechtigt sein, aber dennoch sei die Frage gestattet, wie gut diese Leute vorher in innige und belastbare Beziehungen investiert haben.

Woher sollen denn in Krisenzeiten oder Zeiten der Ratlosigkeit Menschen kommen, die uns begleiten und uns mit ihrem wertvollen Rat zur Seite stehen, wenn wir vorher nie in starke, tragfähige Beziehungen investiert haben?

Woher soll denn in den Belastungsproben des Lebens, wenn Schicksalsschläge über uns hereinbrechen, unser Vertrauen auf Gott kommen, wenn wir dieses Vertrauen nicht schon vorher, in unbeschwerten Zeiten und bei Kleinigkeiten, eingeübt haben? Wenn wir beispielsweise heute, in Zeiten finanziellen Wohlergehens, schon Probleme haben, unseren Zehnten zu geben und zu vertrauen, dass Gott für uns sorgen wird, woher soll dann dieses Vertrauen auf seine Versorgung kommen, wenn es wirklich einmal eng wird und wir nichts mehr haben? Wir haben es ja nie eingeübt und es konnte sich demgemäß auch nie durch gute Erfahrungen bewähren.

Woher soll denn, wenn wir uns im Leben so richtig lang gemacht haben und uns die Last unserer Schuld quält und niederdrückt, die Fähigkeit kommen, Seelsorge in Anspruch zu nehmen und vor einem anderen Menschen Schuld zu bekennen, wenn wir das vorher nie für nötig gehalten haben? Wenn wir nicht im Kleinen eine hilfreiche Beichtpraxis eingeübt und zur Selbstverständlichkeit haben werden lassen, wenn wir nicht bereits viele Male erlebt haben, wie befreiend und wachstumsfördernd der ehrliche und transparente Umgang mit Schuld sein kann, dann werden wir diesen Schritt aus der Dunkelheit ins Licht erst recht nicht machen, wenn es uns mal so richtig erwischt hat!

„Einfach so" und aus dem Nichts heraus wird all das in uns nicht vorhanden oder abrufbar sein, sondern dieses Leben aus der Tiefe muss hier und heute eingeübt werden.

Es gibt drei Hauptwurzeln, die wir tief in die Erde eintreiben können, weil sie für uns die wichtigsten Nahrungslieferanten sind: die Vertrautheit mit dem Reden Gottes durch die Bibel, die vertrauensvolle Kommunikation mit dem „Ich bin für dich da" und gute, tragfähige Beziehungen zu anderen Menschen.

Vertraut mit seinem Wort

Die größte Stabilität und Tiefe in unserem Leben gibt uns der „Ich bin für dich da". Deswegen bleiben wir an ihm dran. Wir bleiben in Rufnähe und suchen immer wieder den Blickkontakt zu ihm – etwas anderes können wir uns einfach nicht leisten.

Lasst uns auf Jesus blicken, den Urheber und Vollender des Glaubens; er hat angesichts der vor ihm liegenden Freude das Kreuz auf sich genommen, ohne auf die Schande zu achten, und sich zur Rechten von Gottes Thron gesetzt. Denkt an ihn, der von den Sündern solchen Widerstand gegen sich erduldet hat; dann werdet ihr nicht ermatten und den Mut nicht verlieren.

Hebräer 12,2-3

Der Blickkontakt mit Jesus und das „Ihn-Beobachten“ in schwierigen Situationen verhindern, so wird hier gesagt, dass wir müde und mutlos werden. Ihn anzuschauen, tut gut, und seine Person zu beobachten, hat im Blick auf die Stabilität und das Heranreifen unseres inneren Menschen oberste Priorität.

„Denkt an ihn“ – das hat außerdem viel mit Erinnern zu tun. Schon im Alten Testament wird Gottes Volk immer wieder ermahnt, sich zu erinnern und nichts zu vergessen. Im fünften Buch Mose lesen wir: *„Jedoch nimm dich in Acht, achte gut auf dich! Vergiss nicht die Ereignisse, die du mit eigenen Augen gesehen, und die Worte, die du gehört hast. Lass sie dein ganzes Leben lang nicht aus dem Sinn! Präge sie deinen Kindern und Kindeskindern ein“* (5. Mose 4,9)! Und dann folgt, wie an so vielen Stellen des Alten Testaments, eine ausführliche Erinnerung an das, was Gott bereits gewirkt hat – all seine Heils- und Befreiungstaten. Das Volk soll das nicht vergessen. Es soll diese „alten Geschichten“ immer wieder auffrischen, denn in ihnen erkennt es, wie Gott ist und wie er handelt. In den Erzählungen kommen Zeitzeugen zu Wort, die bestätigen, dass Gott wirklich der „Ich bin für dich da“ ist.

Wir profitieren davon, dass all diese alten Geschichten und auch die „jüngeren“ von Jesus weitererzählt, gesammelt, verschriftlicht und zu einem grandiosen Buch zusammengestellt worden sind. Vor uns liegen mehrere Tausend Jahre Geschichte, die Gott mit Menschen schrieb. Erfahrungen von Männern, von Frauen, von jungen und von alten Menschen, von Königen, Priestern und Propheten, aber auch von Hirten, Tagelöhnern, Witwen, Kranken, Ausgestoßenen und Unterprivilegierten. Wir lesen von unvollkommenen Vorbildern, gescheiterten Kämpfern, frommen Taugenichtsen, stolzen Überfliegern, aber auch von wahrhaft Demütigen und inspirierenden Helden des Glaubens und des Lebens. Es geht um Liebe und Hass, Siege und Niederlagen, Krankheit, Schmerz, Leid und Tod, aber auch um Heilung, Befreiung und Errettung. Wir werden ermahnt und ermutigt, korrigiert und bestärkt, getröstet und herausgefordert. Auf den Seiten der Bibel teilen Menschen ihre Erfahrungen mit Gott, ihre Gedanken und Gefühle, ihre Begeisterung und Freude, genauso wie ihren Schmerz, ihre Zweifel und ihre Trauer mit uns – und erstaunt stellen wir fest, dass wir uns, obwohl uns Jahrtausende trennen, in ihren Worten wiederfinden. Wir lesen von Gottes Geschichte mit den Menschen und erfahren etwas von dem, wie er ist. Dadurch wissen wir, dass er faszinierend, andersartig, heilig, aber auch treu, zuverlässig und uns absolut zugewandt ist. In diesem Buch, und das ist das Wichtigste, offenbart er sich uns und spricht durch seinen Heiligen Geist konkret in unser Leben hinein.

Das Lesen in der Bibel ist wie das Blättern in einem dicken Fotoalbum.

Das Lesen in der Bibel ist wie das Blättern in einem dicken Fotoalbum. Manchmal gucken wir nur mal eben im Vorbeigehen in dieses Album hinein, um einen kleinen Blick auf vergangene Zeiten und auf Erlebtes zu erhaschen. Manchmal setzen wir uns in aller Ruhe hin, nehmen dieses Fotoalbum zur Hand und vertiefen uns in die Bilder. Was gibt es da alles zu sehen! Und manchmal holen wir dieses Album hervor, wenn wir mit Freunden zusammensitzen, und betrachten dann gemeinsam die Bilder. Wir machen uns gegenseitig mit einem „Guck mal hier“ oder „Schau doch mal da“ auf Besonderheiten und leicht zu übersehende Details aufmerksam. Wir sagen: „Weißt du noch?“, und: „Oh Mann, das war wirklich ein Ding!“, wenn wir auf Bilder stoßen, die uns an besonders erlebnisreiche Zeiten und einschneidende Ereignisse erinnern. Wir stoßen uns grinsend an, wenn wir manch verrücktem und abgedrehtem Zeitgenossen begegnen. Wir zittern mit, wenn Menschen straucheln und fallen, und fragen uns bang, ob sie wohl wieder die Kurve kriegen. Wissen wir doch nur zu gut aus unserem eigenen Leben, wie schwer es manchmal ist, sich wieder aufzurappeln und weiterzugehen! Wir schütteln bekümmert und traurig die Köpfe, wenn Menschen abgelichtet sind, mit denen wir keine gute Erinnerung verbinden und von denen wir wissen, dass sie nie wieder in diesem Album auftauchen werden. Wir machen Augen, wenn wir Bilder sehen, die zeigen, wie dieser große Gott unter uns gelebt hat. Jetzt kommen wir aus dem „Weißt du noch?“ gar nicht mehr heraus! Wir sind begeistert, entrüstet, fasziniert, zutiefst betroffen, angerührt, wütend und ermutigt. Uns kommen die Tränen und wir rufen erleichtert: „Gott sei Dank!“ – während wir blättern und blättern und blättern.

Manchmal verweilen wir lange vor einem Bild und sind in seinen Anblick versunken. Andere Bilder dagegen finden wir recht nichtssagend und wir blättern zügig weiter. Aber Monate oder Jahre später fallen sie uns plötzlich wieder ein. Dann gehen wir mit einem „Da war doch was“ noch einmal zurück und betrachten diese vorher vermeintlich langweiligen Bilder mit neu erwachtem Interesse.

Und wir merken, wie das Erinnern unsern Glauben stärkt, uns wieder Hoffnung gibt und uns in unserer Ungewissheit einen Weg bahnt. Wir können aus den Erfahrungen anderer lernen und ersparen uns auf diese Weise manchen Umweg. Bei aufmerksamer Betrachtung entdecken wir, dass von anderen bereits eine Spur gelegt wurde, auf der auch wir gehen können. Schauen wir uns die Bilder von Jesus an, dann wissen wir, dass uns Schuld vergeben und Freiheit geschenkt wurde, dass die Macht des Bösen zerbrochen und Heilung in unserem Leben eingezogen ist. Und wir entdecken, dass das wiederholte Anschauen dieser Bilder etwas mit uns macht: Die Erinnerung an den „Ich bin für dich da“ lässt unser Wurzelwerk stark und tief werden.

Deswegen nehmen wir dieses Buch immer wieder zur Hand. Es zieht uns magisch an, weil es bunt, faszinierend, begeisternd, voller Leben und ... spannend ist. Weil es uns bewegt und eine nie versiegende Quelle heilender und lebensfördernder Gedanken, von Inspirationen und Ideen ist. Wir schauen hinein – allein oder mit Freunden, ja, manchmal sogar mit völlig fremden Menschen, denen wir begeistert „nur mal eben“ etwas zeigen wollen. Wir können es einfach nicht lassen, uns zu erinnern!

Im Gespräch

Wir leben allerdings nicht ausschließlich von Erinnerungen. Wir suchen den Lebenden nicht bei den Toten, sondern er ist hier und heute real anwesend. Wir blicken nicht mit einem wehmütigen „Weißt du noch, damals?“ zurück, sondern halten auch Ausschau nach seinem Wirken und Reden in *unserer* Zeit und in unserem Leben.

Und wir reden mit ihm. Warum? Weil das Bedingung ist, wenn man zu seinen Leuten gehören will? Weil es zu einem frommen Pflichtprogramm nun mal dazugehört? Weil Gott es von uns fordert? Nein, wir tun es, weil Kommunikation ganz selbstverständlich zu jeder Beziehung gehört und diese Gespräche uns mit lebensspendenden Gedanken versorgen.

Einen der bekanntesten Texte zu diesem Thema finden wir im

Philipperbrief. Da schreibt Paulus: *„Der Herr ist nahe. Sorgt euch um nichts, sondern bringt in jeder Lage betend und flehend eure Bitten mit Dank vor Gott! Und der Friede Gottes, der alles Verstehen übersteigt, wird eure Herzen und eure Gedanken in der Gemeinschaft mit Christus Jesus bewahren"* (4,5b-6).

„Denkt doch dran", so sagt Paulus, „der Herr ist ganz nah! Er hat sich schon auf den Weg zu euch gemacht und kommt bald wieder. Aber bis es so weit ist, ist er auch *jetzt* schon ganz nah. Er ist nicht weit weg, und es braucht auch keine langen Wege, um mit ihm in Verbindung zu treten. Deswegen könnt ihr in jeder Lage *sofort* mit ihm in Kontakt treten und das, was euch beschäftigt und bewegt, mit ihm durchsprechen. Haltet euch nicht lang mit Grübeleien auf! Wartet nicht ab, bis sich das Sorgenkarussell in eurem Kopf zu drehen beginnt und ihr aus der Nummer nicht mehr rauskommt, sondern teilt euch mit. Bringt eure Lasten zu dem ‚Ich bin für dich da', und überlasst es ihm, sich darum zu kümmern. Wenn ihr das tut, wird etwas Eigenartiges passieren: Trotz eurer Probleme und trotz der Not, die euch momentan Kummer bereitet, werdet ihr in Kopf und Herz Frieden haben. Das ist völlig unlogisch und übersteigt den Verstand. Aber genau das geschieht, wenn ihr mit Jesus zusammen seid und *weil* ihr mit Jesus zusammen seid."

Es gibt kaum etwas, was unserem inneren Menschen so viel Stärke verleiht wie die Möglichkeit, im Gespräch mit Gott Lasten abzulegen und Sorgen abzugeben.

Es gibt kaum etwas, was unserem inneren Menschen so viel Stärke verleiht wie die Möglichkeit, im Gespräch mit Gott Lasten abzulegen und Sorgen abzugeben. Denn, das weiß ich von mir selbst, Sorgen können alles überwuchern und das Wachstum des inneren Menschen im Keim ersticken. Dann werde ich immer kraftloser und zunehmend blind für die Möglichkeiten, die Gott hat.

Da, wo es mir gelingt, meine Sorgen loszulassen, bin ich dagegen fähig, auch angesichts schwieriger Situationen, die ich durchstehen muss, eine tiefe innere Gelassenheit zu behalten. Dieser Friede Gottes nährt mich aus der Tiefe, sodass ich auch trotz mancher Bedrückung unbehelligt weiterwachse, stabiler und stärker werde.

Das Gespräch mit dem „Ich bin für dich da“ beinhaltet aber auch, dass wir flehen, inständig bitten und Gott in den Ohren liegen. Wir sind aufgefordert, uns mit höchster Dringlichkeit hinter ein Anliegen zu klemmen, nicht aufzugeben, sondern hartnäckig zu kämpfen und dranzubleiben. Gott nimmt uns so in die Verantwortung und bindet uns auf geheimnisvolle Weise in sein Handeln mit ein. Dabei ist er absolut souverän; er bräuchte uns nicht, um seinen Arm zu bewegen. Aber er *möchte* uns beteiligen, möchte, dass wir mitdenken und uns einbringen. Er möchte, dass wir aufstehen und kämpfen und uns verantwortlich einsetzen für das, was wichtig ist.

Jede inständige Bitte, die wir an ihn richten, ist Ausdruck dieses Vertrauens und ein Bekenntnis zu dem guten Gott, jedes hartnäckige Gebet eine Liebeserklärung und jedes Festhalten eine Vertiefung unseres Wurzelwerkes.

Dieses hartnäckige Gebet fordert unser Vertrauen heraus. Das Vertrauen, dass wir es nicht mit einem hartherzigen Gott zu tun haben, sondern mit dem, der *für* uns da ist. Jede inständige Bitte, die wir an ihn richten, ist Ausdruck dieses Vertrauens und ein Bekenntnis zu dem *guten* Gott, jedes hartnäckige Gebet eine Liebeserklärung und jedes Festhalten eine Vertiefung unseres Wurzelwerkes.

Wir werden in dem oben genannten Vers außerdem aufgefordert, unsere Bitten mit *Dank* vor Gott zu bringen. Diese Kombination fällt uns im Alltag häufig schwer. Gemeint sind hier ja nicht „Schön Wetter“-Bitten, bei denen es uns ein Leichtes ist, das „Danke“ direkt hinterherzuschicken. Nein, hier ist die Rede von ernsthaftem, flehentlichen Beten, von existenziellen Nöten und Bedrängnissen, die wir von Gott dringend verändert oder beendet sehen möchten. Zumindest mir bleibt ein „Danke“ in solchen Situationen erst einmal im Halse stecken. Ich bin durch die Belastung ja sowieso schon geschwächt – da kann ich alles gebrauchen, nur keine neuen Forderungen und Appelle, und seien sie noch so „geistlich“.

Wenn es uns verständlicherweise nicht gelingt, unseren Dank auf die notvolle Situation zu beziehen, so können wir ihn aber immer auf Gott beziehen – dieser Gedanke hilft mir an dieser Stelle sehr. Ich danke dann nicht für die *Not*, aber ich danke für *Gott* in der Not. Ich bekenne seine Güte, seine Treue, seine Liebe, seine Macht und Stärke und danke ihm dafür, dass bei *ihm* unveränderlich keine Dunkelheit, sondern nur Licht ist – auch wenn in mir und um mich herum alles von Finsternis verschluckt wird. Mein Dank gilt *trotz allem* meinem liebevollen Vater im Himmel, dem „Ich bin *für* dich da“, der mir in schweren Zeiten beisteht und mit mir und für mich kämpft. Mit diesem Dank treibe ich meine Wurzeln mitten ins Herz Gottes und mache mich dort, in seiner unveränderlichen Liebe, in seiner Treue und in seiner Güte, fest, um in stürmischen Zeiten nicht zu stürzen.

Im Gespräch mit Gott zu sein, bedeutet darüber hinaus zu hören, was *er* uns zu sagen hat. Theoretisch nicken wir diesen Satz als Richtigkeit ab, weil wir wissen, dass Kommunikation mit einer anderen Person niemals nur einseitig funktionieren kann. Es kann ja nicht sein, dass einer den anderen ununterbrochen „volltextet“, dann abrupt das Gespräch beendet und verschwindet, um am nächsten Tag am gleichen Ort und zur gleichen Zeit seinen Monolog fortzusetzen. So funktioniert kein Gespräch und erst recht keine Beziehung – das ist uns allen klar.

Außerdem erwarten wir, dass Gott uns führt und leitet, in Entscheidungssituationen Wegweisung gibt, unseren Charakter formt und prägt und uns auf Schräglagen aufmerksam macht. Dafür braucht's von unserer Seite auch ein gewisses Maß an Hörbereitschaft und die Bereitwilligkeit, Gott zu Wort kommen zu lassen. Auch das leuchtet jedem ein.

Geht es um die Praxis, herrscht dennoch vielfach eine große Verunsicherung, wie das mit dem Hören auf Gott denn gehen kann. Diese Unsicherheit ist durchaus verständlich, spricht Gott doch im Normalfall nicht mit einer lauten, vernehmlichen Stimme, die wir mit unseren menschlichen Ohren hören können. Wie soll das mit dem Hören also funktionieren?

Mir hilft die Zusage von Jesus, dass wir seine Stimme hören *werden* (Johannes 10,27), ungemein. Das Hören der Stimme Gottes ist demnach nicht das Ergebnis eines geistlichen Kraftakts unsererseits und erst recht nicht nur besonders auserwählten Leuten vorbehalten. Nein, seit Pfingsten geschieht Reden Gottes bei allen seinen Leuten. Und wir *werden* dieses Reden hören. Weil es uns zugesagt ist. Weil Jesus in uns lebt. Weil der Heilige Geist in uns wohnt.

Das Hören der Stimme Gottes ist nicht das Ergebnis eines geistlichen Kraftakts unsererseits und erst recht nicht nur besonders auserwählten Leuten vorbehalten. Nein, seit Pfingsten geschieht Reden Gottes bei allen seinen Leuten.

Das Reden Gottes geschieht bei mir häufig in der Weise, dass mich bei dem Gedanken, im Leben eine bestimmte Richtung einzuschlagen, große Unruhe befällt, dafür ein anderer Weg sich richtig und passend anfühlt. Manchmal geschieht es in der Weise, dass mir plötzlich und unerwartet ein Gedanke, ein Impuls oder eine Idee durch den Kopf schießt, die klärt und einen Weg bahnt. Dieses Reden Gottes in mein Inneres hinein braucht keine „geistlichen" Sondersituationen, sondern geschieht ganz häufig auf eine sehr alltagstaugliche und unspektakuläre Weise: beim Autofahren genauso wie beim Kochen oder Putzen, beim Gespräch mit anderen Menschen oder bei einem Spaziergang.

Ein anderes Mal geschieht das Reden Gottes zu mir, wenn ich einen Bibeltext lese, der eine Wahrheit oder Weisheit enthält, die genau auf meine Situation passt. Oder es formt sich in einer Lobpreiszeit oder Stillezeit vor Gott ein Bild oder Satz in meinem Kopf, der etwas deutlich macht. Auch hier läuft manches viel unspektakulärer und „normaler" als vielleicht erwartet.

Kürzlich befanden wir uns als größere Gruppe bezüglich unserer zukünftigen Entwicklung in einem Entscheidungsprozess und benötigten dringend Klarheit darüber, was Gottes Weg mit uns sei. Jeder von uns zog sich für eine Zeit in die persönliche Stille vor Gott zurück und hielt schriftlich die Eindrücke fest, die sich in der Stille in seinem Innern geformt hatten. Danach trafen wir uns in Kleingruppen, tauschten diese Gedanken aus und versuchten ein bis zwei Gedanken herauszufiltern, die allen in gleicher Weise von Gott her besonders wichtig geworden waren. Auch diese wurden schriftlich festgehalten. Diese Impulse wurden wiederum aus allen Gruppen zusammengetragen, sodass die wesentlichen Gedanken deutlich wurden. Auf einmal lagen die „Knackpunkte" ganz klar und offensichtlich auf der Hand und auch die Richtung, in die es gehen sollte, hatte sich herauskristallisiert. All das geschah auf eine sehr nüchterne, sachliche Art und hätte von außen besehen auch ein ganz menschlicher Findungsprozess sein können, der didaktisch und methodisch gut angeleitet war. Aber innen drin saß Gottes Geist, in *uns* saß Gottes Geist, der zu uns redete und Zusammenhänge offenbarte. Wir saßen als Hörbereite zusammen und vertrauten darauf, dass das, was wir zusammentrugen, das Reden Gottes enthielt. Und darauf *dürfen* wir vertrauen, denn so ist es uns zugesagt!

Beziehungsweise

Gott hat den Menschen auf Beziehung hin angelegt. Es ist eben *nicht* gut, dass der Mensch allein ist, sondern er braucht ein Gegenüber und andere, die um ihn sind. Und deswegen brauchen wir in unserem Wurzelwerk neben der Vertrautheit mit der Bibel und der regelmäßigen Kommunikation mit Gott unbedingt auch gut funktionierende Beziehungen auf den verschiedensten Ebenen unseres Lebens. Ohne sie stagniert unsere Entwicklung und wir verkümmern.

Wir alle sind so geschaffen, dass wir Beziehung zu anderen aufnehmen, diese Beziehungen pflegen und ausbauen (es sei denn, es liegt eine Krankheit oder Störung in der Persönlichkeit vor). Denn *jeder* Mensch ist das Ergebnis des Schöpfungshandelns Gottes und die Gemeinschaftsfähigkeit des Menschen ist in diesem Schöpfungshandeln begründet.

Der Wunsch und die Fähigkeit, Gemeinschaft zu leben und zu pflegen, haben also zunächst einmal nichts mit „Christ oder Nichtchrist" oder mit dem Thema „Gemeinde" zu tun. Gemeinschaft entsteht überall da, wo Menschen besondere Sympathie füreinander hegen, weil sie eine Wellenlänge haben oder sich auf Anhieb gut verstehen. Aber sie entsteht auch, wenn Menschen ein gemeinsames Fundament oder Ziel haben, gleiche Interessen pflegen und von einem gemeinsamen Anliegen her bestimmt sind. Je stärker Menschen von einer verbindenden, höheren Idee beseelt sind, je größer die Überzeugung, mit der sie für diese gemeinsame Sache eintreten, umso mehr tritt der „Sympathiefaktor" im Miteinander in den Hintergrund. Der Einsatz und der Kampf für die gemeinsame Sache sind dann deutlich wichtiger als persönliche Vorlieben oder Abneigungen. Dieses „höhere Ziel" haben beispielsweise Mitglieder einer politisch motivierten Gruppe, eines Fußballvereins, einer

Wohltätigkeitsorganisation, einer Theater- oder Musikgruppe, einer karitativen oder diakonischen Arbeit oder einer Umweltorganisation.

Die Aussage „Wahre Gemeinschaft gibt es nur unter Christen" klingt vor diesem Hintergrund reichlich dünkelhaft und ist, angesichts der vielen Zerwürfnisse gerade in Gemeinden, auch äußerst vermessen und fragwürdig. Wer solche Aussagen trifft, müsste sich zumindest die Mühe machen, genauer zu definieren, was *wahre* Gemeinschaft denn eigentlich ist.

Wenn wir damit meinen, dass die Beziehung zu Jesus das Zentrum solch einer „wahren Gemeinschaft" ist und damit all die Ausdrucksformen dieser Beziehung (z.B. gemeinsames Lesen in der Bibel, gemeinsames Gebet, Austausch über „geistliche" Themen usw.) auch nur dort geteilt werden können, dann stimmt das sicher. Dennoch: Dass wir unsere (christliche) Gemeinschaft als *wahre* Gemeinschaft erleben, hat häufig eher damit zu tun, dass uns diese Art der Gemeinschaft mit dem typisch christlichen Stallgeruch vertraut ist und wir uns darin heimisch fühlen. Hier kennen wir uns aus und hier sprechen wir die gleiche Sprache! Dagegen ist uns der Stallgeruch anderer Gemeinschaftsformen (etwa der Nachbarschaft, des Kollegenkreises oder des Vereins) fremd. Die Umgangsformen, die Themen, der Humor, ja, vielleicht sogar die Art, sich zu kleiden, sind ganz anders als das, was wir von „uns" kennen. Folglich fühlen wir uns, wenn wir außen vor bleiben, auch nicht richtig wohl und sagen dann: „Mit *denen* kann man gar keine *richtige* Gemeinschaft haben."

Die Aussage „Wahre Gemeinschaft gibt es nur unter Christen" klingt vor diesem Hintergrund reichlich dünkelhaft und ist, angesichts der vielen Zerwürfnisse gerade in Gemeinden, auch äußerst vermessen und fragwürdig.

Umgekehrt ist vieles, was unter uns in christlichen Kreisen an Gutem in Sachen Gemeinschaft lebt, auch eher ein menschliches Phänomen als ein „geistliches". Wir gehen in der Regel nett und freundlich miteinander um, sind hilfsbereit und einsatzwillig und benehmen uns anständig – und behaupten dann, das sei typisch Gemeinde und typisch Christ. In der bösen Welt ginge es ja ganz anders zu! Aber das stimmt so nicht. Denn dieses positive Sozialverhalten findet man durchaus auch in vielen anderen Gruppierungen, in denen es halbwegs zivilisiert zugeht. Damit will ich keinesfalls das gute Miteinander in Gemeinden abwerten, denn dass unser menschliches Miteinander so funktioniert, ist ja *auch* Gottes Wirken an uns Menschen. Die hohe soziale Verträglichkeit unter uns verdient aber nicht automatisch das Aushängeschild „geistlich" im Sinne von: vom Geist Gottes gewirkt und von einer lebendigen Jesusbeziehung gekennzeichnet.

Wie viel bzw. wenig lebendige Jesusbeziehung und Geistlichkeit in unseren Gemeinschaften *tatsächlich* steckt, das offenbart sich häufig erst dann, wenn es zu Zerreißproben kommt, weil es beispielsweise durch Konflikte und Streitigkeiten an unsere Substanz geht. Dann werden Messer gewetzt oder Parteiungen mit Gleichgesinnten gebildet, um mit ihnen das Verhalten der Gegenseite aufs Übelste durchzuhecheln. Eigenartigerweise hat sich das Geistliche unter uns anscheinend von einem Tag auf den andern in Luft aufgelöst!

Eigenartigerweise hat sich das Geistliche unter uns anscheinend von einem Tag auf den andern in Luft aufgelöst!

Wie wenig geistlich es unter uns zugeht, merken wir auch, wenn Menschen aus einer anderen sozialen Schicht oder aus anderen Ländern zu uns stoßen und versuchen, bei uns Fuß zu fassen. Wie schnell fühlen wir uns dann gestört, weil der andere so ganz anders ist und so gar nicht recht zu uns passt! Wie menschlich reagieren wir dann, indem wir vielleicht pro forma nett zu dem anderen sind, aber uns gar nicht die Mühe machen, wirklich auf ihn zuzugehen und ihn mit hineinzunehmen! Wir fühlen uns durch die Anwesenheit des anderen genötigt, die Komfortzone unseres trauten „Kuschelclubs“ zu verlassen – und das passt uns häufig ganz und gar nicht!

Das alles sind ganz menschliche und durchaus nachvollziehbare Verhaltens- und Reaktionsmuster, die aber deutlich machen, dass wir in unserem Gemeinschaftsverhalten nicht unbedingt besser sind als andere und häufig weitaus weniger geistlich sind, als wir meinen.

Vielleicht sollten wir daher lieber etwas bescheidener formulieren: Christen haben zumindest die Möglichkeit, ihrer Gemeinschaft eine Tiefe und Intensität zu verleihen, die woanders nicht zu finden ist. Das hat ausschließlich damit zu tun, dass das Zentrum unserer Gemeinschaft Christus ist, von dem her wir untereinander durch den Heiligen Geist verbunden sind. Unser Aushängeschild und das, was unsere Gemeinschaft als etwas Einzigartiges und Besonderes kennzeichnet, sind also zunächst keine hervorstechenden Eigenschaften und Verhaltensweisen, sondern ist eine *Person*. Eine Person, die bei uns (da reichen zwei oder drei) im Zentrum dabei ist und woanders … eben nicht. Eine Person, die wir über alles lieben und die in unseren Köpfen und Herzen der Mittelpunkt ist, um den sich alles dreht.

Wenn wir diese Person allerdings an den Rand gedrängt oder auf die Zuschauertribüne verbannt haben, dann unterscheidet sich unsere Gemeinschaft kaum noch von einem anderen, nach sozialen und ethischen Gesichtspunkten gut funktionierenden Miteinander.

Was ist nun das Besondere an diesen Beziehungen, die durch

eine bestimmte Person ermöglicht werden? *„Wenn wir aber im Licht leben, wie er im Licht ist, haben wir Gemeinschaft miteinander, und das Blut seines Sohnes Jesus reinigt uns von aller Sünde"*, so können wir im ersten Johannesbrief lesen (1,7).

Das Besondere an unseren Beziehungen ist, dass wir als Schuldbewusste zusammenkommen, die davon leben, dass diese Person in unserer Mitte uns unsere Schuld vergeben hat und es auch immer wieder tut. Wir leben als begnadigte Sünder zusammen – und *das* ist etwas Besonderes. Wir müssen uns nicht übereinander erheben und brauchen uns nicht voreinander zu verstecken, denn wir alle leben von der gleichen Gnade und Vergebung. Wir können uns ohne unsere (fromme) Fassade begegnen, müssen nicht zwanghaft den Gutmenschen geben oder jedermann auf unsere weiße Weste aufmerksam machen. Wir dürfen die sein, die wir sind, und begegnen einander auch so, wie wir sind. Denn unser Zentrum ist eine Person, die uns alle annimmt, liebt und uns vergibt.

Das Besondere an unseren Beziehungen ist, dass wir als Schuldbewusste zusammenkommen, die davon leben, dass diese Person in unserer Mitte uns unsere Schuld vergeben hat und es auch immer wieder tut.

Unser Zentrum ist *nicht* ein außergewöhnlich hoher ethisch-moralischer Sittenkodex und kein hervor-ragendes Sozialverhalten (wenngleich sich bei Jesusnachfolgern auch immer ein jesusgemäßer Lebensstil ausmachen lässt). Genauso wenig sind ausgeprägte Begrüßungs- und Umarmungsrituale das, was uns kennzeichnet und zusammenhält.

Die Liebe, an der man uns erkennen soll (Johannes 13,35) und die unser Markenzeichen ist, die wird sichtbar, indem wir Schuld vor Jesus und voreinander bekennen und *trotzdem* zueinanderstehen. Indem wir echt und authentisch sind und uns *trotzdem* sein lassen. Indem wir das Anliegen teilen, diesem Jesus, den wir so sehr lieben, immer ähnlicher zu werden, und uns darin gegenseitig unterstützen. Indem wir uns darin fördern, das Einzigartige, was Gott uns anvertraut hat, auszubauen und ihm mit unseren Gaben zu dienen.

Solche Beziehungen tun unserer Persönlichkeitsentwicklung und unserem geistlichen Wachstum unglaublich gut. Und solche Beziehungen finden wir tatsächlich nur da, wo er – nicht nur theoretisch, sondern auch real – in der Mitte ist!

Einen Weg bahnen

Immer wieder bin ich begeistert darüber, dass Gott durch die alten Geschichten und Texte der Bibel zu mir spricht. Es gibt Bibelverse, die mich in schwierigen Situationen begleiten und lange Zeit mit mir gehen. Viele davon kann ich bereits auswendig, sie haben sich tief in mein Inneres eingegraben und prägen mein Denken und Handeln. Ich will weiterhin im Wort Gottes forschen, es studieren und immer Neues entdecken. Ich will die Wahrheiten, die ich finde, tief verinnerlichen und sie den vielen Unwahrheiten, die mir tagtäglich begegnen, entgegenhalten. Das lässt mich stark und widerstandsfähig werden.

Ich bin auch dankbar für die vielen Möglichkeiten, mit Gott ins Gespräch zu kommen. Seine Tür steht jederzeit offen und lädt mich ein, einzutreten und all das, was mich bewegt, vor ihm auszubreiten. Wie viele gute Impulse, wie viel Korrektur, wie viel Heilung und Befreiung habe ich hier schon erfahren!

Die Gemeinschaft mit anderen Christen, in die Gott mich gestellt hat, ist einfach genial! Hier habe ich Menschen, die mich unterstützen, stärken und mit mir gemeinsam unterwegs sind. Hier finde ich Menschen, die meine Lasten mittragen, vor denen ich meine Schuld bekennen kann und die mich in meiner Entwick-

lung fördern. Ich will mit dazu beitragen, dass fromme Fassaden fallen und stattdessen echte, authentische Gemeinschaft gelebt wird. Deshalb will ich offen mit Fehlern, Schwächen und Versagen umgehen und meinen Mitchristen Einblick in mein Leben gewähren. Auch wenn mich das bisweilen Überwindung kostet, weil das Bild, welches andere von mir haben, dadurch Kratzer bekommt – ich werde dieses Wagnis eingehen. Denn nur so kann Gemeinschaft entstehen, wie der „Ich bin für dich da" sie sich vorgestellt hat!

Zum Nachlesen

Psalm 34,1-6; Psalm 133; Lukas 18,1-8; Johannes 13,34-35; Johannes 15,1-17; Apostelgeschichte 5,1-11; Epheser 4,25; 2. Timotheus 3,14-17; Hebräer 4,12-13; Hebräer 4,16.

Kapitel 8

Was uns guttut

Schau und du wirst es finden – was nicht gesucht wird, das wird unentdeckt bleiben.
Sophokles

Was würden wir antworten, wenn uns jemand fragt: „Sag mal, was tut dir eigentlich gut?" Den meisten von uns käme recht schnell etwas in den Sinn: ein freundliches Lächeln, ein ermutigendes Wort, ein gutes Essen in netter Gesellschaft, ein Lob, das Ausüben einer kreativen Tätigkeit, Sport, ein freier Tag zum Ausspannen, ein langer Spaziergang, das Lesen eines guten Buches, der Besuch eines Konzerts, eine Verabredung mit Freunden usw.

Schon etwas schwieriger wäre hingegen die Beantwortung der Frage: „Was würde deiner Persönlichkeitsentwicklung und dem Wachstum deines geistlichen Menschen langfristig und nachhaltig guttun?" Hier müssten wir vermutlich länger nachdenken. Manche von den oben genannten Antworten könnten wir auch jetzt aufführen, aber wir spüren, dass es nun um tiefere Dinge geht. Denn nicht alles, was uns kurzfristigen Gewinn, eine vorübergehende Erleichterung oder Aufmunterung bringt, hat auch die Qualität langfristiger Stärkung.

Haben wir uns im letzten Kapitel mit der Grundversorgung unseres inneren Menschen beschäftigt (durch Bibellesen, Gebet und Gemeinschaft mit anderen Christen), geht es jetzt darum, genauer hinzuschauen, wie *wir* ganz *persönlich* diese und andere wichtige Themen in unserem Leben umsetzen wollen und was *wir* brauchen, damit unser Leben gelingt. Es geht zudem darum, herauszufiltern und zu benennen, was uns in unserem Leben *nicht* guttut, was uns vielleicht sogar schadet und ein gesundes Wachstum hemmt.

Das Bewusstmachen dieser Wachstumshemmer ist eine wichtige Voraussetzung, um Veränderungsprozesse einzuleiten und zielführend zu gestalten. Je nach Alter und Lebenssituation kann sich das, was wir für unser Leben benötigen, ändern. Als Jugendliche oder junge Erwachsene brauchen wir für unser Wohlergehen und ein gesundes Wachstum etwas anderes, als wenn wir Menschen der Lebensmitte sind oder bereits in die Zielgerade einlaufen. Deswegen müssen wir immer wieder hinschauen, ob das, was wir leben, wie wir unser geistliches Leben gestalten und wie wir unseren inneren Menschen versorgen, für uns noch stimmig ist. Dabei kann uns die Beantwortung einiger Fragen helfen.

Das Bewusstmachen dieser Wachstumshemmer ist eine wichtige Voraussetzung, um Veränderungsprozesse einzuleiten und zielführend zu gestalten.

- Wie müsste mein geistliches Leben gestaltet sein, damit es mich in meiner momentanen Lebensphase gut versorgt?
- Erlebe ich den „Ich bin für dich da“, oder denke ich immer noch, Gott sei mein Gegner?
- Trägt mich in meiner Spiritualität das Wissen, geliebt zu sein, oder verstehe ich mich als jemand, der korrekt zu leben, Leistung zu bringen und gute Arbeit abzuliefern hat?
- Was könnte mir helfen, damit schräge Gottesbilder in mir korrigiert werden?
- Beinhaltet mein momentaner Frömmigkeitsstil das, was ich ganz persönlich an Lebendigkeit oder Kontemplation, an Ritualen oder Freiheit, an Tradition oder Innovation brauche?
- Ist die Bibel für mich solch ein buntes, faszinierendes, begeis-

terndes „Fotoalbum“, eine nie versiegende Quelle heilender und lebensförderlicher Gedanken, Inspirationen und Ideen? Oder hängt mir „der alte Kram“ bereits zum Hals heraus und ermüden mich die ewig gleichen Auslegungen in Büchern, Predigten und Hauskreisgesprächen?

- Bräuchte ich hier vielleicht neue Impulse, und, wenn ja, woher könnten diese Impulse kommen?
- Sättigt mich das Zusammenleben mit anderen Christen? Bekomme ich dadurch neue, inspirierende Wachstumsimpulse?
- Ist Jesus immer noch der Mittelpunkt, um den sich alles dreht?
- Erlebe ich in meiner Gemeinschaft das authentische Zusammenleben begnadigter Sünder oder ist unser Zusammensein eine einzige Farce, die nur daraus besteht, uns gegenseitig in frommer „Fassadenkleisterei“ zu übertrumpfen?
- Leben wir wirklich miteinander oder geht es bei uns ausschließlich um das Beackern und Bebauen vom Betrieb „Garten Eden“?
- Wie müsste mein Alltag gestaltet sein, meine Zeiteinteilung und der Wechsel von Herausforderung und Ruhephasen, damit ich mich darin wohlfühle?
- Gibt es in meinem Leben ausreichend Entspannung und regelmäßige Zeiten, in denen ich richtig „runterfahre“?
- Weiß ich, wie und wodurch ich ganz persönlich am besten zur Ruhe komme?
- Kann ich mich in meiner Arbeit, sei sie beruflicher oder ehrenamtlicher Natur, entfalten? Passt das, was ich da tue, zu meinen Begabungen und wird auch meine Persönlichkeitsstruktur ausreichend berücksichtigt?
- Habe ich in meinen Aufgaben genügend Möglichkeiten, über

mich selbst hinauszuwachsen, Neues zu wagen und Herausforderungen zu bestehen?

- Wie geht es mir in Partnerschaft, Familie oder in meinem Singleleben?
- Sind die Beziehungen, die ich pflege, ein ausgewogenes Nehmen und Geben? Komme ich mit dem, was ich brauche und was mich interessiert, in diesen Beziehungen vor?
- Sind es lebensförderliche Beziehungen oder laugen sie mich aus?
- Welche Anteile meiner Persönlichkeit und welche Begabungen möchte ich noch stärker entwickeln und was bräuchte ich dafür?

Diese Fragen können uns dabei helfen, dem, was uns guttut, auf die Spur zu kommen. Wir könnten diesen Fragen noch viele weitere hinzufügen und auf diesem Weg die verschiedensten Bereiche unseres Lebens „abklopfen". Je geübter wir darin werden, das uns anvertraute Leben reflektiert zu begleiten, umso sicherer wird unser Gespür für das, was förderlich für uns ist, und das, was uns schadet.

Kein leichter Weg

Die Auseinandersetzung mit dem, was wir ganz persönlich brauchen, um uns in unserem Leben wohlzufühlen, ist gar nicht so leicht. Zum einen sind wir gewohnt, in unserem Leben zu funktionieren und auf Anforderungen zu *re*agieren, sodass für die Beantwortung solcher Fragen wenig Zeit und Raum bleibt. Zum anderen fällt es uns schwer, unseren Blick ausschließlich auf uns selbst zu richten und nicht dauernd nach rechts und links zu schielen.

So sagte kürzlich jemand im Gespräch über seine schwierige Gemeindesituation: „*Andere* kommen in dieser Gemeinde doch auch zurecht. Ich komme mir so überheblich und anmaßend vor, wenn ich sage, dass *mir* die Predigten und alles, was hier so läuft, *nicht* reichen. Dass ich mehr will und etwas anderes suche."

Jemand anderes meinte: „Ich bin diesen ganzen Gemeindeaktionismus so leid! Ständig werden wir zur Mitarbeit aufgefordert. Gemeinde ist für mich ein zusätzlicher Stressfaktor, weil ich über meinen ohnehin schon anstrengenden Alltag hinaus dadurch noch jede Menge zusätzlicher Termine habe. Aber andere kriegen das doch auch hin! Ich komme mir total schlecht vor, wenn ich meine Mitarbeit reduziere, weil *ich* das alles einfach nicht mehr schaffe!"

Es fällt es uns schwer, unseren Blick ausschließlich auf uns selbst zu richten und nicht dauernd nach rechts und links zu schielen.

Der Vergleich mit anderen und mit dem, was in *ihrem* Leben geht und was nicht, mit dem, was *sie* leisten, und mit dem, womit *sie* zurechtkommen, führt schnell dazu, dass wir *uns* und unsere Bedürfnisse kleinreden und nicht mehr ernst nehmen. Dann verharren wir passiv in Situationen, die durchaus verändert werden oder zumindest durch andere Impulse ergänzt werden könnten. Bei der oben beschriebenen Person, die sich geistlich unterversorgt fühlt, wäre, wenn diejenige sich selbst an dieser Stelle ernst nähme, durchaus einiges an Veränderung oder zumindest „Zusatzversorgung" möglich. Und derjenige, der sich durch die Gemeindearbeit überlastet fühlt, wird, wenn er sich weiterhin *nicht* ernst nimmt und auch in Zukunft sein eigenes Maß *nicht* findet, immer weiter ausbrennen. Er wird zunehmend erschöpfter, gereizter, missmutiger und verbitterter werden. Damit ist niemandem gedient. Erst, wenn wir aufhören, uns zu vergleichen, und bei uns selbst und dem, was *wir* brauchen und was Jesus *uns* zu tun gibt, bleiben, kommen wir wieder ins Gleichgewicht.

Darüber hinaus können uns Fragen zu unserem Wohlergehen auch sehr verunsichern, weil die Auseinandersetzung mit den Antworten uns gegebenenfalls auf manche Unstimmigkeiten in unserem Leben aufmerksam macht. Sehnsüchte und Wünsche, aber auch Verärgerung und Wut oder der Unwille, uns weiterhin in Vorgegebenes zu fügen – all diese Empfindungen, die wir bisher gut unter Verschluss gehalten haben, könnten auf diesem Weg ein Schlupfloch nach außen finden und ließen sich, einmal losgelassen, auch nicht mehr so leicht einfangen.

Diese Reaktion birgt jedoch die Gefahr in sich, dass unser gesamtes Empfinden für uns selbst abstumpft.

Und dann ist da vielleicht noch eine „geistliche“ Prägung, die uns beständig davor warnt, unserem Ich und seinen Empfindungen zu viel Raum zu geben, und die uns gebietet, dieses Ich permanent zurechtzustutzen und klein zu halten.

All das kann dazu führen, dass wir die Dinge, die sich in uns auf die Frage „Was würde dir guttun?“ melden, wieder fein säuberlich verpacken, fest verschnüren und in das hinterste Eckchen unserer Seele verbannen. Das mag funktionieren und in unserer Wahrnehmung der einzige Weg sein, das uns anvertraute Leben zu leben und zu gestalten. Wir werden unsere Gründe haben, genau *diesen* Weg zu wählen – vielleicht erscheint er für uns und unsere derzeitige Lebenssituation der einzig mögliche und passende. Diese Reaktion birgt jedoch die Gefahr in sich, dass unser gesamtes Empfinden für uns selbst abstumpft. Wir können unser Inneres ja nicht in verschiedene Bereiche aufteilen, nach dem Motto: *Das* sind Bereiche, in denen ich weich und empfindsam für mich selbst und das Reden Gottes sein will, und *das* sind Bereiche, in denen ich mich verhärte, um von dort kommende Impulse und Regungen *nicht* zu spüren. Dummerweise hält sich unsere Seele nicht an diese Aufteilung. Verhärtungen haben die Tendenz, sich auszubreiten, sich gleich einer Verkrustung um unser *gesamtes* Innenleben zu legen und uns den Zugang zu uns selbst und Gott zu versperren.

Um dieser inneren Abstumpfung zu entgehen, versuche ich deshalb, Gedanken und Empfindungen, die mich auf einen Weg lenken wollen, der für mich im Moment nicht gangbar ist, nicht einfach nur wegzusperren (auch nicht unter geistlichen Vorzeichen!), sondern sie zu benennen und anzuschauen. Ich *verdränge* nicht, sondern nehme wahr, lasse die Sehnsucht, den Wunsch, das Bedürfnis *sein* und lege diese Gedanken und Gefühle dann aber in einer bewussten Entscheidung zur Seite. Dort, „an der Seite", dürfen diese Empfindungen sein, dürfen eine Nebenrolle spielen, dürfen sich in diesem Rahmen auch immer wieder mal bemerkbar machen – aber sollen nicht als Hauptakteure mein Denken und Handeln dominieren.

Vor einiger Zeit übte ich beispielsweise in unserer Gemeinde einen Dienst aus, von dem ich sehr bald spürte, dass er gar nicht richtig zu mir passte. Ich fühlte mich mit dieser Arbeit zunehmend unwohl, ja, musste mich richtig zwingen, diese Aufgabe zu erledigen. Aber es gab keine personelle Alternative. Einfach hinschmeißen wollte ich nicht, weil die Sache in meinen Augen wirklich wichtig war. Außerdem war ich mit Übernahme dieser Verantwortung eine Verbindlichkeit für einige Monate eingegangen (das war vorher auch klar gewesen). In mir kollidierte also mein Wunsch, „auszusteigen" und etwas anderes zu tun, mit meinem Verantwortungsgefühl und dem Wissen, ein großes Loch zu hinterlassen, gäbe ich meinen momentanen Bedürfnissen nach. An dieser Stelle hat es mir geholfen zu sagen: „*Ja*, in mir ist Lustlosigkeit und Abneigung. *Ja*, mich nervt dieser Dienst und ich würde viel lieber etwas anderes tun. Und deswegen werde ich alles daransetzen, so bald wie möglich jemanden zu finden, der diesen Dienst übernimmt. Aber im Moment ist noch niemand gefunden. Deswegen entscheide ich mich jetzt, dabeizubleiben."

Immer, wenn die Gefühle der Unlust wieder aufkamen, habe ich sie mir angeschaut, ihnen zugehört und dann gesagt: „Ihr habt mir Wichtiges zu sagen und ich nehme euch ernst. Aber ich entscheide mich momentan dennoch dafür, die unangenehme Situation durchzustehen, weil mir dieses ‚Durchstehen' derzeit besser und richtiger erscheint, als meinen Unlustgefühlen nachzugeben."

Mit solchen bewussten Entscheidungen unter Einbeziehung all unserer Empfindungen verdrängen wir nichts, lassen uns aber von unserer Gefühlswelt auch nicht unreflektiert dominieren. Außerdem bewahren wir uns so davor, in eine Opferrolle abzugleiten und später *anderen* oder den Umständen die Schuld daran zu geben, dass wir diesen Weg gewählt haben. Wir *mussten* ihn ja nicht wählen, sondern haben uns ganz bewusst für ihn entschieden. Mit dieser Vorgehensweise bleiben wir auch unter manchen (vermeintlichen) Sachzwängen Gestalter unseres Lebens.

Mit solchen bewussten Entscheidungen unter Einbeziehung all unserer Empfindungen verdrängen wir nichts, lassen uns aber von unserer Gefühlswelt auch nicht unreflektiert dominieren.

Manchmal erleben wir aber auch, dass sich diese verstörenden Impulse aus unserem Innern gar nicht weglegen *lassen*. Zumindest nicht dauerhaft. Sie melden sich immer wieder, werden zunehmend lauter und können uns schließlich durch körperliche oder seelische Störungen zwingen, endlich hinzuhören und hinzuschauen. Spätestens dann können wir nicht mehr ausweichen, sondern sind genötigt, uns mit unseren „wirklichen" Gedanken und Gefühlen auseinanderzusetzen.

Bei dieser ehrlichen Bilanz entdecken wir vielleicht manches, was in uns nicht mehr stimmig ist. Da sind Denkweisen, aus denen wir uns herausentwickelt haben, Beziehungen, denen es an Inhalt fehlt, ein Frömmigkeitsstil, der nicht mehr zu uns passt, und Lebensweisen, die für uns schwierig geworden sind.

Diese Gedanken zuzulassen, bedeutet, sich unbequemen und sehr herausfordernden Fragen zu stellen. Möchte ich, dass alles bleibt, wie es ist, oder möchte ich mich aus Altvertrautem lösen? Was genau stört mich eigentlich und wonach suche ich? Was hat mir das Alte gebracht und worin liegt der Gewinn des Neuen? Werden andere mich verstehen oder werde ich nur auf Unverständnis stoßen und am Ende womöglich ganz allein dastehen?

Diese Auseinandersetzung braucht Mut. Es braucht Mut, zuzugeben, dass manches in unserem Leben seine Tragfähigkeit eingebüßt hat. Wir ahnen bereits etwas von der Trauer und dem Abschiedsschmerz, die einsetzen werden, wenn wir uns aus Altvertrautem lösen. Wir ahnen, dass es nicht leicht sein wird, einen eigenen Weg zu suchen und damit den „großen Pulk" zu verlassen.

In solchen Umbruchphasen kann uns eine tiefe Unruhe ergreifen. Wir spüren, dass in uns etwas Neues heranreifen will, wissen aber noch nicht so recht, was es ist, und erst recht nicht, wie das Ganze ausgehen wird. Wir spüren, dass der „Ich bin für dich da" uns herausruft und herauslocken will, aber haben noch keine Ahnung, wohin die Reise gehen wird.

Geburtshilfe

In uns wird etwas Neues geboren, und das braucht seine Zeit. Ähnlich wie bei einer Schwangerschaft müssen wir Geduld haben und das Neue in uns heranreifen lassen. Es lässt sich nicht mit Gewalt hervorzerren, aber es wird sich zu seiner Zeit zeigen. Es reicht, wenn wir aufmerksam beobachten und eine innere Offenheit für neue Impulse und Gedanken mitbringen. Etwas Geburtshilfe dürfen wir allerdings durchaus leisten: Wir können zunächst einmal versuchen, „unser Thema“ und das, was uns zu schaffen macht, etwas einzukreisen und zu konkretisieren.

Ein Familienvater sagte zum Beispiel: „Ich fühle mich mit meiner Familiensituation sehr unwohl. Wie es bei uns zu Hause zugeht, stresst mich und laugt mich unglaublich aus.“

Häufig bleibt es bei solch einer Feststellung. Wir beschweren uns wortreich, rasten hin und wieder einmal aus, „wurschteln“ uns dann aber doch irgendwie durch oder weisen uns selbst mit Sätzen wie: „Andere schaffen das doch auch“, zurecht. Wir können uns an dieser Stelle aber auch ernst nehmen, uns freundlich und barmherzig begegnen und unsere Unzufriedenheit als Signal nehmen, einen Veränderungsprozess einzuleiten. Wir könnten diese Situation einmal genauer unter die Lupe nehmen und das Problem konkretisieren.

Dabei ist immer die Frage nach dem *eigentlichen* Thema wichtig. In unserem genannten Beispiel hieße das: Was macht mir genau zu schaffen? Ist es die ständige Zankerei der Kinder? Sind es unsere beengten Wohnverhältnisse? Ist es die Überflutung mit einer wachsenden Anzahl an Familienterminen, die ich neben einer anstrengenden Arbeit auch noch wahrnehmen muss? Ist es der fehlende Gehorsam und der Mangel an Respekt gegenüber meiner Person und den von mir gesetzten Grenzen? Sind es meine eigenen, vielleicht überhöhten Ansprüche, der Elternrolle gerecht zu werden? Sind es unterschwellige Konflikte in unserer Ehe? Ist es der Mangel an Qualitätszeiten zu zweit?

Durch diese Konkretion kreisen wir die Thematik ein und betreiben Ursachenforschung. Das ist sehr hilfreich, weil wir häufig unnötig viel Energie an falschen Stellen verpulvern. Wir versuchen dann, das Problem dort zu beheben, wo es eigentlich gar nicht sitzt. Wir bringen vermeintliche Lösungen auf den Weg, die aber vom Ergebnis her sehr ineffektiv und wenig gewinnbringend sind, weil sie das *eigentliche* Thema gar nicht treffen.

Bei der Konkretion des Themas und bei der Ursachenforschung sollten wir uns zunächst vor Bewertungen jedweder Art hüten. Es gibt keinen „besseren" Weg, das, was sich da in uns hervortraut, wieder zu verscheuchen, als der mahnend erhobene Zeigefinger und das korrigierende „Das darfst du so nicht denken". Doch: Das, was wir empfinden und wie wir die Dinge erleben, darf durchaus erst einmal sein. Es ist zunächst weder richtig noch falsch, weder gut noch böse, weder geistlich noch ungeistlich. Wenn wir hier zu schnell ein Vor-Urteil treffen, kommen wir nicht weiter, im Gegenteil, der Geburtsvorgang kommt ins Stocken. Erteilen wir unserem erwachsenen oder frommen Über-Ich an dieser Stelle zu schnell das Wort, dann wird es uns direkt in die Ecke diskutieren.

Es gibt keinen „besseren" Weg, das, was sich da in uns hervortraut, wieder zu verscheuchen, als der mahnend erhobene Zeigefinger und das korrigierende „Das darfst du so nicht denken".

Das hört sich in der oben beschriebenen Situation z.B. so an: „Als Christ hast du eine gute Ehe zu führen, Probleme darf es bei euch nicht geben!" Oder: „Kinder sind eine Gabe Gottes, ein Geschenk und ein Segen! Sei dankbar, dass du überhaupt eine Familie haben darfst! Als guter Vater hast du dich an deinen Kindern zu erfreuen und sie nicht als Last zu empfinden!"

Lassen wir diese erwachsen-fromm-vernünftige Stimme gewähren, haben wir keine Chance mehr. Wir werden uns selbst einmal mehr einen „Tritt in den Hintern" geben, uns wieder zusammenreißen und uns mit einer Handvoll guter Vorsätze in unser Schicksal fügen. Dadurch sind wir aber weder den Problemen auf den Grund gegangen noch konnten wir konstruktive Lösungsansätze entwickeln, damit wir uns mit unserem Leben wieder wohlfühlen.

Zu einem späteren Zeitpunkt haben das vernünftige Abwägen, das erzieherische Element und die geistliche Korrektur in unserem Inneren durchaus ihren Wert und ihre Berechtigung. Aber zunächst geht es erst einmal nur um vorurteilsfreie Wahrnehmung und Beobachtung der Situation und unserer Gefühle und Gedanken.

Was hätten wir denn gerne?

Wie müsste denn unser Leben aussehen, damit wir uns darin (wieder) wohlfühlen? Welche Elemente müssten hinzukommen und was müssten wir verändern oder gar hinauswerfen? An dieser Stelle ist unsere Fantasie gefragt. Wir dürfen träumen, spinnen und kreative, „verrückte“ Ideen sammeln. Und wir dürfen konkret werden! Ob das, was wir uns wünschen, sich dann auch umsetzen lässt und ob die Ausgestaltung unserer Träume für uns überhaupt dran ist, ist erst einmal zweitrangig.

Wir schicken unseren inneren Menschen in das Land der unbegrenzten Möglichkeiten und lassen ihn spielen, sich austoben und ermutigen ihn, gedanklich auszuprobieren und Ideen zu entwickeln. Wir können das mit sehr viel Freiheit und Lust tun, denn der „Ich bin *für* dich da“ hat uns im Blick und wird schon eingreifen, wenn wir es „zu doll treiben“ und uns in Gefahr begeben. Auf seinen uns zugewandten und aufmerksamen Blick können wir uns absolut verlassen! Immer wieder schauen wir, ob er noch da ist, fangen einen kurzen Blick aus seinen Augen auf, sehen, wie er mit ermutigender Geste die Daumen hebt, und winken ihm fröhlich zu.

Immer wieder hören wir, wie er uns ermutigt, doch mal dieses oder jenes auszuprobieren, und vernehmen seine Stimme, die uns voll sprudelnder Energie zuruft: „Sag mal, hast du eigentlich schon mal daran gedacht, dass …?“

Auf diesem Weg entwickeln sich in uns Träume, Visionen und neue Lebensperspektiven. Wie viele Veränderungen und wie viele großartige Dinge wurden so schon auf den Weg gebracht! Wie viel Kleinmut, wie viel resignierendes „Ach, das geht ja doch nicht“, wie viel lebensfeindliches „Da kann man nichts machen“ musste auf diesem Weg bereits weichen! Abgestumpftes wird neu sensibilisiert, tot geglaubte Lebensgeister werden wieder geweckt und lähmende Resignation wird verscheucht. Wir entwickeln ein Gespür für das, was möglich ist, noch bevor es sich überhaupt entwickelt und realisiert hat. *„Seht, das Frühere ist eingetroffen, Neues kündige ich an. Noch ehe es zum Vorschein kommt, mache ich es euch bekannt“* (Jesaja 42,9) – genau das kann geschehen, wenn wir gemeinsam mit dem „Ich bin für dich da“ nach vorne blicken und dabei das sehen, was in unserem Leben Wirklichkeit werden kann.

Träume und kreative Ideen sammeln – das hat dann auch „unser“ Familienvater getan. Dabei kam Folgendes heraus:

so ab und an nach der Arbeit erst einmal in einem nahe gelegenem Bistro in Ruhe einen Kaffee trinken und abschalten, bevor es mit der Familienarbeit weitergeht.

Zu den unzähligen außerschulischen Verabredungen und Veranstaltungen der Kinder nicht immer selbst fahren, sondern andere Eltern um Unterstützung bitten (das fiel ihm sehr schwer!) oder Fahrgemeinschaften mit ihnen bilden. Den Kindern „zumuten“, öfter mal das Rad oder den Bus zu benutzen.

Den nächsten Urlaub nicht ausschließlich als Familienzeit gestalten, sondern den Kindern die Teilnahme an einer Freizeit ermöglichen, um auch Erholungszeit allein und zu zweit zu haben.

Bei einem Gespräch mit seiner Großmutter (die acht Kinder hatte) kam die beste Idee. Er hatte ihr die Frage gestellt: „Sag mal, wie hast du das bloß gemacht, dass es bei euch mit so vielen Kindern bei den Mahlzeiten nicht – wie bei uns – drunter und drüber ging?" Omas Antwort: „Ach, weißt du, Junge, das war damals ja noch eine ganz andere Zeit. Bei uns galt noch die Regel: ‚Bei Tisch wird nicht gesprochen.' Und wenn, dann durfte höchstens Vater etwas sagen." Das, so befand ihr Enkel, war ja mal eine *richtig* gute Idee!

Mit unerfüllten Wünschen leben

Natürlich wäre es unsinnig zu behaupten, dass wir auf diesem Weg alles bekommen können, was wir zu brauchen meinen oder was wir uns wünschen. Das Leben ist kein Bausatz, den wir gemäß unserer Vorstellungen und Wünsche zusammenbasteln können. Wir wissen alle, dass es in uns und um uns herum genug Grenzen und Zwänge gibt, die es unmöglich machen, das Leben hundertprozentig so zu gestalten, dass es zu uns passt und wir uns darin wohlfühlen.

> Geistliche Reife zeigt sich auch darin, dass wir uns in Gegebenheiten fügen und in diesem Rahmen das Beste aus unserem Leben machen können.

Wir alle müssen tagtäglich Kompromisse machen zwischen dem, was wir *eigentlich* wollen, und dem, was dann tatsächlich auch geht. Hier gilt es, eine gute Balance zu finden: einerseits auf die eigenen Bedürfnissen achtzuhaben, aber andererseits auch flexibel zu sein und Abstriche machen zu können. Wer immer nur sein Ding durchziehen und mit dem Kopf durch die Wand will, der wird scheitern. Am besten bewältigen wir das Leben, wenn wir neben Durchsetzungskraft auch eine gewisse Anpassungsfähigkeit mitbringen und geduldig abwarten können, bis unsere Wünsche mehr Raum bekommen. Geistliche Reife zeigt sich auch darin, dass wir uns in Gegebenheiten fügen und in diesem Rahmen das Beste aus unserem Leben machen können. Und manchmal sind wir gezwungen, Wünsche ganz loszulassen und Abschied zu nehmen.

Wir werden *diesen* Arbeitsplatz nicht bekommen, sondern müssen einen anderen, für uns deutlich weniger optimalen Job annehmen.

Wir sind gezwungen, mit *dieser* Wohnsituation klarzukommen, weil wir uns das Häuschen im Grünen eben einfach nicht leisten können.

Wir werden nie mit *diesem* Menschen unser Leben teilen können, weil der Betreffende sich für einen anderen Lebenspartner entschieden hat.

Wir müssen die Entscheidungen unserer Kinder akzeptieren und sie in ein Leben entlassen, das uns gar nicht gefällt und dessen Verlauf wir absolut nicht gutheißen können.

Wir werden vielleicht nie wieder gesund werden und das tun können, was wir einmal gekonnt haben.

Bei all dem, was Gott in unserem Leben möglich machen kann, bei all dem, was wir auch selbst eigenverantwortlich umsetzen können und sollen, bleibt doch immer ein mehr oder weniger großer Rest an Umständen, die sich eben nicht einfach verändern lassen. Wohl dem, der hier Ja sagen kann und sich nicht verbittert und voller Vorwürfe von Gott und dem Leben zurückzieht!

Wir können aber nur Ja sagen zu dem Leben, wie wir es vorfinden, wenn wir zuvor Abschied genommen haben und unserem „Hätte ich doch …“, „Könnte ich doch …“ oder „Wäre doch nur …“ den Laufpass gegeben haben. Dieser Abschied ist wichtig, denn im Loslassen und Jasagen steckt eine ungeheure Kraft für ein erfülltes und glückliches Leben, auch wenn die Umstände sich *nicht* ändern lassen. Erst jetzt sind wir frei, darauf zu hören, was der „Ich bin für dich da" aus unserem Leben machen will. Erst jetzt sind wir fähig zu sehen, womit er uns trotz allem beschenkt hat!

Einen Weg bahnen

Vielleicht fällt es mir sehr schwer zu benennen, was ich brauche und mir wünsche, um mich in meinem Leben wohlzufühlen. Zu laut sind die Stimmen in meinem Innern, die mir immer wieder zuzischen: „Das interessiert doch keinen! Das Leben ist so, wie es ist, da muss man halt durch! Nimm dich nicht so wichtig!" Dann möchte ich mich wieder neu in die Gegenwart des „Ich bin für dich da" begeben, der sich sehr wohl für mich und mein Leben interessiert und dem ich sehr wichtig bin. Mit ihm gemeinsam will ich kreative Ideen entwickeln, wie ich mein Leben unter den gegebenen Voraussetzungen bestmöglich gestalten kann.
Ich werde mir selbst und dem, was in mir ist, was ich erträume, ersehne und erhoffe, aufmerksam zuhören, ohne direkt zu beurteilen oder zu bewerten.
Ich werde mich aber auch davor hüten, diese Gedanken und Impulse umgehend in Taten umzusetzen, denn ich weiß, dass zwischen alldem nicht nur Wachstumsförderliches ist, sondern auch Schädliches. Erst einmal werde ich mich mit dem, was in mir ist, in das klärende Licht Gottes stellen und Jesus fragen, was er von alldem hält.
Ich weiß, dass es für mich an manchen Stellen dran ist, Wünsche loszulassen. Das ist für mich sehr schmerzhaft! Denn von ihrer Erfüllung habe ich mir Glück und Zufriedenheit versprochen. Ein

Leben „ohne" kann ich mir gar nicht vorstellen. Aber ich weiß, dass meine Kapitulation wichtig ist, weil ich nur dann offen bin für das Neue, das Jesus mir schenken will.
Es fällt mir unglaublich schwer – aber heute will ich wagen loszulassen und anfangen zu vertrauen.

Zum Nachlesen

1. Mose 16,1-11; Psalm 16,11; Psalm 19,15; Psalm 23,1-3; Psalm 32,8-10; Psalm 49,4; Psalm 139,1-6; Jesaja 54,2; Jeremia 29,11; Markus 10,46-52; Johannes 10,10; Römer 8,28; 1. Thessalonicher 5,21.

Kapitel 9

Veränderungen gestalten

Wir sind, was wir wiederholt tun. Außerordentlich zu sein, ist daher nicht ein einmaliger Akt, sondern eine Gewohnheit.
Aristoteles

Wachstum hat immer etwas mit Veränderung zu tun. Im Laufe unseres Lebens werden wir wiederholt aufgefordert, Altes hinter uns zu lassen, neue Wege zu gehen, Hindernisse zu überwinden und Grenzen zu erweitern. Es geht darum, nicht nur zu träumen, zu wünschen und zu hoffen, sondern erforderliche Veränderungen ganz konkret und gezielt auf den Weg zu bringen, damit das Ersehnte dann auch in der Wirklichkeit ankommt. Solche Veränderungen können sowohl unsere äußere Lebensführung wie auch die Entwicklung unseres inneren Menschen betreffen.

Aber: *Wie* „funktioniert" Veränderung? Wie lassen sich nötige Umgestaltungsprozesse in unserem Leben so effektiv wie möglich gestalten? Was gilt es zu beachten, damit sie uns auch wirklich nach vorne bringen und unser geistliches und persönliches Wachstum fördern?

Willst du gesund werden?

Ich sehe die Bilder aus der Kinderbibel noch vor mir. Der blinde Mann, kenntlich gemacht durch eine große, weiße Binde, die er um die Augenpartie gewickelt hat, schreit sich mit hochrotem Kopf die Seele aus dem Leib. Er ruft und ruft … nach Jesus. Der befindet sich mit einem Pulk von Leuten bereits am Ortsausgang von Jericho und wird gleich auf Nimmerwiedersehen verschwinden. Also: letzte Möglichkeit, diesen Jesus auf sich aufmerksam zu machen und vielleicht *auch* wiederhergestellt zu werden. Denn dass er die schlimmsten Krankheiten heilen und die finstersten Dämonen austreiben kann, davon hört man in zahlreichen Gerüchten, die in der Stadt kursieren.

Jetzt ist wirklich die allerletzte Chance! Also noch einmal alles einsetzen, um diesen Jesus auf sich aufmerksam zu machen. Dass man sich dabei den einen oder anderen Fußtritt von genervten Mitbürgern einfängt oder ein verärgertes „Halt die Klappe, du Blindfisch!" zugezischt bekommt, muss man eben hinnehmen.

Jetzt ist wirklich die allerletzte Chance! Also noch einmal alles einsetzen, um diesen Jesus auf sich aufmerksam zu machen.

Und tatsächlich: Jesus hört aus dem lauten und aufgeregten Stimmengewirr der Menschenmassen die aus Leibeskräften geschrienen Worte des Blinden heraus: *„Sohn Davids, Jesus, hab Erbarmen mit mir!"* Er bleibt stehen und lässt Bartimäus zu sich rufen. Der lässt seinen schützenden Mantel fallen, verlässt seine Bettelstelle und tappt so schnell, wie es das fehlende Augenlicht zulässt, auf Jesus zu, der ihm eine völlig unerwartete Frage stellt: *„Was soll ich dir tun?"* (Markus 10,46-52).

Szenenwechsel. Wir befinden uns in Jerusalem. In den fünf Säulenhallen am Teich Betesda liegt der Abschaum der Gesellschaft: die Benachteiligten, Missgestalteten, Hässlichen, teilweise ekelerregend Anzusehenden. Da liegen sie in ihren Lumpen, mit notdürftig abgebundenen Stümpfen, übel riechend und warten darauf, dass das Wasser des Teiches sich bewegt. Denn dann, so sagt man, hat das Wasser heilende Kräfte. Allerdings nur für den Ersten, der hineinsteigt. Die Chance, dieser Erste zu sein, geht gleich null. Aber immerhin: Es *ist* eine Chance – die einzige, die man noch hat!

Dort liegt auch ein chronisch kranker Mann. Seit achtunddreißig Jahren ist er krank. Um als Erster am Teich zu sein, bräuchte er jemanden, der ihn schnell dorthin trägt – aber diesen Jemand hat er nicht. Wie oft hat er schon versucht, sich aus eigener Kraft zum Teich zu schleppen – kriechend, über den Boden robbend, angetrieben allein von Verzweiflung, aber auch von der Hoffnung, dass es diesmal, nur dieses eine Mal, wie durch ein Wunder glücken könnte.

Als Jesus an dieser Halle vorbeigeht, bleibt sein Blick an genau diesem Mann hängen. Er geht zu ihm hin und fragt: *„Willst du gesund werden?"* (Johannes 5,1-9).

Beide Geschichten enden mit einer Heilung. Aber beiden Heilungen gehen diese überraschenden, angesichts der Situation schon fast grotesk anmutenden Fragen vorweg: „Was *willst* du, das ich dir tun soll?", und: „*Willst* du gesund werden?"

Warum Jesus den beiden Männern diese Fragen stellt, wissen wir nicht. Außer den spärlichen Informationen, die uns hier gegeben werden, erfahren wir nichts über ihre Lebens- und Leidensgeschichte, über ihre Gedanken, Gefühle und tiefsten Beweggründe. Aber die Fragen scheinen für sie wichtig zu sein, sonst hätte Jesus sie nicht gestellt, und die Schreiber der jeweiligen Texte hätten sie erst recht nicht in ihre Überlieferung mit aufgenommen. In beiden Geschichten scheint das *Wollen* der Betroffenen für Jesus eine wichtige Rolle zu spielen.

Jesus macht mit seinen Fragen auf etwas sehr Wesentliches in Hinblick auf Themen wie Heilung, Befreiung und Veränderung aufmerksam: Das Heraus*wollen* aus einer für uns unangenehmen, schädlichen oder zerstörerischen Lebenssituation oder ebensolchen Denk- und Verhaltensmustern spielt eine nicht unerhebliche Rolle. Und – das sehen wir an diesen Geschichten: Dass wir überhaupt herauswollen, ist gar nicht so selbstverständlich, wie es auf den ersten Blick scheint!

Spontan würden die meisten von uns auf die Frage: „*Willst* du in dieser oder jener Sache Veränderung?", sagen: „Natürlich, ist doch klar! Ich fühle mich blockiert, eingeschränkt und unwohl – ist doch nur logisch, dass ich diese Situation verändern will!" Doch wenn Jesus uns auf unser Wollen anspricht, zielen seine Fragen tiefer und berühren versteckt sitzende Blockaden: „Willst du's *wirklich*?"

Willst du die Vorteile aufgeben, die dir deine momentane Situation bringt?

Bist du bereit, loszugehen und dich auf den Weg zu machen, auch wenn das Ziel noch unklar und verschwommen ist?

Bist du bereit, loszugehen und dich auf den Weg zu machen, auch wenn das Ziel noch unklar und verschwommen ist?

Bist du bereit, deine Opferhaltung, dein „Die anderen sind schuld" zu verlassen und Verantwortung für dein Leben zu übernehmen?

Bist du bereit, die vielen kleinen Schritte Richtung Veränderung zu gehen?

Bist du bereit, Liebgewordenes loszulassen?

Bist du bereit, den Widerstand auszuhalten, der dir möglicherweise entgegenschlagen wird?

Und auf einmal merken wir, dass die Frage nach unserem Wollen durchaus einen Sinn ergibt. Wenn ich mich diesen Fragen stelle, wird mir nämlich sehr schnell bewusst, dass in mir auch ein hohes Maß an Bequemlichkeit („Das ist mir irgendwie doch zu anstrengend"), an Sicherheitsbedürfnis („Wer weiß, wo ich da lande und was auf mich zukommt!"), an Abwehr („Ich will dieses oder jenes Verhalten *eigentlich* gar nicht loslassen") und fehlender Motivation („Ach, sooo schlimm ist es ja nun auch wieder nicht") ist. Diese inneren Blockaden bewirken, dass ich mich eben *nicht* auf den Weg mache, sondern lieber alles lasse, wie es ist. Ich jammere ein bisschen herum oder beschwere mich wortgewaltig über die Missstände (und mache damit meinen Mitmenschen, die sich meine Tiraden ständig anhören müssen, manchmal ganz schön das Leben schwer!) – aber das ist auch alles. Zu mehr reicht es nicht.

> Erst die Begegnung mit dem „Ich bin für dich da", der mich lockt, ermutigt und herausfordert, motiviert mich, auch als „Langzeitkranke", noch das Wagnis einer Veränderung einzugehen.

Oft führt erst massiver Leidensdruck und das Gefühl: „Ich halte das wirklich nicht länger aus", dazu, dass ich mich in eine neue Richtung bewege. Und erst die Begegnung mit dem „Ich bin für dich da", der mich lockt, ermutigt und herausfordert, motiviert mich, auch als „Langzeitkranke", die ich an manchen Stellen bin, noch das Wagnis einer Veränderung einzugehen.

Die guten Früchte wachsen lassen

Manche Veränderungen ereignen sich jedoch auch ohne unser Zutun und wirbeln unser Leben mehr oder wenig unerwartet durcheinander. Niemand hat uns an dieser Stelle nach unserem Wollen gefragt.

Wir werden ungeplant, an ganz „unpassender" Stelle unseres Lebens zu Eltern oder Großeltern.

Unser Partner trennt sich von uns oder stirbt, sodass wir auf einmal unser Leben allein bewerkstelligen müssen.

Unsere Kinder verlassen das Haus und wir müssen uns wieder

neu auf ein Leben zu zweit einstellen. Dass es irgendwann so kommen würde, war uns von Anfang an klar – was das Zurechtkommen mit der veränderten Situation aber nicht unbedingt leichter macht.

Wir werden schwer krank oder, umgekehrt, nach langer Krankheitszeit unverhofft wieder gesund.

Wir verlieren unseren Job oder bekommen nach langer Arbeitslosigkeit doch noch die lang ersehnte Arbeitsstelle usw.

In solchen oder ähnlichen Situationen sind wir herausgefordert, auf die eingetretene Veränderung in irgendeiner Form zu reagieren. Dass wir bewusst dazu Ja sagen können, die Veränderung auch aktiv *wollen* und annehmen, stellt sich aber häufig nicht sofort ein, sondern muss erst nach und nach in uns wachsen und braucht seine Zeit.

In anderen Veränderungsprozessen dagegen ist unser Wollen durchaus vorhanden, sodass wir selbst eine aktive Rolle übernehmen:

Wir wechseln freiwillig unsere Arbeitsstelle, wollen noch einmal neue Herausforderungen annehmen oder durch den Wechsel mehr freie Zeit für uns und unsere Familie gewinnen.

Wir suchen uns einen neuen Dienstbereich in unserer Gemeinde, um unsere Begabungen besser zur Entfaltung bringen zu können.

Wir gehen nach längerer Zeit ohne Partner doch noch das Wagnis einer Beziehung ein.

Wir ziehen in eine andere Wohngegend, um uns damit ein Umfeld zu schaffen, welches mehr zu uns und unserer Lebensführung passt.

Wir wechseln die Gemeinde- oder Kirchenzugehörigkeit, um unser geistliches Leben mit neuen Impulsen zu versorgen usw.

In solchen Situationen sind wir selbst die Aktiven und bringen den Veränderungsprozess ins Rollen. Das darf aber nicht darüber hinwegtäuschen, dass wir dennoch Zeit brauchen, um uns auf die veränderte Situation einzustellen.

Egal, ob die Veränderung uns vom Leben „verordnet“ oder von uns selbst initiiert wurde – wir sollten uns unbedingt Zeit geben und uns selbst mit sehr viel Verständnis begegnen, wenn uns der neue Schuh (den wir uns vielleicht sogar selbst ausgesucht haben) noch nicht so recht passt.

Sosehr wir uns vielleicht vorher auf das Neue gefreut und es herbeigesehnt haben – wenn es dann so weit ist, ist es uns doch auch fremd und unvertraut. Dazu kommt, dass manches, was wir uns vorher in rosigen Farben ausgemalt haben, in der Alltagswirklichkeit recht schnell seinen Glanz verliert. Die Nachteile kommen eben auch ganz schnell ans Licht. Je mehr Verständnis wir uns selbst und all den widerstreitenden Gefühlen, die ein Veränderungsprozess mit sich bringt, erweisen, umso besser gelingt der Anpassungsprozess an das Neue.

Was lange währt

Noch mehr Geduld brauchen wir, wenn es um *innere* Veränderungsprozesse geht. Wenn Jesus uns auf Schräglagen in unserer Persönlichkeit, auf Sünde oder ungute Prägungen anspricht, wird uns in den wenigsten Fällen eine radikale Veränderung direkt mitgeliefert. Manchmal tut Jesus das – weitaus häufiger geht es aber um einen langfristigen Wachstums- und Veränderungsprozess.

Im Galaterbrief werden wir auf die Frucht des Geistes aufmerksam gemacht, die in uns heranreifen soll (Galater 5,22-23). Paulus stellt ihr vorher die Werke des Fleisches gegenüber – eben all jene unguten oder schadhaften Denk- und Verhaltensmuster, die in uns schlummern und zu denen wir alle fähig sind. Werke kann man tun und bewirken – und das mitunter recht schnell. Früchte hingegen müssen langsam wachsen, brauchen Zeit und unsere liebevolle Fürsorge, um gut zu gedeihen. Wachstum kann man nicht *machen*, allenfalls fördern. Deshalb brauchen wir für innere Veränderungsprozesse viel Geduld mit uns selbst.

Die Erlaubnis, uns mit uns selbst Zeit zu lassen und geduldig zu sein, wenn das Geistliche in uns langsamer wächst als von uns erhofft und gewünscht befreit uns von überhöhten „geistlichen" Erwartungen, die uns enttäuscht zurücklassen, wenn bei uns die Nummer mit der Veränderung anscheinend nicht so recht klappt.

Die Erlaubnis, uns mit uns selbst Zeit zu lassen und geduldig zu sein, wenn das Geistliche in uns langsamer wächst als von uns erhofft und gewünscht befreit uns von überhöhten „geistlichen" Erwartungen, die uns enttäuscht zurücklassen, wenn bei uns die Nummer mit der Veränderung anscheinend nicht so recht klappt.

Dieses Gefühl der Enttäuschung hatte ich früher sehr häufig. Erkannte ich Schräglagen oder Blockaden, dann begab ich mich damit – etwa auf Tagungen oder Konferenzen – in die Seelsorge. Dort wurde ich „bebetet", nachdem zuvor alles auf einen recht einfachen Nenner zusammengestrichen worden war. Da war Sünde – also musste vergeben werden. Da waren Bindungen – also musste gelöst werden. Etwa so: „Wir beten jetzt mit dir und befreien dich im Namen Jesu von deinem Neid/deinem Stolz/deiner Minderwertigkeit/deinem Hang zur üblen Nachrede/deinen unreinen Gedanken und Handlungen/deiner Scham/deinen Ängsten/deinen falschen Prägungen usw." Solch ein Gebet weckte in mir die Erwartung oder Hoffnung, dass nach dem Amen alles anders wäre und mich das Alte, das mir so zu schaffen machte, nie wieder anfechten könnte. Kaum dem Treibhausklima der Konferenz oder Freizeit entronnen, tauchte das Alte dummerweise dann aber doch wieder auf. Dann bekam ich Schuldgefühle und meinte, mit mir sei irgendetwas nicht in Ordnung. Ich musste wohl ein besonders hoffnungsloser Fall sein, wenn all die wortgewaltigen Gebete bei mir nichts halfen. Eine Weile proklamierte ich noch tapfer meinen Sieg über das Problem, erkannte seine Existenz einfach nicht mehr an und hoffte, dass ich das Ding durch diesen genialen geistlichen Schachzug aus meinem Leben eliminiert hatte. Funktionierte auch das nicht, fing ich an, an mir zu zweifeln oder, schlimmer noch, Gottes *Für*-mich-Sein zu misstrauen. Anscheinend war ich Gott nicht geistlich oder gut genug, um seine durchschlagende Kraft, von der mancher so wortgewaltig berichtete, ebenfalls zu erleben.

Heute bin ich überzeugt: Solche Befreiungsgebete sind wichtig und richtig, allerdings markieren sie häufig erst den *Anfang* eines Veränderungsprozesses in unserem Leben. Es kann wie das Umgraben und Umpflügen eines Beetes sein: Das Neue, das in uns wachsen soll, bekommt einen guten Nährboden und soll möglichst wenigen Störfaktoren ausgesetzt sein – deshalb das Gebet. Aber *wachsen* muss das Neue trotzdem! Dafür braucht es geduldige Begleitung und beharrliches Dranbleiben. Je realistischer und gelassener wir an dieser Stelle sind, umso besser gelingt der Veränderungsprozess!

Kairos-Momente wahrnehmen

Jede Veränderung beginnt mit einem kleinen Schritt in die richtige Richtung. So wichtig es ist, dass wir ein Ziel und eine Vision von dem haben, wo wir hinwollen, so notwendig ist es auch, dass wir nicht in unseren Träumen hängen bleiben. Die Sehnsucht nach Veränderung muss von uns in die Wirklichkeit hineingeholt und dort in kleinen, konkreten Schritten umgesetzt werden. Step by step. Egal, ob es sich um Veränderungen in unserer Lebensführung handelt oder um dringend notwendige Veränderungsprozesse in unserem inneren Menschen – wenn Gott in unserem Leben Veränderung wirken will, wird es immer konkret.

Bei dieser Konkretion handelt es sich nicht unbedingt um große und spektakuläre Momente. Häufig kommt es in unserem Wachstumsprozess besonders auf kleine, für uns aber sehr bedeutsame Entscheidungen im Alltag an. Jesus sagt: *„Wer in den kleinsten Dingen zuverlässig ist, der ist es auch in den großen, und wer bei den kleinsten Dingen Unrecht tut, der tut es auch bei den großen"* (Lukas 16,10).

Wir können diesen „kleinsten Dingen" gar nicht genug Bedeutung beimessen! Wir können sie auch ganz sicher nicht überspringen und direkt mit der ganz großen Nummer beginnen. Nein, erst das Üben und Trainieren im Kleinen, das kontinuierliche Wiederholen, das Versuchen, Hinfallen, Wiederaufstehen und Weitermachen, die Bewährung in den banalen Alltäglichkeiten lassen einen Veränderungsprozess nachhaltig gelingen. In ihrer Persönlichkeit gereifte und geistlich gestandene Männer und Frauen fallen nicht vom Himmel, sondern sind es durch kleine Gehorsamsschritte geworden.

In solchen Momenten steht dann nur noch eine Frage im Raum: „Machst du's oder machst du's nicht?"

Wenn wir uns bewusst und gewollt in einen Veränderungsprozess begeben, wird Gott uns irgendwann an konkrete Situationen heranführen, in denen es gilt, unser „theoretisches" Wollen nun auch in der Praxis unter Beweis zu stellen. In solchen Momenten steht dann nur noch eine Frage im Raum: „Machst du's oder machst du's nicht?"

Wage ich jetzt, einen Schritt in die neue Richtung zu gehen, oder bleibe ich doch lieber bei Altvertrautem? Bin ich bereit, Liebgewordenes loszulassen, oder will ich es weiterhin festhalten? Will ich den nächsten Schritt in meinem Wachstumsprozess gehen oder reicht mir der momentane Status quo?

Einige Beispiele:

Vor mir liegt eine neue Aufgabe. Ich habe den Eindruck, Jesus will mich in einen bestimmten Dienst rufen. Ich habe mich informiert, habe mich mit kompetenten Leuten beraten und habe um Klarheit gebetet. Irgendwann tritt Jesus an mich heran und es bleibt nur noch die Frage übrig: „Mach ich's oder mach ich's nicht?“

Oder: Ich habe mich mit jemandem heftig gestritten. Böse Worte, schlimme Anschuldigungen und Unverständnis stehen zwischen uns. Doch wir sprechen uns aus. Dabei wird nichts unter den Teppich gekehrt, sondern unterschiedliche Positionen und Verletzungen werden klar benannt. Irgendwann ist alles gesagt. Und Jesus fragt mich: „Bist du nun bereit, zu vergeben? Bist du jetzt bereit, den Weg der Versöhnung zu beschreiten?“ Bleibt die Frage: „Mach ich's oder mach ich's nicht?“

Und plötzlich spüre ich deutlich, vielleicht nur im Bruchteil einer Sekunde: Jetzt wäre es dran, etwas Neues einzuüben. Jetzt wäre es an der Zeit, einen kleinen Schritt in eine andere, von Jesus angezeigte Richtung zu gehen.

Eine andere Situation: Manche Bereiche meiner Persönlichkeit werden für mich wiederholt zum Stolperstein. Ich bin an dieser Stelle blockiert und komme in meiner Entwicklung und in meinem geistlichen Wachstum nicht weiter. Ich bewege dieses Thema immer wieder vor Jesus und möglicherweise auch mit anderen, mir vertrauten Menschen. Eigentlich weiß ich inzwischen sehr genau, wo es hakt. Und dann kommt eine Situation, die mir wieder so zu schaffen macht. Eine Situation, in der alte, eingefahrene Mechanismen in mir anspringen. Und plötzlich spüre ich deutlich, vielleicht nur im Bruchteil einer Sekunde: *Jetzt* wäre es dran, etwas Neues einzuüben. *Jetzt* wäre es an der Zeit, einen kleinen Schritt in eine andere, von Jesus angezeigte Richtung zu gehen. Gehe ich diesen Schritt oder gehe ich ihn nicht? Wage ich das Neue oder bleibe ich lieber weiterhin in gewohnten Bahnen? Mach ich's oder mach ich's nicht?

Oder: Ich unterhalte mich mit einer befreundeten Nachbarin. Das Gespräch wird intensiver und verlässt mit einem Mal die Small Talk-Ebene. Sie beginnt, über ihre sehr notvolle Lebenssituation zu sprechen. Ich höre zu, erzähle aus meinem eigenen Leben und versuche herauszufinden, womit ich ihr helfen und wie ich sie unterstützen könnte. Und plötzlich habe ich den Eindruck, dass ich sie jetzt fragen sollte, ob ich mit ihr beten und ihre Not vor Gott bringen darf. Mach ich's oder mach ich's nicht?

All diese Situationen sind Situationen aus meinem Leben, in denen ich herausgefordert war oder bin, konkrete Schritte zu gehen und nicht in einem „Ich müsste mal" hängen zu bleiben. Und all diese vergleichsweise kleinen Situationen bringen mich, je nach Entscheidung, weiter nach vorne oder lassen mich stagnieren. Deswegen ist es wichtig, dass ich solche Momente wahr- und ernst nehme. Die Bibel spricht an dieser Stelle vom *Kairos*. Gemeint ist ein ganz konkreter Zeitpunkt, zu dem Gott in unser Leben tritt, zu uns spricht und handeln will. Kairos-Momente sind einschneidende Momente, sind Wachstumsknoten in unserer geistlichen und persönlichen Entwicklung. Und es sind einmalige Augenblicke, die, wenn wir sie verstreichen lassen, in dieser Form nie wiederkommen. Wir haben eine wichtige Chance verpasst! Wenn wir aber unsere Einverständniserklärung zu dem geben, was Jesus von uns möchte, dann kann Gott durch diese kleinen Situationen Großes in unserem Leben tun. Es kommt dann zu überraschenden Wachstumsschüben und einem rasant beschleunigten Veränderungsprozess.

Von Fleischtöpfen und Pharaonen

Wir sind das, was wir gewohnheitsmäßig tun. Dieses Gewohnte ist uns vertraut und verschafft uns Sicherheit. Von daher ist es nicht weiter verwunderlich, dass sich alles in uns gegen einen Veränderungsprozess und gegen Neues sträubt. Auch dann, wenn wir das Neue herbeisehnen und das Alte, Gewohnte und Vertraute uns ganz offensichtlich mehr schadet als nutzt.

Wir stöhnen, jammern und schreien nach Veränderung – aber wenn es dann so weit ist, haben die Fleischtöpfe Ägyptens auf einmal wieder ihren Reiz. Die Vergangenheit bedeutet Unfreiheit – aber man wusste wenigstens, woran man war, und hatte sich, trotz aller Klagen, an den Zustand gewöhnt. Unsere vertrauten Lebensgewohnheiten, Denk- und Verhaltensmuster passen für uns nicht mehr oder tun uns sogar ganz offensichtlich nicht gut, aber sie sind das, was wir kennen, und sie verschaffen uns auf eigenartige Weise Geborgenheit. Seien wir also nicht irritiert, wenn der *Wunsch* nach Veränderung und die *Ablehnung* der Veränderung in solch einem Prozess ambivalent in uns existieren und mitunter ein großes Gefühlschaos verursachen.

Jeder Veränderungsprozess wird aber auch von *äußeren* Widerständen begleitet. Der Pharao, der seine Sklaven niemals freiwillig ziehen lässt, wird auch in unserem Leben in ganz unterschiedlichem Gewand auftreten. Nicht selten handelt es sich hierbei um Menschen, die uns sehr nahestehen und die durch unsere Veränderung beunruhigt und verunsichert sind. Manchmal sind die „Pharaonen" auch wohlmeinende Mitchristen, die meinen, *das* könne doch unmöglich richtig sein und *so etwas* auf keinen Fall dem Willen Gottes entsprechen.

An dieser Stelle müssen wir sehr sauber arbeiten und gut hinschauen. Natürlich müssen wir in jedem Veränderungsprozess auch

Korrekturbereitschaft mitbringen. Gerade in einer Zeit des Umbruchs brauchen wir Menschen an unserer Seite, die uns aufmerksam begleiten, ihre Bedenken ehrlich äußern und darauf achtgeben, dass wir uns nicht verrennen. Aber nicht jeder Protest von außen ist ein Zeichen dafür, dass wir auf einem falschen Weg sind, sondern häufig nur die ganz normale Begleiterscheinung eines jeden Veränderungsprozesses. Es ist schade, wenn wir einen einmal begonnenen Veränderungsprozess wieder zum Stillstand bringen, weil wir Widerstände falsch einordnen und uns viel zu schnell ins Bockshorn jagen lassen.

Es ist schade, wenn wir einen einmal begonnenen Veränderungsprozess wieder zum Stillstand bringen, weil wir Widerstände falsch einordnen und uns viel zu schnell ins Bockshorn jagen lassen.

Gerade deshalb ist es auch so wichtig, dass wir an dem „Ich bin für dich da" dranbleiben, Blickkontakt zu ihm haben und uns in Rufnähe zu ihm befinden. Gott gibt uns die Sicherheit, die wir in diesen unsicheren Zeiten unbedingt brauchen. Er bahnt uns den Weg durch unwegsames Gelände. Er stellt sich schützend vor uns, wenn andere uns angreifen und versuchen, unsere Veränderung schlechtzumachen. Er achtet darauf, dass wir nicht entmutigt aufgeben, wenn wir stolpern und fallen oder manches „ums Verrecken" nicht klappen will. Und er greift korrigierend ein, wenn wir uns verlaufen haben oder übers Ziel hinausschießen.

Dieselbe Kraft …

Die Bibel bezaubert, fasziniert und begeistert mit ihren Geschichten so sehr, weil in ihr das Wirken Gottes dokumentiert ist: Veränderungen, die aus menschlicher Sicht unmöglich zu stemmen sind, können durch dieses kraftvolle Wirken dennoch gelingen!

Aus dem Nichts wird etwas geschaffen, abenteuerlichste Befreiungsaktionen werden durchgezogen, Siege werden trotz Überlegenheit des Feindes errungen, mächtige Herrscher werden bezwungen, auf dieser Erde geltende Gesetzmäßigkeiten werden aufgehoben, Wasser wird zu Wein, Blinde können plötzlich sehen und Lahme springen auf einmal wieder auf zwei gesunden Beinen umher. All diese Geschichten wurden von Generation zu Generation weitergegeben, um uns zu ermutigen, auch in unserem Leben immer wieder mit dieser verändernden Kraft Gottes zu rechnen.

Paulus schreibt an die Epheser: *„Ich bete, dass ihr erkennen könnt, wie übermächtig groß seine Kraft ist, mit der er in uns, die wir an ihn glauben, wirkt. Es ist dieselbe gewaltige Kraft, die auch Christus von den Toten auferweckt und ihm den Ehrenplatz an Gottes rechter Seite im Himmel gegeben hat"* (Epheser 1,19-20; NLB). Dieselbe Kraft, die Christus von den Toten hat auferstehen lassen, wirkt auch in uns und kann somit Unmögliches in unserem Leben möglich machen!

Wenn Veränderungsprozesse von Gott initiiert und begleitet sind, haben wir in uns eine Power, die den Vorgang auf eine Weise anschiebt, wie es keine Lebenshilfetipps und therapeutischen Kunstgriffe jemals vermögen. Dass wir diese Kraft auch bitter nötig haben, weiß jeder, der schon einmal versucht hat, tief sitzende Prägungen, zerstörerische Denk- und Verhaltensmuster, alte Verletzungen und Lieblingssünden aus eigener Kraft loszuwerden.

Der Blick für diese Kraft und ihre unsichtbare Wirklichkeit ist uns allerdings oft verstellt. Er kann uns im Laufe unseres Lebens durch Enttäuschungen oder mangels ermutigender Erfahrungen sogar völlig abhandenkommen. Man hat ja gebetet, erwartet und gehofft, aber passiert ist … nichts. Desillusioniert schrauben wir unsere Erwartungen mehr und mehr herunter und rechnen nur noch mit unseren menschlichen Möglichkeiten.

Damit das Vertrauen in Gottes Handeln in mir wachsen konnte, war es für mich nötig, „bittere Wurzeln“ auszugraben, meine Enttäuschungen über Gottes Nichthandeln in meinem Leben zu benennen, sie zu verarbeiten und mich damit auszusöhnen, dass Gott in meinem Leben manches *nicht* getan hat. Ja, ich musste mich an manchen Stellen mit Gott *selbst* richtiggehend aussöhnen, um ihm sein „*Für* dich“ trotzdem und wieder neu glauben zu können.

Wie können wir diesen Prozess, der seine Zeit braucht, unterstützen? Ganz sicher nicht, indem wir versuchen, unsere Erwartungen künstlich und selbstsuggestiv wieder hochzuschrauben. Wir müssen uns nicht erwartungsvoll oder geistlich aufgeladen *fühlen*, sondern können unseren Blick für die Möglichkeiten Gottes sehr nüchtern und sachlich wieder schärfen. Das bedeutet, dass wir in Veränderungsprozessen unsere menschlichen Möglichkeiten ausloten, unsere von Gott gezeigten kleinen Schritte gehen und dabei immer wieder bekennen: „Das ist jetzt das, was ich tun kann. Mehr geht nicht, denn ich stoße an meine Grenzen. Ich weiß aber, dass für dich, Jesus, diese unüberwindlichen Grenzen keine sind. Auch wenn meine Erwartung, mein Glauben und mein Vertrauen nur klitzeklein sind – das bisschen will ich dir hinhalten und wieder neu bekennen, dass du alle Macht und alle Kraft hast, zu befreien und zu verändern. Ich bin gespannt, was du tun und wie du das hinbekommen wirst.“

> Man hat ja gebetet, erwartet und gehofft, aber passiert ist … nichts. Desillusioniert schrauben wir unsere Erwartungen mehr und mehr herunter und rechnen nur noch mit unseren menschlichen Möglichkeiten.

Ein *bisschen* Glaube, ein *bisschen* Vertrauen reicht, um ein Bekenntnis dieser Art zu formulieren. Aus meinem Leben weiß ich, dass diese „kleinen Bekenntnisse“ nach und nach ins Herz „sickern“ und helfen, dass Glaube und Vertrauen an die übermächtige

Kraft Gottes wieder wachsen können. Darüber hinaus können wir immer wieder in unserem „Fotoalbum" blättern und uns neu bezaubern, faszinieren und begeistern lassen …

Einen Weg bahnen

Es gibt Bereiche in meinem Leben, in denen sehne ich mich so sehr nach Veränderung! Ich bin unzufrieden, das Alte sättigt mich nicht mehr, ich fühle mich unfrei und habe den Eindruck, dass mein Leben, mein Denken und Verhalten gar nicht mehr richtig zu mir passen. Ich habe das Gefühl, dass Gott mich herausruft und herauslockt, bin aber hin- und her gerissen zwischen meiner Sehnsucht nach Veränderung, meiner Angst vor dem Unbekannten und meinem Unvermögen, mich selbst und tief sitzende Abläufe nachhaltig zu verändern.
Ich merke auch, dass ich mich gerne in großen Zukunftsvisionen und Träumereien ergehe, aber das Konkrete und Kleine nicht tun möchte, was eine Veränderung auf den Weg bringen würde. Wie viele Kairos-Momente habe ich dabei schon verpasst und mich damit um Chancen gebracht, Gottes Handeln in meinem Leben zu erfahren! Ich bin dankbar, dass Gott sich deswegen nicht enttäuscht von mir abwendet, sondern mir noch viele solcher Momente schenken wird, in denen ich üben kann, über meinen Schatten zu springen und das zu tun, was er mir sagt.
„…, aber Gott kann!" – das werde ich von nun an immer hinterherschieben, wenn ich entmutigt bin und an meine Begrenzungen stoße. Ich will mir die Erwartung nicht rauben lassen, dass mit Gott in meinem Leben alle Dinge möglich sind. Stur und beharrlich werde ich immer und immer wieder bekennen: „Aber Gott kann!"

Zum Nachlesen

1. Mose 13,14-18; 2. Mose 13,17-14.31; Jesaja 43,16-21; Lukas 5,1-11; Apostelgeschichte 8,26-40; Apostelgeschichte 9,1-31; Römer 12,2; 2. Korinther 5,17; Hebräer 10,35-36.

Kapitel 10

Fallen und wieder aufstehen

Ich habe in meinem Leben zwei wichtige Dinge gelernt: dass ich ein großer Sünder bin und dass Christus ein noch größerer Retter ist.
Isaac Newton

In den letzten Kapiteln habe ich dazu ermutigt, dass wir unseren Träumen und Wünschen nachspüren, uns mit allem, was in uns ist, vorurteilsfrei auseinandersetzen und nötige Veränderungsprozesse auf den Weg bringen. Begeben wir uns während dieser Prozesse immer wieder in die Gegenwart Gottes, entdecken wir zwischen all dem Guten, was da in uns wächst, auch Bedürfnisse und Sehnsüchte, deren Verwirklichung nicht lebensförderlich, sondern schädlich wären. Wir stoßen auf Impulse, deren Umsetzung unserer Beziehung zu Gott, zu uns selbst, zu unseren Mitmenschen und zu unserer Umwelt schaden würde. Wir stoßen auf Sünde, die äußerst destruktiv ist, auch wenn wir das möglicherweise zunächst gar nicht wahrnehmen.

Es ist *gut*, dass wir auf diese Dinge stoßen! Deswegen ist es so wichtig, dass wir *alle* Wünsche und Bedürfnisse zunächst einmal vorurteilsfrei anschauen und sie nicht einfach nur verdrängen. Tun wir das nicht, entziehen sich diese „verbotenen" Gedanken und Gefühle nämlich unserer Bearbeitung und Korrektur, treiben in unserem Unterbewusstsein weiterhin ihr Unwesen und steuern uns von dort aus. Nur in der bewussten Auseinandersetzung können wir unsere Wünsche im Licht Gottes prüfen und sie dort in „lebensförderlich" und „lebensfeindlich" sortieren. Und erst dann können wir sie auch entsprechend korrigieren.

Für diesen Vorgang brauchen wir den Geist Gottes und seine Fähigkeit, uns in die Wahrheit zu führen. Denn wir selbst sind häufig gar nicht in der Lage, die Wahrheit zu erkennen. Weil uns der Durchblick fehlt, engen wir uns selbst in manchen Bereichen ein, wo Gott uns eigentlich in die Freiheit und Weite führen will, oder erlauben uns umgekehrt manches, was mehr schadet als nutzt.

Weil uns der Durchblick fehlt, engen wir uns selbst in manchen Bereichen ein, wo Gott uns eigentlich in die Freiheit und Weite führen will, oder erlauben uns umgekehrt manches, was mehr schadet als nutzt.

Gott allein verfügt über die Fähigkeit, das Gute vom Bösen zu unterscheiden – und deswegen ist es klug, auf ihn zu hören und ihn in diesen ganzen Prozess mit hineinzunehmen. *„Erforsche mich, Gott, und erkenne mein Herz, prüfe mich und erkenne mein Denken! Sieh her, ob ich auf dem Weg bin, der dich kränkt, und leite mich auf dem altbewährten Weg"*, so betet David (Psalm 139,24). Luther übersetzt an dieser Stelle: „Leite mich auf *ewigem* Wege." Der Begriff „ewig" hat in der Bibel nicht nur die Bedeutung eines Lebens jenseits von Raum und Zeit, sondern ist mehr noch ein *Qualitäts*begriff, der ein umfassend erfülltes Leben von höchster Intensität und Wertigkeit beschreibt.

Die Bitte, von Gott auf ewigem Weg geführt zu werden, ist also zu verstehen als der Wunsch, von ihm auf einem zuverlässigen, erprobten Weg geführt zu werden. Denn die Entwicklung unseres inneren Menschen, unserer Persönlichkeit und unseres geistlichen Lebens, ja, unseres ganzen Lebens wird besser verlaufen, wenn wir auf diesem von Gott vorab geprüften Weg mit Qualitätssiegel laufen.

Wachsam und ehrlich

Doch manchmal wollen wir eben *nicht* auf diesem bereits erprobten Weg laufen. Wir denken, ein anderer Weg würde uns schneller ans Ziel führen, wäre bequemer, sicherer und vielversprechender – und merken erst sehr viel später, dass wir einem Irrtum aufgesessen sind.

Wieder umzukehren, wenn wir uns auf einen falschen Weg begeben haben, oder besser noch: solch einen gar nicht erst einzuschlagen, fällt uns allen unglaublich schwer. Denn das Vertrauen in den „Ich bin *für* dich da", der es wirklich gut mit uns meint, wird von uns selbst und von anderen immer wieder infrage gestellt und muss tagtäglich neu eingeübt werden.

Haben wir auf dem gewählten Weg bereits schlechte Erfahrungen gemacht, sind gestolpert, lang hingeschlagen oder unter die Räuber gefallen, regt sich vielleicht in uns die Einsicht, dass es so nicht geht und wir doch lieber auf Gott hören sollten. Am Anfang des Weges jedoch, wenn absolut noch nicht zu erkennen ist, warum der „Ich bin für dich da" recht haben sollte und wir *nicht*, tobt ein heftiger Kampf in uns. Wir meinen, es besser als Gott zu wissen, haben keine Lust zu gehorchen oder den besonders *großen* Wunsch, etwas ganz anderes zu tun.

Solch ein typischer Fall von „Ich mache genau das Gegenteil von dem, was Gott mir sagt" ist Jona, der von Gott berufen wird, das Gericht über Ninive auszurufen (Jona 1–4). Den Bürgern einer bedeutsamen, großen Stadt das Strafgericht Gottes ankündigen? Niemals! Nichts wie weg! Doch dieser Fluchtreflex entpuppt sich als Sackgasse und entwickelt sich zum absoluten Tiefpunkt seines Lebens. Erst in der Tiefe regt sich in Jona die Einsicht, dass es klug ist, auf Gott zu hören: *„Als mir der Atem schwand, dachte ich an den Herrn, und mein Gebet drang zu dir, zu deinem Tempel. Wer* *nichtige Götzen verehrt, der handelt treulos. Ich aber will dir opfern und laut dein Lob verkünden. Was ich gelobt habe, will ich erfüllen. Vom Herrn kommt die Rettung" (*Jona 2,8-10).

Diese Versuche, uns um das, was Gott uns sagt, herumzumogeln, kennen wir vermutlich alle nur allzu gut. Das damit verbundene innere Ringen wird, das mag ernüchternd klingen, auch unser ganzes Leben lang anhalten. Es ist äußerst gefährlich zu meinen, wir wären irgendwann so geistlich, dass diese Kämpfe bei uns nicht mehr stattfänden. Solch trügerische Sicherheit lässt uns unaufmerksam leben und Stolperfallen übersehen. Geistlich sehr intensive Zeiten und starke Wachstumsphasen, in denen es richtig gut vorangeht, sind immer auch Zeiten großer Anfechtungen! Zeiten, in denen Knoten sich lösen und lang ersehnte Durchbrüche erzielt werden, geben uns das Gefühl, unbesiegbar zu sein – und gerade dieses Denken ist tückisch! Wie viele Menschen sind, weil sie ihre Schwachpunkte und Versuchlichkeiten nicht mehr im Blick hatten, gerade in solchen Hoch-Zeiten gestolpert und lang hingeschlagen!

Wie viele Menschen sind, weil sie ihre Schwachpunkte und Versuchlichkeiten nicht mehr im Blick hatten, gerade in solchen Hoch-Zeiten gestolpert und lang hingeschlagen!

„Seid nüchtern und wachsam! Euer Widersacher, der Teufel, geht wie ein brüllender Löwe umher und sucht, wen er verschlingen kann. Leistet ihm Widerstand in der Kraft des Glaubens", lesen wir im 1. Petrusbrief, Kapitel 5, Verse 8-9. Petrus gebraucht hier das Bild eines Löwen, der geduckt umherschleicht und auf einen günstigen Augenblick wartet, um zum Sprung anzusetzen. Beutetiere wissen in der Regel jedoch instinktiv um ihre Schwachpunkte und setzen dem etwas entgegen. Die einen suchen sich eine Position, in der das Raubtier keine Witterung aufnehmen kann. Andere nutzen ihre Tarnfarbe und ducken sich im hohen Steppengras, damit sie

nicht gesehen werden können. Wieder andere, so die Elefanten, bilden bei herannahender Gefahr einen Kreis um die schwachen Jungtiere, strecken dem Angreifer ihre dicken Hinterteile entgegen und verpassen ihm ein paar kräftige, lebensbedrohliche Tritte, wenn der es wagt, zu nah zu kommen. *Weil sie um ihre Schwachpunkte wissen!* So sollte es auch bei uns sein, und das ist gemeint, wenn wir aufgefordert werden, nüchtern und wachsam zu leben.

> Es bedeutet, dass wir unser „störrisches Ich", das so oft ganz anders will als Gott, gut im Blick behalten und uns ganz nüchtern der Tatsache stellen, dass es mit unserer Geistlichkeit, wenn es hart auf hart kommt, nicht besonders weit her ist.

Was bedeutet das konkret? Es bedeutet, dass wir unser „störrisches Ich", das so oft ganz anders will als Gott, gut im Blick behalten und uns ganz nüchtern der Tatsache stellen, dass es mit unserer Geistlichkeit, wenn es hart auf hart kommt, nicht besonders weit her ist. Es bedeutet, dass wir wachsam unsere Schwächen im Blick behalten und nicht der Illusion verfallen, wir stünden bereits über den Dingen.

Denn wenn wir unsere Anfälligkeiten einfach nicht wahrhaben wollen, sie verdrängen oder schönreden, dann sind wir im wahrsten Sinne des Wortes und dieses Bibelverses ein gefundenes Fressen für den Widersacher Gottes.

Wehret den Anfängen!

Was können wir aber tun, wenn in uns solch ein heftiger Kampf beginnt? Wehret den Anfängen – dieser bekannte Ausspruch beinhaltet viel Wahrheit! Denn am Anfang, beim *ersten* Gedanken, beim *kleinen* Wunsch, beim *einmaligen* Ausrutscher, lässt sich die Reißleine noch verhältnismäßig leicht ziehen. Anders, wenn wir uns als Wiederholungstäter schon in der Leine verheddert haben und bestimmte Abläufe in uns bereits konditioniert sind.

Hier, am Anfang, sitzen wir häufig zwei Lügen auf: Die eine Lüge ist die der Selbstüberschätzung. Wir wähnen uns stabiler, als wir eigentlich sind, und glauben, wir seien stark genug, dem Sog der schädlichen Impulse zu widerstehen. Wir begeben uns in Situationen, von denen wir im Vorhinein bereits wissen, dass sie für uns kritisch werden könnten. Wir spielen mit dem Feuer und wundern uns, wenn wir auf einmal lichterloh brennen.

In der Bibel werden wir immer wieder aufgefordert, vor der Sünde zu fliehen. Wenn wir diese Fluchtimpulse in uns spüren (und wir haben sie durch den Geist Gottes in den entscheidenden Momenten eigentlich immer in uns), dann sollten wir die Beine in die Hand nehmen und gucken, dass wir wegkommen. Aus sicherer Entfernung, wenn wir wieder einen klaren Kopf haben, merken wir ganz schnell, wie hirnrissig das ganze Unterfangen war und wie viel wir aufs Spiel gesetzt hätten.

In solch brenzligen Situationen sollten wir uns auch auf keine inneren Diskussionen einlassen. Wir haben ja momentan gar keinen sicheren Stand und deswegen auch nicht genug Kraft, uns in einem Schlagabtausch mit dem Widersacher zu behaupten. Die Diskussionen beginnen fast immer mit der uralten Frage: „Sollte Gott gesagt haben?“ Oder mit: „Aber Gott will doch auch, dass du glücklich, erfüllt und zufrieden bist und dass du Freude am Leben hast, deswegen kannst du jetzt auch …“ Oder: „*So* schlimm ist das ja nun wirklich nicht, andere leisten sich da noch ganz andere Sachen.“ Wir lassen es zu, dass mit solchen fadenscheinigen Argumenten die Autorität Gottes unterwandert wird. Ehe wir uns versehen, hat die Sünde uns an die Wand diskutiert.

Sind wir uns tatsächlich unsicher, was Gottes Wort zu „unserem“

Thema sagt, können wir uns erst einmal auf sicheren Boden oder in einen geschützten Raum zurückziehen, um uns in aller Ruhe mit der Angelegenheit auseinanderzusetzen. Die größte Unterstützung sind dabei Menschen, die mit uns gemeinsam Jesus nachfolgen, die uns sehr gut kennen und geistlich gereift sind. Sie bieten uns in unserer Diskussion ein reales Gegenüber, das mit uns das Für und Wider abwägt. Sie achten darauf, dass wir ehrlich sind, uns nichts vormachen, und betrachten vor allem die Situation mit mehr emotionalem Abstand als wir.

Die andere Lüge, der wir am Anfang häufig aufsitzen, ist die Überschätzung der Versuchung. Noch hat die Sünde ja nicht zugeschlagen, noch haben wir den falschen Weg nicht betreten, noch sind wir nicht in unser Unglück gerannt. Noch ist es *nur* eine Versuchung. Mehr eigentlich nicht. Doch der versuchliche Gedanke hat sich so sehr aufgeplustert, er gebärdet sich mit solcher Dreistigkeit und scheint so übermächtig, dass wir *meinen,* wir hätten gegen ihn gar keine Chance. In Wirklichkeit fällt er aber ganz schnell in sich zusammen, wenn wir ihn hier und jetzt in seine Schranken weisen, uns einer ablenkenden Tätigkeit zuwenden und unsere Gedanken auf etwas anderes konzentrieren.

In solchen Momenten ist es hilfreich, das Wort Gottes laut auszusprechen und damit der Lüge, die der Widersacher uns unterjubeln will, etwas entgegenzusetzen. Im Hebräerbrief lesen wir: *„Denn lebendig ist das Wort Gottes, kraftvoll und schärfer als jedes zweischneidige Schwert*" (4,12a). Das laute oder leise Aussprechen von Bibelstellen ist keine Form der Selbstsuggestion, sondern ein kraftvolles und wirksames Kampfmittel, mit dem wir den Feind vom Platz weisen können. Auf diese Weise laufen wir nicht nur weg, sondern leisten auch aktiv Widerstand.

Denn auch dazu sind wir aufgefordert! Der weiter oben zitierte

Bibelvers aus dem Petrusbrief endet ja mit der Ermahnung: „*Leistet ihm* (dem Teufel) *Widerstand in der Kraft des Glaubens*“ (Vers 9). Das Mittel der Wahl, um uns gegen Versuchungen zur Wehr zu setzen, ist der Glaube an einen *liebenden* Gott und das Vertrauen auf den „Ich bin *für* dich da“. Indem wir uns immer wieder neu vergegenwärtigen, dass bei ihm nur Licht und keine Finsternis ist und seine Weisungen das Leben in uns fördern, statt es zu behindern, immunisieren wir uns gegen das zweifelnde „Sollte Gott gesagt haben“. Mit diesem Vertrauen und mit dieser Glaubenskraft können wir die feurigen Geschosse des Bösen auslöschen (Epheser 6,16). Die brennenden Pfeile der Versuchung dringen bei uns gar nicht erst ein.

Wir kämpfen mit unserem Glauben also nicht nur gegen etwas, sondern setzen uns vielmehr für etwas ein.

Wir kämpfen mit unserem Glauben also nicht nur gegen etwas, sondern setzen uns vielmehr für etwas ein. *Für* eine innige, liebevolle Beziehung zu dem „Ich bin für dich da“. Diese Haltung holt uns aus der ängstlichen Fixierung auf die Sünde heraus und richtet unseren Blick wieder auf Jesus. Denn *er* hat die Macht der Sünde gebrochen und nur durch *ihn* können wir überwinden. Und nur in *ihm* können wir unseren sicheren Stand zurückerlangen!

Fallen und wieder aufstehen

So weit die geistliche Wahrheit und das theoretische Wissen, dem ich selbst aber oft genug mit meinem Erleben und Handeln hinterherhinke. Wie oft ziehe ich eben *nicht* rechtzeitig die Reißleine, sondern verheddere mich in aussichtslosen Diskussionen, verdränge, beschönige und überschätze mich und meine Widerstandskraft. Wie oft nehme ich *nicht* die Kraft Gottes in Anspruch, um zu überwinden, sondern lasse alles laufen. Wie oft treffe ich Entscheidungen, die nicht gut sind, und verhalte mich in einer Weise, die mir selbst und anderen schadet.

Manche dieser Entscheidungen werden von mir aus Gedankenlosigkeit getroffen. Andere, weil mich meine Bedürfnisse und Impulse übermannen und ich unfähig bin, sie in gute Bahnen zu lenken. Wieder andere Handlungen waren, wenn auch vielleicht nur unbewusst, dennoch von langer Hand vorbereitet und geplant. Manches tue ich aus tiefster Überzeugung und merke erst später, dass ich einer Lüge aufgesessen bin. Andere Entscheidungen dagegen treffe ich wider besseren Wissens oder gegen meine „eigentliche" Überzeugung. Um die Folgen und Begleiterscheinungen habe ich sehr wohl gewusst und sie als „Kollateralschaden" mit einkalkuliert.

Wenngleich die Bibel Sünde nie verharmlost, weil sie uns *immer* von Gott trennt, gibt es doch Fehlverhalten, welches in unserer Lebenswirklichkeit nicht so schwer wiegt und auch schnell wieder aus der Welt geschafft ist. Da passiert es mir beispielsweise, dass ich auf die Bitte eines anderen sehr unfreundlich und abweisend antworte. An seiner Reaktion merke ich, dass ich ihn mit meiner Unhöflichkeit verletzt habe. Ich entschuldige mich – und damit ist das Thema in der Regel vom Tisch.

Es gibt aber auch Fehlverhalten, das von uns als wesentlich bedeutsamer und folgenreicher erlebt wird. Ein „Tut mir leid" reicht nicht aus, um das, was wir vermasselt haben, wieder geradezubiegen. In schlaflosen Nächten und Momenten, in denen unser Verdrängungsmechanismus nicht auf Hochtouren läuft, bahnt sich unsere Schuld immer wieder den Weg in unser Bewusstsein und gibt keine Ruhe. Das kann uns enorm zu schaffen machen und wir selbst können uns nur schwer verzeihen.

So gab es in meinem „Mutterdasein" einige unschöne Szenen, an die ich mich nur äußerst ungern zurückerinnere. Momente, in denen ich nervlich und kräftemäßig dermaßen am Limit war, dass ich im wahrsten Sinne des Wortes ausgerastet bin. In solchen Momenten habe ich es eben *nicht* geschafft, die Reißleine rechtzeitig zu ziehen, und das hilfreiche Rezitieren von Bibelversen kam mir in solchen Momenten erst recht nicht in den Sinn. Stellvertretend für solche Momente ging mir eine Situation über Jahre hinweg nicht mehr aus dem Kopf.

Es war der Abend eines Urlaubstages im sonnigen Süden und wir kehrten mit unseren Kindern, die damals alle noch im Vorschulalter waren, vom Strand zurück. Ein schöner Tag war das gewesen. Trotzdem: Jetzt waren alle müde, alle waren hungrig, allen klebte Sand und Sonnencreme an jeder möglichen und unmöglichen Stelle und alle waren geschafft, weil es immer noch sehr heiß war. Ich war mit unserem vierten Kind hochschwanger und von daher sowieso nicht gerade auf dem Höhepunkt meiner Belastbarkeit und Schaffenskraft. Aber Beine hochlegen war jetzt nicht angesagt. Wir mussten noch das Abendprogramm absolvieren – da half alles nichts! Während mein Mann schon einmal das Essen zubereitete, duschte ich die Kinder ab und steckte sie in ihre Schlafanzüge. Einer unserer Söhne machte bei dieser Duschaktion ein Riesentheater. Brüllte, als ginge es um sein Leben (wahrscheinlich fühlte es sich für ihn in diesem Moment auch so an). Mir war heiß, mein dicker Bauch war mir im Weg, mir taten die Beine weh und ich war hundemüde. Kurz: Ich war am Ende meiner Kraft und mir lagen die Nerven blank. Und ich war wütend! So unglaublich wütend darüber, dass niemand auf *mich* Rücksicht nahm und nie-

> Genau solche Momente sucht sich der Angreifer aus. Momente, in denen all unser antrainiertes Wohlverhalten zusammenbricht und unsere tiefsten Bedürfnisse und Wünsche an die Oberfläche spülen.

mand meine Grenzen achtete. Wütend, weil ich mich chronisch unterversorgt fühlte und rund um die Uhr funktionieren musste – egal, wie es *mir* ging.

Genau solche Momente sucht sich der Angreifer aus. Momente, in denen wir geschwächt sind. Momente, in denen all unser antrainiertes Wohlverhalten zusammenbricht und unsere tiefsten Bedürfnisse und Wünsche an die Oberfläche spülen. Und so kam es, wie es kommen „musste“: Ich verpasste unserem Sohn eine heftige Ohrfeige (eigentlich war es mehr eine „Hinterkopffeige“). Schon währenddessen wusste ich, dass ich mit meiner Reaktion die Lautstärke des Gebrülls garantiert nicht dezimieren würde, dafür mich aber zu einer Handlung hinreißen ließ, die meinem Sohn und auch mir selbst Schaden zufügen würde. Die Reue ließ dann auch keine Sekunde auf sich warten. Aber es war passiert und diese letzten Minuten würden sich auch nie wieder zurückdrehen lassen.

Ich schnappte mir den kleinen Kerl (der jetzt natürlich erst recht wie am Spieß brüllte), hob ihn aus der Wanne, wickelte ihn in ein Handtuch, nahm ihn in die Arme und wiegte ihn hin und her. Es tat mir so leid! Noch während er herzzerreißend schluchzte, sah ich, dass eine winzige Ecke seines Schneidezahns abgebrochen war. Wahrscheinlich war er durch meinen Schlag auf dem Rand der Wanne aufgekommen – und dabei war's passiert. Kaum sichtbar, aber für mich deutlich genug, um mir einen riesengroßen Schrecken über das, was in mir steckt und wozu ich fähig bin, einzujagen: So nah war ich als Mutter ab einem bestimmten Maß der Überlastung am Thema Kindesmisshandlung dran!

Völlig fertig bat ich ihn um Entschuldigung. Gott sei Dank sind Kinder in der Regel nicht nachtragend, sondern verzeihen schnell und bedingungslos. Aber *mir* gingen solche und ähnliche Szenen lange nicht aus dem Kopf und aus dem Herz. Ich war anscheinend nicht in der Lage, Grenzen *rechtzeitig* zu setzen und gut dafür zu sorgen, dass auch meine Bedürfnisse in ausreichendem Maß Beachtung fanden, damit ich gar nicht erst in den „roten Bereich“ des Kontrollverlustes geriet. Darüber war ich über alle Maßen traurig und beschämt. Ich, die ich meine Kinder von Herzen liebe, ich, die ich „normalerweise“ eine geduldige, liebevolle und sehr verständnisvolle Mutter war und bin – ich hatte solche Ausraster! Ich konnte handgreiflich werden! Ich tat Dinge, die einfach nicht passieren dürfen! Ich schämte mich so sehr! Und das lange, lange Zeit!

Ein Blick in die Bibel zeigt uns, dass wir mit solchem Erleben nicht alleine sind. Denn hier hören wir nicht nur von geistlichen Überfliegern. Im Gegenteil: Wir werden in das Leben von Menschen mit hineingenommen, die fast alle irgendwann im Laufe ihres Lebens massiv schuldig geworden sind. Gott schrieb seine Geschichte mit Mördern, Ehebrechern, Verrätern und Versagern. Genau wie wir kennen diese Menschen die vorübergehenden „Aussetzer“ mit mehr oder weniger schwerwiegenden Konsequenzen. Auch sie kennen die sich anschließenden schlaflosen Nächte, das „Wie konnte ich nur“ und den Wunsch, vor Scham am liebsten im Boden zu versinken. Sie kennen das Vertuschen und Verschweigen, das Sichrechtfertigen und Nicht-wahr-haben-Wollen und den Versuch, sich irgendwie durchzumogeln.

Auch sie kennen die sich anschließenden schlaflosen Nächte, das „Wie konnte ich nur“ und den Wunsch, vor Scham am liebsten im Boden zu versinken. Sie kennen das Vertuschen und Verschweigen, das Sichrechtfertigen und Nicht-wahr-haben-Wollen und den Versuch, sich irgendwie durchzumogeln.

Wenn wir Gottes Wirken an ihnen verfolgen, dann merken wir aber, dass Gott gar keine Personen mit weißer Weste sucht, sondern demütige Menschen, die um ihre Sündhaftigkeit wissen, begangene Schuld bekennen und Gott um Vergebung bitten. Entscheidend – das sehen wir an ihrem Leben – ist nicht die Sünde an sich (wiewohl hier wahrlich nichts schöngeredet wird), sondern die Art und Weise, wie mit Schuld im Leben umgegangen wird.

Die bekannteste Geschichte zu diesem Thema finden wir im Alten Testament. Sie handelt von König David, der zum Ehebrecher und Mörder wurde (1. Könige 11,1-27). Seine Geschichte ist für uns wie ein Spiegel für unsere Unfähigkeit, der Verlockung unguter Impulse, die aus unserem Innern aufsteigen, zu widerstehen, sowie für unsere Uneinsichtigkeit, mit der wir uns und andere immer tiefer reinreiten. Seine Geschichte ist aber auch ein Beispiel dafür, was passieren kann, wenn Gott sich uns in den Weg stellt und nicht zulässt, dass wir uns und anderen weiterhin etwas vormachen. Davids Begegnung mit dem Propheten Nathan, der ihn unerschrocken, aber auch sehr klug durchdacht auf sein Vergehen anspricht, lässt Davids raffiniert errichtetes Lügengebäude im Nu zusammenstürzen (2. Samuel 12,1-12). Die Krise, in die David infolge seines unbedachten Handelns mit all den schlimmen Konsequenzen stürzt, ist existenziell und reicht tief (2. Samuel 12,13-23). Von ihm ist uns ein Bußpsalm (Psalm 51) überliefert, der uns Einblick in seine Zerrissenheit gibt, in seine Schamgefühle und in seinen Wunsch, von seiner Schuld gereinigt zu werden:

> *Wasch meine Schuld von mir ab, und mache mich rein von meiner Sünde! Denn ich erkenne meine bösen Taten, meine Sünde steht mir immer vor Augen. Gegen dich allein habe ich gesündigt, ich habe getan, was dir missfällt. Erschaffe mir, Gott, ein reines Herz, und gib mir einen neuen, beständigen Geist.*
>
> Psalm 51,4-6a.12

Wenn unsere Abwehrmechanismen, mit denen wir unsere Schuld zu rechtfertigen versuchen, außer Kraft gesetzt werden, kann uns tiefes Entsetzen über uns selbst, über die Abgründe, die in uns schlummern, und über all die Handlungen, zu denen wir fähig sind, packen. So schlimm diese Momente auch sind, so wichtig und so heilsam sind sie doch! All unsere Selbstgerechtigkeit, all unser Stolz, all unser „Ich brauch dich nicht, ich schaff das alleine", all unser unbarmherziges Verurteilen jener Menschen, die stolpern und fallen, verfliegen in solchen Momenten. Wir kommen als Bedürftige zu Gott, die allein von seiner unverdienten Gnade und Zuwendung leben. Und die unfassbare Liebe, mit der sich Gott uns zuwendet, uns seine Hand entgegenstreckt und uns wieder aufhilft, erfahren wir gerade in solchen Momenten.

Aufgrund des von mir erzählten Beispiels weiß ich aber auch, wie schwer es ist, diese unverdiente Liebe und Annahme anzunehmen. Weiß, wie sehr gerade Schuldgefühle und Selbstvorwürfe uns zusetzen und davon abhalten können, Vergebung und Gnade zu empfangen. Wie Scham vom Feind benutzt wird, um uns daran zu hindern, Befreiung zu erfahren. Wie Selbstverdammnis uns quälen und kleinhalten kann, weil sie uns immer wieder zuflüstert: „Du hast es nicht verdient!" – „Du bist ein schlechter Mensch!" – „Das, was du getan hast, lässt sich doch nie wiedergutmachen – du machst es dir mit dieser ‚Vergebungssache' viel zu einfach!"

In solchen Momenten spüren wir etwas von der unglaublich zerstörerischen Macht der Sünde. Die Tat ist das eine und bereits schlimm genug – aber was sie nach sich zieht und was sie mit unserem Inneren macht, das ist häufig noch weitaus schlimmer. Wenn wir jetzt nicht „die Kurve kriegen", treiben uns unsere Schuld und die Scham über unsere abgrundtiefe Schlechtigkeit immer weiter weg von Jesus. Spätestens jetzt gilt es, umzudrehen, uns einfach nur in seine weit geöffneten Arme zu werfen und das „Für dich" wieder neu anzunehmen. Anzunehmen, dass die Macht der Sünde ein für alle Mal am Kreuz gebrochen wurde! Anzunehmen, dass wir von Gott, dem obersten Richter, frei- und gerecht gesprochen wurden! Es gilt, diese geistlichen Tatsachen sehr demütig, aber auch sehr entschlossen anzunehmen und alles in uns, was dem noch widersprechen will, in die Schranken zu weisen.

Hinfallen – Betroffenheit über unser Versagen empfinden – Schuld bekennen – Vergebung empfangen – wieder aufstehen und als Befreite fröhlich weitergehen.

Hinfallen – Betroffenheit über unser Versagen empfinden – Schuld bekennen – Vergebung empfangen – wieder aufstehen und als Befreite fröhlich weitergehen.

Hinfallen ...

Das ist der ganz normale Ablauf, wenn wir geistlich und gesund mit Schuld und Versagen in unserem Leben umgehen wollen. Das sollte die ganz normale, sich ständig wiederholende Lebenswirklichkeit eines *jeden* Christen sein und nicht nur die Beichtpraxis von besonders problematischen Seelsorgefällen. Dieser Prozess kann sich zigmal im Laufe eines Tages wiederholen – das ist für Gott überhaupt kein Problem. Die ständige Wiederholung dieser Schritte tut auch unserem geistlichen Wachstum keinen Abbruch. Im Gegenteil!

Unser Wachstum wird jedoch dann blockiert, wenn wir meinen, wir hätten diese tägliche Seelenhygiene gar nicht mehr nötig oder wenn wir an irgendeiner Stelle stecken bleiben und nicht weitergehen. Wir fallen, aber statt tief betroffen über die begangene Sünde zu sein, verharmlosen oder verdrängen wir sie und winden uns heraus. Oder wir geben, statt unsere Schuld zu bekennen und um Vergebung zu bitten, der Scham in unserem Leben Raum. So, wie ich es lange Zeit getan habe. Wir meinen, „so etwas“ würde nur uns passieren und dieser Ausrutscher sei unverzeihlich. Wir treten nicht in das barmherzige Licht Gottes, sondern verkriechen uns. Statt Vergebung zu empfangen, quälen wir uns mit Selbstvorwürfen und können uns nicht vergeben. Statt wieder aufzustehen und fröhlich weiterzugehen, bleiben wir liegen und geben auf, weil uns „das“ schon wieder passiert ist und wir das Ding anscheinend nie in den Griff bekommen.

Egal, an welcher Stelle wir stecken bleiben: Jedes Mal, wenn wir nicht bis zum Ende, bis zur Vergebung, durchdringen, bleiben wir als Gebundene zurück, deren weiteres Wachstum behindert wird. Wenn wir aber Vergebung zulassen, dann ist Jesus, so lesen wir im 1. Johannesbrief, *„treu und gerecht; er vergibt uns die Sünden und reinigt uns von allem Unrecht“* (Kapitel 1,9). Unser Wachstum kann ungehindert weitergehen!

Einen Weg bahnen

Es gibt Situationen in meinem Leben, die gehen mir nicht aus dem Sinn. Situationen, in denen ich schuldig geworden bin – an Gott, an meinen Mitmenschen und an mir selbst. Meistens gelingt es mir, mein Fehlverhalten zu verdrängen. Aber da gibt es auch Momente, in denen mir alles wieder vor Augen steht und ich mich selbst mit Vorwürfen überschütte. Ich erkenne, dass ich mit dieser Selbstanklage dem Feind die Hand reiche und ihm erlaube, noch weiter in mein Lebenshaus einzudringen. Das möchte ich nicht mehr zulassen. So ich es noch nicht getan habe, werde ich nun die Vergebung, die Jesus mir anbietet, empfangen. Er hat dafür sein Leben gelassen – das kann ich nur dankbar und staunend anneh-

men. Ich werde immer wieder neu bekennen, dass ich nun als begnadigter Sünder vor Gott und den Menschen stehe und nichts und niemand mehr das Recht hat, mich anzuklagen. Dieses Bekenntnis werde ich immer wieder und so lange sprechen, bis es auch mein tiefstes Innerstes kapiert hat. Ich bin frei!
An anderen Stellen meines Lebens habe ich mich an die Sünde bereits gewöhnt. Sie hat sich zu einem Zeitpunkt, als ich unachtsam war, bei mir eingenistet und sich häuslich niedergelassen. Nachdem ich sie anfangs mehrfach gebeten habe, wieder zu verschwinden, habe ich irgendwann aufgegeben, weil da einfach nichts zu machen war. Inzwischen habe ich sie als Mitbewohnerin toleriert. Ich muss mir nur oft genug einreden, dass ihre Anwesenheit schon okay ist, dass sie mir nicht schadet und sie eigentlich auch ganz umgänglich ist. Aber damit mache ich mir etwas vor! Denn wenn ich ehrlich bin, verbreitet sie in meinem Lebenshaus einen unangenehmen Geruch und hinterlässt überall ihre Spuren. Sie hält Räume besetzt, die ich eigentlich dringend für anderes benötige, und verhindert durch ihr lautes Krakèelen oft genug, dass ich mich auf die wichtigen Dinge meines Lebens konzentrieren kann. Nicht selten steht sie unangemeldet in meinem Zimmer und hält mich von meiner Arbeit ab.
Heute will ich diesem unliebsamen Untermieter noch einmal entgegentreten und ihn erneut vor die Tür setzen. Es tut mir unendlich leid, dass ich ihm überhaupt Zutritt zu meinen Räumlichkeiten gewährt habe. Der angerichtete Schaden wird mir erst jetzt richtig bewusst! Aber nun werde ich Abschied nehmen, die Räume gut durchputzen, alle Spuren beseitigen, Beschädigtes, so gut es geht, wieder instand setzen und gründlich durchlüften.
Und dann werde ich Jesus fragen, ob er nicht bereit wäre, in diese frei gewordenen Räume einzuziehen. Wie ich ihn kenne, täte er

nichts lieber als das! Darüber bin ich unendlich froh. Denn, das habe ich mittlerweile erkannt, mein Lebenshaus wird nur dann zu dem, was es sein kann, wenn er mit mir gemeinsam darin wohnt!

Zum Nachlesen

Psalm 32; Psalm 34,6; Psalm 103,8-13; Jesaja 44,22; Micha 7,18-19; Matthäus 12,43-45; Römer 6,1-14; Epheser 6,10-18; Jakobus 1,12-17; Jakobus 4,6-9; 1. Johannes 1,8-2,2; 1. Johannes 4,4.

Kapitel 11

Vergebung gewähren und loslassen

Wer einen Menschen verurteilt, kann irren.
Wer ihm verzeiht, irrt nie.
Karl Heinrich Waggerl

Ich könnte platzen vor Wut. Was diese Person sich geleistet hat, ist an Dreistigkeit, Selbstsucht und Gedankenlosigkeit wirklich nicht mehr zu überbieten! In mir pocht der Schmerz über erlittenes Unrecht und grenzenlose Enttäuschung macht sich in mir breit. Ich kann nur hoffen, dass ich diesem Menschen nicht plötzlich und unerwartet gegenüberstehe. Entweder bekäme ich dann Herzrasen und Schweißausbrüche und würde so schnell wie möglich das Weite suchen, oder ich würde zu einer verbalen Attacke übergehen, die es dermaßen in sich hätte, dass ich meine Worte vermutlich schon bald bitterlich bereuen würde. Wieder und wieder schimpfe ich auf langen Spaziergängen vor mich hin; bin wütend auf diese Person, bin wütend auf mich, weil ich das Ganze nicht eher habe kommen sehen, und wütend auf Jesus, der das Unheil nicht verhindert hat. Überhaupt: Jesus! Inmitten meiner grenzenlosen Traurigkeit und Wut fallen mir seine Worte zum Thema Vergebung ein. Ich weiß aber im Moment nur eines: Vergeben kann ich jetzt nicht und vergeben *will* ich jetzt auch nicht!

Trotz oder gerade wegen meiner Verweigerungshaltung schiele ich immer wieder zu Jesus hin und warte nur darauf, dass er mir jetzt sagt, dass ich aber vergeben *muss*. Dass *er* ja auch … usw., usw. Der ganze fromme Kram eben, den ich jetzt aber absolut nicht hören will. Doch der fromme Kram kommt nicht. Jesus hört mir immer nur zu und … lässt mich in Ruhe. Versteht mich, tröstet mich, aber lässt mein Denken und Reden ansonsten unkommentiert. Das geht eine ganze Zeit lang so.

Währenddessen geht mein Leben weiter und der Alltag, mit all seinen Anforderungen, verlangt meine volle Aufmerksamkeit. Ich bin abgelenkt, andere Ereignisse schieben sich vor diese üble Erfahrung und meine Seele kommt nach und nach etwas zur Ruhe. *Ich* komme zur Ruhe. Zeit heilt eben *doch* Wunden, zumindest ein bisschen, zumindest an der Oberfläche. Aber tief in mir sitzt immer noch und unverändert der bohrende Schmerz, und ich weiß, dass da etwas nicht in Ordnung ist. Weiß, dass ich auf Dauer mit „diesem Ding" nicht herumlaufen kann und will. Irgendwie stört es mich. Also mache ich mich nach etlichen Wochen (oder sind es Monate?) langsam und vorsichtig auf Richtung Jesus und frage ihn (ganz unverbindlich und nur probehalber), wie das denn mit der Vergebung gehen könnte. Es wird ein langes Gespräch. In diesem Gespräch wird mir deutlich, dass es für mich sehr wichtig wäre, der Person, die mich so sehr verletzt hat, zu sagen, was ihr Verhalten mit mir gemacht hat. Denn das Aussprechen meiner Empfindungen ist – das wird mir nun klar – in dieser Situation eine wesentliche Voraussetzung, um den Vergebungsprozess bei mir in Gang zu bringen.

Tief in mir sitzt immer noch und unverändert der bohrende Schmerz, und ich weiß, dass da etwas nicht in Ordnung ist.

Mit diesem Impuls von Jesus habe ich eigentlich nicht gerechnet. Ich brauche mich also nicht zu ducken, muss nicht einfach nur schlucken und alles hinnehmen, sondern darf mich aufrecht hinstellen und mich und meine Gefühle zu Wort kommen lassen. Aber Jesus mahnt mich auch, den anderen dabei nicht mit Vorwürfen zu attackieren, sondern ausschließlich etwas von *mir* und *meinem* Ergehen mitzuteilen. „Ein Hühnchen mit dem anderen rupfen" – das ist nicht meine Sache, sondern das wird *er* zu gegebener Zeit erledigen.

Da sich in den vergangenen Wochen, in denen ich meinen Schmerz wieder und wieder vor Jesus ausgebreitet habe, in mir bereits etwas verändert hat, bin ich dazu jetzt auch in der Lage. Ich kann meinem Schmerz Ausdruck verleihen, ohne den anderen anzugreifen oder ihn mit Anklagen zu überhäufen. Ich tue das schriftlich, weiß ich doch, dass mir diese Vorgehensweise hilft, „bei mir" zu bleiben und nicht doch in einen verbalen Schlagabtausch zu geraten und dann im Eifer des Gefechts Verletzendes zu sagen, was ich hinterher bereue. Das Aufschreiben hilft mir, meine Gedanken und Gefühle zu sortieren und zu benennen – und das tut gut und entlastet mich.

Der andere schreibt mir recht bald zurück. Überraschend ehrlich, überraschend einsichtig, überraschend klar in der Darstellung seiner Beweggründe, überraschend … Ja, ich weiß gar nicht so recht, wie ich's sagen soll: Er ist irgendwie weniger böse, fies und gemein, als ich dachte, dass er sei. Mein Feindbild erhält erste Kratzer und Risse und ich bekomme eine vorsichtige Ahnung von *seiner* Sicht auf die Dinge. Gutheißen kann ich das Ganze deswegen noch lange nicht, aber zumindest etwas verstehen, wie es dazu kommen konnte. Es geht hin und her, und irgendwann ist von meiner Seite aus erst einmal alles gesagt, was es zu sagen gibt. Ich habe den Eindruck, dass das mit der Vergebung nun durchaus klappen könnte. Zumindest ist in mir jetzt die Bereitschaft da, dass Vergebung in mir wachsen kann, und ich blocke nicht mehr komplett ab, so wie ich es anfangs tat.

Was noch aussteht, ist eine „leibhaftige" Begegnung mit dieser Person. Ich bin mir allerdings nicht sicher, ob ich das schon so hinkriege. Weiß nicht, ob meine Emotionen bereits mitspielen, auch wenn mein Verstand und mein „geistliches Ich“ durchaus schon einige Schritte weiter sind. Wieder verstreichen einige Monate, in denen mir solch eine Begegnung noch erspart bleibt und meine Seele ein bisschen Zeit hat, zu heilen. Zeit, in der Vergebung in mir weiterwachsen kann. Doch irgendwann ist es dann so weit. Ich weiß, dass ich diese Person treffen werde. Wir sind beide auf einer größeren Feier eingeladen – groß genug, dass wir uns die ganze Zeit aus dem Weg gehen könnten. Aber irgendwie will ich das jetzt gar nicht mehr. Mich hat inzwischen so etwas wie ein geistlicher Kampfgeist erfasst und ich will's wissen. Will wissen, ob diese ganze Geschichte mit der Vergebung wirklich stimmt. Ob sie auch unter erschwerten Bedingungen funktioniert. Ob Versöhnung tatsächlich möglich ist. Ob der Satz, dass Jesus uns frei macht und Ketten sprengt, wahr ist – auch dann, wenn's knüppeldick kommt. Oder ob das alles nur fromme Luftschlösser sind, die der Wirklichkeit nicht standhalten und bei der ersten Bewährungsprobe sofort in sich zusammenfallen.

Ich bitte ein paar enge Freunde, mitzubeten, mich damit auf diese Begegnung geistlich vorzubereiten, und hänge mich an Jesus dran. Am liebsten würde ich mich hinter seinem Rücken verstecken, so groß ist meine Angst vor dem Wiedersehen!

Was dann geschieht – darauf bin ich in meinen kühnsten Träumen nicht vorbereitet. Ich wache an besagtem Tag morgens auf und … bin frei. Ich fühle mich, als wäre über Nacht etwas von meiner inneren Festplatte gelöscht worden. Ich versuche, mich an das schmerzhafte Ereignis zu erinnern, versuche sogar, den Schmerz zu rekapitulieren (ähnlich, wie man morgens nach dem Aufwachen vorsichtig den Kopf bewegt, um zu spüren, ob der Kopfschmerz, mit dem man abends zu Bett gegangen ist, noch da ist), und merke: Da ist nichts mehr. Da „kommt“ nichts mehr. In diesem Moment bekomme ich eine Ahnung von der geistlichen Sprengkraft, die durch Gottes Geist in mir und in uns allen steckt. Eine Kraft, die alles, wirklich alles, möglich macht. Mit dieser geistlichen Sprengkraft im Herzen gehe ich auf die Feier. Biete dem Widersacher Gottes die Stirn und zeige ihm die rote Karte. Meine Angst vor einer Begegnung ist kaum noch vorhanden, und ich kann ganz offen auf diese Person zugehen, welche etwas verunsichert herumsteht und nicht so recht weiß, wie sie sich verhalten soll. Diesem Menschen, dem ich vor vielen, vielen Monaten die Pest an den Hals gewünscht habe, kann ich nun in die Augen schauen, ihn entspannt und unbefangen begrüßen und mit ihm ein paar freundliche Sätze wechseln. Ich weiß, dass da mal etwas war, aber das Gewesene beeinträchtigt mich nicht länger, es interessiert mich auch gar nicht mehr und tut erst recht nicht mehr weh. Unfassbar!

In diesem Moment bekomme ich eine Ahnung von der geistlichen Sprengkraft, die durch Gottes Geist in mir und in uns allen steckt. Eine Kraft, die alles, wirklich alles, möglich macht.

Ein Weg der Vergebung, so wie ich ihn zuletzt vor einigen Monaten gegangen bin. Ein holpriger Weg. Ein langer Weg. Aber ich bin ihn gegangen. *Wollte* ihn irgendwann auch gehen. Weil sich in meinem Leben die Sache mit Jesus – auch und gerade, wenn's hart auf hart kommt – bewahrheiten soll!

Leben aus der Gnade

Wunsch und Aufforderung, anderen Menschen zu vergeben und ihnen ihr Fehlverhalten zu verzeihen, haben ihren Grund in unserer Beziehung zu Gott und auch direkte Auswirkungen auf diese Beziehung. Denn wir leben tagtäglich davon, dass Gott uns vergibt und uns mit Gnade und unverdienter Zuwendung beschenkt. Je länger wir mit Jesus unterwegs sind, umso *mehr* werden wir uns dieser Tatsache bewusst. Denn je mehr wir uns mit uns selbst, unserem Denken, Fühlen und unseren versteckten Motivationen auseinandersetzen, desto *mehr* Abgründe entdecken wir in uns.

Dachten wir anfangs vielleicht noch, ein bisschen Symptomkosmetik würde ausreichen, um uns zu einem halbwegs passablen Christen zu machen, entdecken wir mit zunehmend geistlicher Reife mehr und mehr unsere Hilflosigkeit gegenüber den unguten Impulsen, die immer wieder in uns aufsteigen. Ich merke jedenfalls im Laufe der Jahre immer deutlicher, dass ein bisschen guter Wille nicht ausreicht, um den zerstörerischen Auswirkungen der Sünde zu entkommen. Doch gerade diese sehr demütigende Erkenntnis über meinen eigenen hoffnungslosen Zustand führt mich immer tiefer in ein Leben hinein, welches nicht aus eigener Kraft und Anstrengung bewältigt, sondern von der befreienden Gnade Gottes getragen wird. Führt mich paradoxerweise in die Freiheit, in die Gelassenheit und Freude!

Weil die Gnade Gottes unser Lebenselixier ist, sind auch wir aufgefordert, anderen zu vergeben. Leben wir zutiefst aus dem Bewusstsein, Begnadigte zu sein, dann ist das die logische Folgerung: Wir wurden großzügig mit Freiheit und Gnade beschenkt und sollen unsererseits nun nicht knauserig, geizig oder berechnend sein, sondern uns auch anderen gegenüber großzügig zeigen. Das, was wir haben, wurde von uns ja nicht erarbeitet oder verdient – welches Recht hätten wir also, anderen etwas zu verweigern oder Gegenleistungen von ihnen zu fordern?

Aber, das weiß ich auch: So einfach und selbstverständlich ist das nicht! Anderen Menschen ihr Fehlverhalten zu vergeben – vor allem dann, wenn ich selbst mitbetroffen bin –, gehört mit zu den größten Herausforderungen, die mir mein geistliches Leben stellt!

Von Herzenshärte befreit werden

Dass wir uns mit der Vergebung so schwertun, mag daran liegen, dass uns die oben beschriebene Selbsterkenntnis fehlt. Wir haben eben *keinen* klaren Blick für unsere abgrundtiefe Verlorenheit, sondern verschließen die Augen vor unserem Zustand. *Eigentlich* finden wir uns ganz patent: Wir sind anständige Leute, nette Nachbarn, gute Eltern und Kinder, machen unsere Arbeit vernünftig und bringen uns ehrenamtlich in Gesellschaft und Gemeinde ein. Gut, so ab und an leisten wir uns den einen oder anderen Schnitzer, aber das ist schließlich normal! Wenn man einmal von diesen Kleinigkeiten absieht, haben wir uns wenig zuschulden kommen lassen – so meinen wir.

Aber das ist eine grobe Fehleinschätzung unseres Zustandes, eine Einschätzung, die Gottes Sicht über uns nicht entspricht. Diese verzerrte Perspektive führt dazu, dass wir selbst-gerecht sind: Statt unsere Gerechtigkeit von *Gott* zu bekommen, leben wir von *unserer* Gerechtigkeit und *unserem* vermeintlichen Gutsein. Christlich sozialisiert, wie wir sind, wissen und bejahen wir natürlich durchaus, dass wir Vergebung von Gott brauchen. Aber in der Tiefe unseres Herzens hat uns dieses Wissen nicht erfasst und wir kämen eigentlich auch ganz gut „ohne“ aus.

Die logische Folge von solch einer Herzenshaltung ist, dass wir andere, die schuldig werden, gnaden-los verurteilen, mit Unverständnis auf sie und ihr Verhalten reagieren und ihnen die Vergebung verweigern.

Die logische Folge von solch einer Herzenshaltung ist, dass wir andere, die schuldig werden, gnaden-los verurteilen, mit Unverständnis auf sie und ihr Verhalten reagieren und ihnen die Vergebung verweigern. Blind, wie wir sind, fragen wir uns kopfschüttelnd, wie einem „so etwas“ nur passieren kann! Das ist ja nun wirklich unverzeihlich! Wir verhärten immer mehr, was dazu führt, dass die Liebe Gottes in und durch uns nicht mehr fließen kann und unser geistliches Wachstum stagniert.

Im Lukasevangelium wird uns die sehr bekannte Geschichte eines Pharisäers namens Simon erzählt, bei dem Jesus zu Besuch ist (Lukas 7,36-50). Wenn wir unsere frommen Vor-Urteile zum Thema „Pharisäer“ einmal beiseitelegen und uns dieser Person unvoreingenommen nähern, dann ist dieser Pharisäer ein ganz „normaler“, freundlicher, aufgeschlossener Mann. Gut, seine Gastfreundschaft wäre noch ausbaufähig gewesen, die damals übliche Fußwaschung überspringt er einfach. Aber immerhin lädt er Jesus überhaupt zu sich nach Hause ein, und das scheinbar ohne den Vorsatz, ihn zu kompromittieren. Als eine stadtbekannte Sünderin das Haus betritt und voller Emotionen einen innigen, fast schon intimen Kontakt mit Jesus sucht, schmeißt Simon diese Frau auch nicht achtkantig raus – auch das hätte er als Hausherr durchaus tun können.

Nein, er lässt die Frau gewähren und … denkt sich seinen Teil. Doch besonders wertschätzend sind diese Gedanken nicht – weder gegenüber der Sünderin noch gegenüber Jesus! Wahrscheinlich stehen ihm Argwohn und Zweifel ins Gesicht geschrieben, jedenfalls spricht Jesus ihn sofort auf seine Gedanken an. Aber macht er ihn wegen seiner Herzenshärte fertig? Staucht er ihn wegen seiner lieblosen und selbstgerechten Gedanken zusammen? Nein! Wir lesen: „*Da wandte Jesus sich an ihn und sagte: Simon, ich möchte dir etwas sagen*“ (Vers 40). Jesus wird sehr persönlich, schaut Simon an und nennt ihn bei seinem Namen. Wie viel Zuwendung und wie viel Aufmerksamkeit stecken in diesem Satz!

Und dann erzählt er ihm eine Geschichte von zwei Männern, die einem Geldverleiher unterschiedlich hohe Summen schulden. Beiden Männern werden die Schulden erlassen. Wer, so fragt Jesus, wird sich über den nun eingetretenen Zustand der Schuldenfreiheit mehr freuen: der, dem wenig erlassen wurde, oder der andere? Dann macht er Simon mit Blick auf die Frau auf das aufmerksam, was er an ihrem Verhalten so sehr schätzt und achtet. Er beendet seine Ausführungen mit dem Satz: *„Deshalb sage ich dir: Ihr sind viele Sünden vergeben, weil sie mir so viel Liebe gezeigt hat. Wem aber nur wenig vergeben wird, der zeigt auch nur wenig Liebe"* (Lukas 7,47).

Jesus weist Simon (und damit auch uns) auf den Zusammenhang zwischen erfahrener Liebe und Vergebung auf der einen Seite und der Fähigkeit, anderen nun ebenfalls barmherzig zu begegnen, auf der anderen hin. Er geht in dieser Geschichte – das ist uns bekannt – sehr liebevoll mit der Sünderin um. Aber er geht *auch* sehr liebevoll mit dem Pharisäer um. Der „Ich bin *für* dich da" ist *auch* für den Pharisäer da – auf dessen Herzenshärte reagiert Jesus nicht mit der gleichen Härte.

Wenn wir also spüren, dass unsere fehlende Bereitschaft zu vergeben in solch einer Herzenshärte begründet ist, dürfen wir diese Not jederzeit vor Gott bekennen. Er verurteilt uns nicht und weist uns nicht zurück, sondern wird uns, wenn wir ihn darum bitten, gerne verändern.

Ähnliches begegnet uns im Gleichnis vom verlorenen Sohn (Lukas 15,11-32). Die euphorische Reaktion des Vaters über die Rückkehr des missratenen kleinen Bruders erbost den älteren Sohn. *Er* ist all die Jahre zu Hause geblieben, war immer der Brave, hat gearbeitet, was das Zeug hielt, und war stets gehorsam – und jetzt das! Er kann dieses Übermaß an Vergebungsbereitschaft seines Vaters nicht nachvollziehen und fühlt sich in seiner Rechtschaffenheit und Treue nicht ausreichend wertgeschätzt. Dass der Vater nun auch noch eine rauschende Wiedersehensfeier für den Bruder organisiert, bringt das Fass zum Überlaufen! Er weigert sich, an der Feier teilzunehmen. Und was tut der Vater? Er begibt sich nach draußen zum älteren Sohn, der nicht ins Haus kommen möchte. Er geht ihm nach (etwas, was er bei dem jüngeren Sohn *nicht* getan hat), hört sich geduldig seine verbitterten Vorwürfe an und, so heißt es im Text, redet ihm *gut* zu. Er macht „seinen Großen" wegen seiner Herzenshaltung nicht zur Schnecke, sondern sagt: *„Mein Kind, du bist immer bei mir, und alles, was mein ist, ist auch dein!"* Er reagiert sanft und liebevoll und versucht so, den Sohn zurechtzubringen.

Wie bei diesem älteren Sohn ist auch mein Herz für die Größe der Vergebungsbereitschaft Gottes oftmals viel zu klein, weil ich selbstgerecht und geistlich „kleinkariert" bin oder mich ungerecht behandelt fühle. Ich sitze dann beleidigt in meiner Ecke und verweigere anderen die Vergebung, die ihnen meiner Meinung nach überhaupt nicht zusteht. Damit schade ich aber nicht nur dem anderen, sondern vor allem mir selbst. Denn ich versage in erster Linie mir selbst die Freiheit und Freude, die Gott mir so gerne schenken möchte. Wie gut, dass Jesus mich dann nicht in meiner Ecke sitzen lässt, sondern voller Liebe auch zu mir kommt, mir seine Hand entgegenstreckt, mir aufmunternd zulächelt und sagt: „Komm, mach es dir selbst doch nicht so schwer!"

Verletzungen ernst nehmen

Häufig liegt der Grund für meinen Mangel an Vergebungsbereitschaft allerdings nicht in meiner „geistlichen Kleinkariertheit", sondern eher darin, dass andere Menschen mich so tief verletzt haben, dass ich einfach nicht darüber hinwegkomme. Für unser geistliches Wachstum und unsere innere Freiheit ist es ganz wichtig, hier noch einmal genauer hinzuschauen. Denn unbehandelte Verletzungen und unvergebene Schuld können uns nachhaltig blockieren. Das Ganze ist dann wie ein Krebsgeschwür, welches alles Gesunde, alles Starke, alles geistliche Leben in uns angreift und vernichtet.

Es handelt sich dabei nicht um einen moralischen Appell, dem wir als gute Christen pflichtbewusst nachkommen müssten, sondern es geht bei einem Lebensstil der Vergebung ganz existenziell um unsere eigene geistliche Gesundheit!

Deswegen legt Jesus so viel Wert darauf, dass wir vergeben: Es handelt sich dabei nicht um einen moralischen Appell, dem wir als gute Christen pflichtbewusst nachkommen müssten, sondern es geht bei einem Lebensstil der Vergebung ganz existenziell um unsere eigene geistliche Gesundheit!

Jede Wunde jedoch muss, bevor sie abheilen kann, gründlich gesäubert und verbunden werden. Der darauf folgende Heilungsprozess geht manchmal sehr flott, kann aber durchaus auch längere Zeit beanspruchen. So manche Verletzung muss wieder und wieder verarztet werden, bis endgültig gesundes Gewebe nachgewachsen und die betroffene Stelle ganz geschlossen ist.

Auch innere Heilungsprozesse gehen mitunter zügig voran und wir können den betreffenden Personen bald von ganzem Herzen vergeben. Manchmal zieht sich dieses Geschehen aber über einen längeren Zeitraum hin. Wenn wir jetzt nur vergeben, weil es von uns verlangt wird, obwohl unser Inneres noch eine ganz andere Sprache spricht, dann machen wir uns etwas vor. Deswegen ist es bisweilen sinnvoller, von einem *Prozess* der Vergebung zu sprechen.

Am Anfang dieses Prozesses steht das Erlebnis oder das gesprochene Wort, welches uns so sehr verletzt hat. Das kann eine einmalige Sache gewesen sein oder ein immer wiederkehrendes Fehlverhalten eines anderen Menschen. Damit wir diese Situationen verarbeiten und bis zur Vergebung durchdringen, benötigt diese Verletzung in uns erst einmal unsere Aufmerksamkeit. Dabei sollten wir darauf achten, dass wir das erfahrene Unrecht nicht kleinreden. Was wir ganz subjektiv als schmerzhaft und verletzend erlebt haben, das *ist* erst einmal so und darf auch so sein. Wir brauchen hier nichts zu relativieren oder dem Vergleich auszusetzen. Schmerz lässt sich nicht vergleichen, sondern ist etwas sehr Subjektives.

Häufig tue ich aber genau das Gegenteil: Ich schenke der Verletzung *keine* Beachtung, sondern weigere mich, noch einmal einen Blick auf das Ganze zu werfen. Das mag daran liegen, dass ich keine Zeit und Möglichkeit habe, mich intensiver mit meinen Gefühlen auseinanderzusetzen. Die Ereignisse überschlagen sich und fordern von mir, dass ich reagiere und funktioniere. Es kann auch sein, dass der Schmerz so groß ist, dass ich partout nicht an das Erlebte erinnert werden will. Ich nehme dann eine Schonhaltung an und meine, es sei am besten, gar nicht an dieser Sache zu rühren.

Früher lag meine Abwehrhaltung häufig auch darin begründet, dass ich der Überzeugung war, ich *dürfte* als guter Christ die Gefühle, die mit dem Ereignis einhergingen, eigentlich gar nicht haben. Ich *dürfte* nicht wütend, enttäuscht, verletzt, verärgert oder erbost sein. Vergeben war bei mir dann oft ein Synonym für „alles herunterschlucken“ oder „verdrängen“.

Der Grund für unser Verhalten liegt möglicherweise auch darin, dass wir uns selbst nicht ernst nehmen und sehr streng mit uns umgehen. Wie ein liebloser Erzieher zu dem Kind sagt: „Nun stell dich nicht so an, so schlimm ist das Ganze doch nicht! Hör auf zu heulen und reiß dich mal ein bisschen zusammen!", so reden wir auch mit uns selbst.

Was auch immer unsere Beweggründe sind: Dieses Ignorieren *kann* gelingen und dazu führen, dass sich „das Ding" tatsächlich von selbst erledigt und wir die Situation irgendwann komplett vergessen. Falls sie uns doch noch einmal einfällt, löst die Erinnerung trotzdem keinerlei negativen Emotionen mehr in uns aus.

Der Versuch, zu ignorieren oder zu verdrängen, misslingt aber auch ganz oft. Bei mir ist dieses „Augen zu und durch" in der Regel jedenfalls nicht besonders erfolgreich. Meine Erinnerung katapultiert die verletzenden Worte oder Taten doch immer wieder in mein Bewusstsein. Ich bin dann stets aufs Neue total empört, verärgert, wütend und aufgebracht. Vielleicht begegne ich der betreffenden Personen auch unverhofft und merke: In mir zieht sich in ihrer Gegenwart immer noch alles zusammen und das Alte kommt mir mit ganzer Wucht wieder entgegen.

Solche Reaktionen können uns veranlassen, dieser Wunde doch noch einmal unsere Aufmerksamkeit zu schenken. Das bedeutet *nicht*, dass wir die verletzende Situation wieder und wieder vor unserem inneren Auge ablaufen lassen und uns in unsere Gefühle hineinsteigern. Unser Ziel ist *nicht* das Herumbohren in alten Wunden, sondern die Heilung, Befreiung und Vergebung. Dieses Ziel sollten wir während des ganzen Prozesses fest im Auge behalten und alles andere darauf ausrichten.

Daher ist es für mich sehr hilfreich, wenn ich mir für die Bearbeitung dieses Themas einen festen Rahmen und feste Zeiten gebe. Ich verhindere damit, dass ich mich in meinen Schmerz hineindrehe und pausenlos damit beschäftigt bin. Unsere Seele braucht zwischendurch auch immer wieder Zeit, um Luft zu holen. In jedem Heilungsprozess gibt es aktive Phasen, in denen wir uns intensiv mit der Verletzung beschäftigen, und passive Phasen, in denen wir uns anderen Themen und Tätigkeiten zuwenden.

Solche festgesetzten Zeiten können unsere Gebetszeiten sein, ein Stilletag, ein Einkehrwochenende, Zeit mit einem Seelsorger oder Ähnliches. In so einem geschützten und klar definierten Rahmen haben wir Raum, uns noch einmal intensiv mit dem Geschehen auseinanderzusetzen. Dabei helfen Fragen wie:

- Was genau hat mich an dem, was vorgefallen ist oder gesagt wurde, so sehr verletzt?
- *Warum* hat mich das so sehr getroffen? Welche tieferen Schichten wurden dabei bei mir angerührt? Gibt es vielleicht etwas Altes, nicht Verarbeitetes in mir, was durch diese aktuelle Situation reaktiviert wurde? Was könnte ich tun, damit dieses Alte nicht immer wieder aufbricht?
- Gäbe es vielleicht auch einen anderen Blickwinkel auf die Situation? Hat sich das Reden oder Verhalten des anderen tatsächlich gegen mich als Person gerichtet oder war ich eigentlich gar nicht gemeint?
- Müsste ich mit der betreffenden Person noch etwas besprechen oder klären?
- Wäre es für diese Klärung wichtig, dem anderen meine Betroffenheit zu schildern und ihm zu sagen, wie sehr er mich verletzt hat?

Solche oder ähnliche Fragen können uns helfen, konstruktiv und zielgerichtet das Thema zu bearbeiten, statt stundenlang nur herumzugrübeln und uns dabei im Kreis zu drehen. Es geht darum, dass wir das, was uns verletzt hat, benennen und aussprechen. Vor Gott können wir das allemal tun, und zwar einschließlich all der Emotionen, die damit einhergehen.

Das gilt auch und gerade für Dinge, bei denen sich die oben aufgeführten Fragen erübrigen, weil das, was uns verletzt und schweren Schaden zugefügt hat, klar auf der Hand liegt. Ich denke an Traumata, die uns in der Kindheit zugefügt wurden und die uns für unser Leben gezeichnet haben. Aber auch als Erwachsene waren wir vielleicht irgendwann schweren Übergriffen, seelischer oder körperlicher Gewalt oder Missbrauch ausgesetzt. Hier ist der Weg der Vergebung – wenn Gott nicht ein Wunder in uns wirkt – häufig ein sehr, sehr langer und wir sollten ihn geduldig mit uns gehen. Ein beständiger Begleiter auf diesem Weg ist Gott selbst, dem wir alles, wirklich alles, sagen dürfen. Bei ihm dürfen wir allen Schmerz und alle Wut über das, was uns angetan wurde, herausschreien. So wie es der Psalmist tut:

> *Gott, den ich lobe, schweige doch nicht! Denn ein Mund voll Frevel, ein Lügenmaul hat sich gegen mich aufgetan. Nur gering sei die Zahl seiner Tage, sein Amt soll ein anderer erhalten. Seine Kinder sollen zu Waisen werden und seine Frau zur Witwe. Unstet sollen seine Kinder umherziehen und betteln, aus den Trümmern ihres Hauses vertrieben. Niemand sei da, der ihm die Gunst erweist, keiner, der sich der Waisen erbarmt. Er liebte den Fluch – der komme über ihn; er verschmähte den Segen – der bleibe ihm fern. So lohne es der Herr denen, die mich verklagen, und denen, die Böses gegen mich reden!*
>
> Psalm 109,1.8-10.12.17.20

So verwünscht jemand in den Psalmen seinen Feind, der ihn in höchste Bedrängnis gebracht hat. Ich finde, das klingt nicht gerade nach einem fromm-gemäßigten Gebet! Hier schüttet jemand sein Herz bei Gott aus. Seine Worte sind unverfälscht und authentisch und weit mehr als die Aneinanderreihung frommer Richtigkeiten. Auch wir dürfen, bevor wir uns zur Vergebung durchringen, unser ganzes Gefühlschaos vor Gott ausbreiten und unseren Schmerz herausschreien!

Es kann durchaus hilfreich sein (und wird in manchen Fällen sogar unbedingt nötig sein), das Erlebte auch vor einem anderen Menschen auszusprechen. Wir können uns eine vertrauenswürdige Person suchen, die einen sicheren Stand hat und das, was wir ihr erzählen, richtig einzuordnen weiß. Es geht an dieser Stelle ja nicht darum, schlecht über andere Menschen zu reden, Parteiungen zu bilden und Tratsch oder übler Nachrede Vorschub zu leisten. Es geht darum, dass das, was sich in uns angesammelt hat, einmal laut und vernehmlich ausgesprochen werden kann, damit es uns nicht länger vergiftet.

Auch wir dürfen, bevor wir uns zur Vergebung durchringen, unser ganzes Gefühlschaos vor Gott ausbreiten und unseren Schmerz herausschreien.

Vergebung wagen

Manchmal reicht dieses laute Aussprechen, das Klagen und Weinen über erlittenes Unrecht schon, damit ich mich innerlich freier fühle und befähigt bin, zu vergeben. Manchmal spüre ich aber auch, dass ich noch nicht so weit bin. Die Wunde braucht erst noch ein bisschen Zeit, um zu verheilen. Das darf auch so sein!

Entscheidend ist, dass wir aus dem Heilungsprozess nicht aussteigen, sondern auch weiterhin das Ziel, die Vergebung, fest im Blick behalten. In solch einer Situation bete ich in etwa Folgendes:

„Jesus, im Moment fühle ich mich noch nicht in der Lage, von ganzem Herzen zu vergeben. Zu groß ist der Schmerz in mir. Aber mir ist klar, dass du möchtest, dass ich vergebe. Deshalb will ich an diesen Punkt gelangen, denn ich weiß, dass deine Weisungen gut sind und das Leben in mir fördern. Ich weiß, dass Zorn, Empörung und Bitterkeit mein Leben auf Dauer zerstören. Das möchte ich nicht.

Ich bringe dir mein „Vergebenwollen" genauso wie mein „Nichtvergeben können". Ich kann meine Gefühle nicht „machen" und meiner Seele nicht befehlen, dem anderen, der mich so sehr verletzt hat, mit positiven Gefühlen zu begegnen. Aber ich werde meine Seele immer wieder in deine Gegenwart bringen und dich bitten, dass du mich an dieser Stelle heilst, veränderst und befreist. Das werde ich so lange tun, bis ich von ganzem Herzen vergeben kann!"

Mit solch einem Gebet können wir uns über die Zeit „hinwegretten", in der wir der Aufforderung, zu vergeben, noch nicht ehrlich nachkommen können. Wir bleiben dadurch authentisch, behalten aber das angestrebte Ziel im Blick und verhindern so, dass wir mit dieser „ungesicherten Stelle" dem Feind ein Einfallstor bieten.

Wenn ich mit solch einer Offenheit an dem Thema dranbleibe, dann – das habe ich schon häufig erlebt – verändert sich mein Inneres bis zu dem Punkt, an dem ich spüre, dass es nun an der Zeit ist, Vergebung auszusprechen.

Dass die Zeit reif ist, bedeutet allerdings nicht zwangsläufig, dass dieser Schritt für mich ein leichter wäre! Im Gegenteil: Ich muss meine Vorwürfe, meine Anklagen und Schuldzuweisungen gegen den anderen fallen lassen – und das fällt mir manchmal sehr schwer! Ich habe nichts mehr gegen ihn in der Hand, obwohl er mir so viel Unrecht getan hat! Ich bin herausgefordert, meine Opferhaltung zu verlassen und Verantwortung für *mein* Handeln und *meine* Reaktion zu übernehmen, ungeachtet dessen, ob der andere seine Schuld einsieht und mich um Verzeihung bittet oder nicht.

Dennoch spüre ich irgendwann sehr deutlich, dass dieser Schritt nun für mich dran ist. Und ich weiß genau: Wenn ich mich jetzt weiterhin verweigere, dann halte ich etwas fest, was mir deutlich mehr schadet als nutzt. Jetzt gilt es, diesen letzten Schritt in die Freiheit, der manchmal gefühlsmäßig eher einem Sprung ins kalte Wasser gleichkommt, zu wagen.

Um die Ernsthaftigkeit und Endgültigkeit unserer Entscheidung zu untermauern, kann es helfen, das ganze Geschehen mit einem Ritual zu beenden. Wir können eine Zeichenhandlung gestalten, die das Loslassen symbolisiert (z.B. einen Gegenstand unter das Kreuz legen/etwas, was wir mit dem Geschehen assoziieren, verbrennen oder im Wasser versenken/einen Abschiedsbrief an „unser Thema" schreiben usw.). Solche Rituale vollziehen sicht- und spürbar etwas nach, was wir in unserem Inneren durchleben.

Und nun ist es wichtig, dass wir die Wunde, die ja immer noch ganz frisch ist, auch wirklich in Ruhe lassen und ihr damit Zeit geben, vollends zu verheilen. Wir haben sie gründlich gesäubert, wir haben den Verband der Vergebung darumgelegt und jetzt … sollten wir es wirklich gut sein lassen!

An diesem Punkt brauchen wir eine gehörige Portion Disziplin, damit unser Kopfkino abgeschaltet wird und auch abgeschaltet bleibt!

An diesem Punkt brauchen wir eine gehörige Portion Disziplin, damit unser Kopfkino abgeschaltet wird und auch abgeschaltet bleibt! Alte Gedanken und Gefühle werden immer noch gewohnheitsmäßig in uns aufsteigen und uns dazu verführen, das Geschehen noch einmal zu durchleben. *Jetzt* ist es tatsächlich an der Zeit, sie in ihre Schranken zu weisen und ihnen keinen Raum mehr in unserem Leben zu geben. Tun wir das nicht, machen wir den begonnenen Heilungs- und Vergebungsprozess wieder rückgängig, reaktivieren den Schmerz und berauben uns selbst der Freiheit, die Jesus uns schenken will.

Wir werden solche Vergebungsprozesse zigmal im Leben durchlaufen. Manchmal gehen sie uns leicht von der Hand, manchmal tun wir uns mit ihnen sehr schwer. Aber immer sind sie für unser geistliches und persönliches Wachstum ein enormer Gewinn!

Einen Weg bahnen

Es gibt Menschen in meinem Leben, die mir sehr zusetzen. Die Art und Weise, wie sie sich mir gegenüber verhalten, und das, was sie sagen oder nicht sagen, verärgert mich, macht mich wütend, beleidigt oder verletzt mich. Ich will nicht länger so tun, als mache mir das Ganze nichts aus, oder einfach nur das Deckmäntelchen der Liebe darüber hängen. Ich will mir gegenüber ehrlich sein und mich meinen Gefühlen stellen. Ich bin unglaublich enttäuscht, verärgert, aufgebracht und wütend! Und ich bin so dankbar, dass ich vor Gott authentisch sein darf und ihm nichts vorspielen muss.

Anhand dieser konkreten Situation möchte ich aber auch einen Lebensstil der Vergebung einüben. Ich weiß, dass das vermutlich ein längerer Weg ist, aber ich werde mich auf diesen Weg begeben und nicht zulassen, dass sich Groll, Bitterkeit und Abneigung dauerhaft in meinem Herzen einnisten. Mit diesen Gefühlen schade ich mir selbst am meisten, denn sie vergiften mich und rauben mir meine Freiheit und Freude. Ich werde mich immer wieder durch diesen Prozess hindurchkämpfen, auch dann, wenn ich mich lieber in Rachegedanken, übler Nachrede und abschätzigem Verhalten dem anderen gegenüber ergehen würde.

Ich will immer wieder daran denken, dass ich davon lebe, dass

Gott mir jeden Tag aufs Neue vergibt – wie könnte ich dem anderen, der auch Gottes geliebtes Kind ist, diese Vergebung verweigern?

Zum Nachlesen

Psalm 147,3; Matthäus 5,23-26 und 38-47; Matthäus 18,23-35; Johannes 8,1-11; Römer 3,10-20; Römer 12,17-21; Kolosser 3,12-15; 1. Johannes 4,19-21.

Kapitel 12

Dürreperioden überstehen

Mitten im Winter begriff ich endlich, dass ich einen unbesiegbaren Sommer in mir hatte.
Albert Camus

Manche Ereignisse und manche Veränderungen, die in unserem Leben geschehen, können so massiv und existenziell erschütternd sein, dass wir durch sie in eine mehr oder weniger starke Lebens- und Glaubenskrise geraten. In solch einer Krise empfinden wir die Umstände, die uns innerlich oder äußerlich durch die veränderte Situation bedrohen, übermächtig. Ob ausgelöst durch einen unerwarteten Einbruch in unserem Leben oder durch kontinuierliche Zuspitzung einer bedrohlichen Entwicklung – nichts, was bis dahin an Bewältigungsstrategien geholfen hat, geht noch. „So etwas" hat man schließlich noch nicht erlebt. Jeder Weg, der bis dahin gangbar war und einen Ausweg bot, ist nun versperrt. Neue Wege, die einen Lösungsansatz bieten, sind noch nicht gefunden. Kein Wunder also, dass wir uns mit Einsetzen der Krise hilflos und hoffnungslos überfordert fühlen.

Für mich begann solch eine Krise vor Jahren, als Angstzustände und Depressionen wie aus heiterem Himmel über mich hereinbrachen (rückblickend stimmt dieses „aus heiterem Himmel" natürlich nicht, sondern die Krise hatte schon lange in meinem Leben „Anlauf" genommen). Dieser Zusammenbruch war ausgelöst durch Überlastung („Ich muss alles perfekt machen und einem Idealbild entsprechen"), ein Übermaß an Fremdbestimmung („Ich darf nicht Nein sagen und keine Grenzen setzen – denn das ist ‚unchristlich‘“), die Unfähigkeit, mein Leben so zu gestalten, wie es zu mir passte („Andere mit ihren Wünschen, Bedürfnissen und ihrer Lebensplanung haben immer Vorrang – du bist dazu da, ihnen den Rücken freizuhalten“), und einem Selbstwertgefühl, das total im Keller war („Geliebt, gewollt und wertvoll? – Denk nicht mal dran!“). Meine teilweise noch unverarbeitete Vergangenheit, von der ich bereits erzählte, tat ihr Übriges. Ich fühlte mich wie ein Vogel, den es im freien Flug erwischt hat, der abgestürzt ist und nun mit gebrochenen Flügeln am Boden liegt. Von der Powerfrau, der Supermutter und der patenten besseren Hälfte eines Pastors war nicht viel mehr übrig als ein Häufchen Elend. Meinen „normalen“ Alltag bekam ich gerade noch so hin (rückblickend ist das für mich ein Wunder, denn der Alltag mit vier Kindern ist mitunter alles andere als normal und die Bewältigung an sich schon eine Höchstleistung) – aber mehr ging nicht. Ich konnte mich auf die gewohnten Verhaltens- und Reaktionsmuster meines Körpers und meiner Seele nicht mehr verlassen. Von dieser Seite kamen ständig unvorhergesehene Angriffe aus dem Hinterhalt und warfen mich aus der Normalität. Es fühlte sich an, als hätte mich das Leben in meine Einzelteile zerlegt – ob ich jemals wieder zu einem Ganzen zusammengesetzt und wieder halbwegs normal funktionieren würde, war äußerst fraglich.

Von der Powerfrau, der Supermutter und der patenten besseren Hälfte eines Pastors war nicht viel mehr übrig als ein Häufchen Elend.

Das war nicht die erste und wird sicher nicht die letzte Extremsituation in meinem Leben sein. Aber gerade diese Krise ist mir rückblickend so wertvoll, weil ich in dieser Phase sehr bewusst und reflektiert geglaubt, gelebt, gedacht und gefühlt habe. Jede noch so kleine Wahrnehmung, jeden noch so kleinen Lernprozess in dieser Zeit habe ich abgespeichert und damals, eher unbewusst, für mein Leben und meinen Glauben ausgewertet. Schritt für Schritt habe ich mich durch das Dickicht gekämpft, Trampelpfade angelegt, musste umdrehen, weil es nicht weiterging, bin gefallen, habe mich wieder aufgerappelt und mich weiter vorgearbeitet – so lange, bis sich das dunkle, unwegsame Gehölz wieder lichtete. Und diese von mir gelegten Pfade haben sich bewährt und dienen mir bis heute als Ausweg, wenn es in meinem Leben mal wieder eng wird.

Krisenzeiten sind Dürreperioden, die unser Wachstum erheblich beeinträchtigen können. Sie können unser Wachstum aber auch ein ganzes Stück nach vorne bringen. Wir konzentrieren uns ausschließlich darauf, diese Dürreperiode zu überleben. Diese Fokussierung führt dazu, dass alles Überflüssige, also das, was unnötig viel Energie und Kraft verbraucht, abgeworfen wird oder von selbst abstirbt. Gerade in Zeiten der Dürre wachsen unsere Wurzeln in die Tiefe. Und in der Tiefe entdecken wir Dinge, die wir *nur* dort entdecken, und lernen, was wir nur *dort* lernen können. Dadurch kann in uns ein Glaube wachsen, der stark und stabil ist – mitten in der Krise!

Deswegen trägt eine Krise, wenn wir sie reflektiert durchleben, ungeheures Wachstumspotenzial für unser geistliches Leben in sich. Natürlich sehen wir das nicht, wenn sie beginnt oder wir mittendrin stecken. Aber im Rückblick zeigt sich, dass die Dürreperiode eine außergewöhnliche Klarheit, geistliche Stärke und Widerstandskraft in uns hervorgebracht hat.

Ein Glaube, der kämpft

Keiner von uns liebt die Krise, keiner von uns heißt schwere Zeiten willkommen. Es zeugt oft eher von einem schwachen oder gebrochenen Lebenswillen als von geistlicher Größe, wenn wir uns beim Hereinbrechen einer Krise kampflos unserem Schicksal ergeben und alles klaglos aus Gottes Hand hinnehmen. Wohl dem, der menschliche und geistliche Kampfkraft besitzt! Der Aufschrei, das Aufbäumen, das Nicht-auf-sich-sitzen-Lassen, das blindwütige Um-sich-Schlagen – all das gehört zu unserem Menschsein und zu unserem von Gott eingehauchten Lebenswillen.

Der Beginn einer Krise ist begleitet von kämpferischen Gebeten, in denen wir über unserem Leben den Sieg ausrufen und dem Bösen, was da in unser Leben hineingebrochen ist, tapfer die Stirn bieten. Wir werfen unser ganzes Vertrauen auf den großen Gott, dem nichts unmöglich ist und der nur ein klitzekleines Wort sprechen muss, damit sich ein Weg auftut und wir unbeschadet aus der bedrängenden Situation herausfinden. Es ist die Zeit der Mobilmachung unseres Glaubens – wir vertrauen auf Heilung, Zeichen und Wunder! Und wie oft antwortet Gott mit der erbetenen Befreiung und mit dem Abwenden einer erwarteten Katastrophe! Das mag dem Psalmist widerfahren sein, als er in Psalm 30,2.12 schrieb:

Keine Enttäuschung in meinem Leben, kein noch so großes Leid, durch das ich hindurchmuss, wird mich davon abhalten, an diesem „Gott kann" festzuhalten.

„Ich will dich rühmen, Herr, denn du hast mich aus der Tiefe gezogen und lässt meine Feinde nicht über mich triumphieren. Du hast mein Klagen in Tanzen verwandelt, hast mir das Trauergewand ausgezogen und mich mit Freude umgürtet."

Diese und ähnliche Erfahrungen von Menschen, die mit Gott unterwegs waren und sind, machen mir Mut, Großes von Gott zu erwarten und ihn zu bitten, mich durch ein Wunder aus schweren Zeiten zu entlassen.

Keine Enttäuschung in meinem Leben, kein noch so großes Leid, durch das ich hindurchmuss, wird mich davon abhalten, an diesem

„Gott kann“ festzuhalten. Egal, was über mich hereinbrechen wird, ich werde das niemals kampflos hinnehmen und mich immer wieder vertrauensvoll an diesen Gott wenden, der nur ein Wort zu sprechen braucht, damit die Finsternis weichen muss! Dieser Glaube, der kämpfen kann und will, entwickelt sich in dieser ersten Phase der Krise, wenn noch alles offen ist.

Ein Glaube, der weiß, wo er hingehört

Manchmal passiert jedoch das bis dahin Unvorstellbare: Gott handelt *nicht*. Die Entlastung, die Befreiung, die Heilung und das Wunder geschehen nicht. Im Rückblick nimmt sich das etwas anders aus, aber im Mittendrin der anhaltenden Krise sehen wir uns mit voller Wucht mit diesem nicht handelnden Gott konfrontiert. Wir fühlen uns hängen gelassen und sind unglaublich enttäuscht. Wie kann Gott uns das antun?! Wie kann er uns all den Menschen ausliefern, die uns lauernd beobachten und nur darauf warten, die altbekannte Frage: „Wo ist denn dein Gott?“, abzufeuern?!

„Toll, Gott, super hast du das hingekriegt! Das, was du da gerade tust (oder besser: *nicht* tust), ist das größte Eigentor aller Zeiten – merkst du das denn nicht?“ – solche oder ähnliche Vorwürfe habe ich Gott manches Mal in meiner Verzweiflung entgegengeschleudert.

Und was habe ich in dieser Phase meiner Krise geweint, geschimpft und um mich geschlagen! Eigenartigerweise haben mich meine Enttäuschung und meine Wut über sein Nichteingreifen nicht von Gott entfernt, sondern im Gegenteil stärker zu ihm hingetrieben. Schließlich ließ *er* mich im Stich – warum also sollte ich mich bei jemand anderem beschweren als bei ihm? Folglich habe ich mich an sein Bein gehängt und wie ein kleines Kind Zeter und Mordio geschrien. Und wenn er sich dann hingesetzt hat, bin ich auf seinen Schoß gekrabbelt und habe mit meinen Fäusten gegen seine Brust getrommelt. In mir war so etwas wie ein Urvertrauen, ein Grundwissen, dass es diesen Gott gibt und dass er *gut* und kein böses, hinterhältiges Monster ist. Und dieses Gutsein gedachte ich ihm ständig unter die Nase zu reiben – so lange, bis das auch für mich wieder ersichtlich werden würde. In all der Enttäuschung über ihn, in meinem Empfinden, von ihm im Stich gelassen zu sein, formte sich in mir immer wieder der bockig-zärtliche Satz: „Du bist doch mein Gott!"

Ein Bibelvers aus dem Buch Hiob begleitete mich in dieser Zeit ständig:

> *Doch ich, ich weiß: Mein Erlöser lebt, als Letzter erhebt er sich über den Staub. Und ohne meine Haut, die so zerfetzte, und ohne mein Fleisch werde ich Gott schauen. Ihn selbst werde ich dann für mich schauen; meine Augen werden ihn sehen, nicht mehr fremd. Danach sehnt sich mein Herz in meiner Brust.*
>
> Hiob 19,25-27

Diese Worte habe ich mit einem trotzigen Fußaufstampfen bekannt, habe diesen Vers nachts in mein Kissen geweint, habe ihn geflüstert, gesungen und dem Feind entgegengeschleudert. Stur, beharrlich, und immer, immer wieder habe ich gesagt: „Gott, ich weiß nicht, was mit dir gerade los ist und warum du jetzt nicht handelst. Aber ich weiß, ich *weiß* es einfach, dass du, mein Erlöser, lebst. Und ich lasse mir von dir jetzt ganz sicher nicht meinen Glauben an dich nehmen!"

Dieser Glaube, der weiß, wo er hingehört, hat sich paradoxerweise gerade in dieser Phase der Konfrontation mit dem nicht handelnden Gott entwickelt.

Ein Glaube, der trägt und stillhält

Irgendwann kann auch das aufgebrachteste Kind nicht mehr Krawall schlagen. Das viele Schreien und Weinen macht müde. Und das war ich irgendwann auch: total erschöpft. So nach und nach war aller Kampfgeist in mir erloschen. Ich rollte mich innerlich zusammen und *war* einfach nur noch – nicht mehr. Ich fühlte nur noch mich … und den Schmerz.

In dieser Situation fiel mir ein Satz ein, den meine Hebamme bei der Geburt unserer Kinder immer wieder gesagt hatte: „Atmen Sie tief in den Schmerz *hinein*.“ Wenn die Wehen heranrollten und meinen Körper mit bis dahin nie da gewesenen Schmerzen peinigten, war die Anweisung, „tief in den Schmerz hineinzuatmen“, das Einzige, was wenigstens etwas geholfen hat. „Bekämpfe den Schmerz nicht, sondern gehe ihm entgegen, lehne ihn nicht ab, sondern nimm ihn an und arbeite mit ihm zusammen! Sage Ja und nicht Nein! Denn *gegen* den Schmerz anzuarbeiten, raubt zusätzlich Kraft.“ Diese Worte enthielten eine bei der Geburt existenziell erlebte Lebensweisheit, die ich tief verinnerlicht hatte und die ich nun wieder ausgrub.

Jemand, der eine bis tief ins Mark erschütternde Krise nicht kennt, sollte diese Sache mit dem „Jasagen" und „Annehmen" nicht leichtfertig über die Lippen bringen.

Jemand, der eine bis tief ins Mark erschütternde Krise nicht kennt, sollte diese Sache mit dem „Jasagen“ und „Annehmen“ nicht leichtfertig über die Lippen bringen. Denn davon kann man erst sprechen, wenn man geschrien und gekämpft hat, wenn man mit Gott aneinandergeraten ist und merkt, dass all das nichts hilft. Wenn man *wirklich* am Ende ist und man sich nur noch ergeben kann, dann greift dieser Satz: „Atmen Sie tief in den Schmerz hinein.“

Das habe ich dann auch ganz praktisch getan. Ich ließ die

schmerzhaften Gedanken und Gefühle kommen und gehen und habe, wie bei der Geburt, tief ein- und ausgeatmet. Mehr nicht. Irgendwann gesellten sich zu dem Atmen noch Bibelverse hinzu. Psalm 131,2 war so ein Vers, den ich immer wieder sagte, dachte, fühlte und atmete: *„Ich ließ meine Seele ruhig werden und still; wie ein kleines Kind bei der Mutter ist meine Seele still in mir."* Oder Psalm 130,6-7: *„Meine Seele wartet auf den Herrn mehr als die Wächter auf den Morgen. Mehr als die Wächter auf den Morgen soll Israel harren auf den Herrn."* Und immer wieder der 23. Psalm, der mit: *„Der Herr ist mein Hirte, mir wird nichts mangeln"* (LUT), beginnt.

Ich rezitierte diese Psalmen rauf und runter. Die Bilder in diesen Bibelversen gaben meiner Seele etwas, an dem sie entlangdenken und entlangfühlen konnte. Damals ging es bei mir um alles oder nichts. Um ein Entweder-Oder. Das Ganze hatte nichts gemein mit diesen „Wir kommen jetzt alle mal zur Ruhe"-Übungen; Dinge, die ich immer mal wieder in der Gemütlichkeit eines Einkehrwochenendes praktiziert hatte, um meinem geistlichen Leben einen meditativ-spirituellen Touch zu verleihen. Jetzt war das Meditieren dieser Bibelverse für mich zu einer reinen Überlebensstrategie geworden. Nachts, wenn der Schlaf sich nicht einstellen wollte, hatte ich die Wahl und sagte mir: „Entweder du wirst jetzt an deiner Angst verrückt und Selbstmordgedanken treiben dich immer weiter in den Abgrund, oder du murmelst Bibelverse vor dich hin, um deine Gedanken halbwegs im Griff zu behalten und um nicht gänzlich abzustürzen." Eine andere Wahl hatte ich nicht. Durchdrehen oder Bibelverse rezitieren!

Das letzte Fünkchen Lebenswillen in mir entschied sich für die Bibelverse. Also wurden in der Dunkelheit der Nacht Psalm 123, dann Psalm 131 und danach Psalm 130 laut oder wenigstens in Gedanken „heruntergerattert". Und noch einmal. Und noch einmal. Und noch einmal. Und wieder von vorne!

Der Hirte. Die Sache mit den Schafen. Die grünen Auen. Das finstere Tal. Der gedeckte Tisch inmitten der Feinde. Dann das gestillte Kind, das friedlich an der Brust seiner Mutter schläft. Dann die Wächter, die in der Finsternis hocken und sehnsüchtig auf den ersten Lichtstreifen der Dämmerung warten.

Und noch einmal von vorne: „Der Herr ist mein Hirte", „Ich ließ meine Seele ruhig werden und still" und „Meine Seele wartet auf den Herrn".

Und wieder von vorne. Durchdrehen oder Bibelverse!

Irgendwann gerieten mir die Bilder durcheinander. Die Wächter lagen zufrieden an der Mutterbrust, das kleine Kind tollte über sonnige Auen und der Hirte hockte mit baumelnden Beinen auf der Stadtmauer und wartete darauf, dass endlich die Sonne aufging. Völlig wurscht! Meine Seele war ruhig geworden und ich … schlief ein.

In jenen Nächten hat sich mein Glaube ganz tief verwurzelt. Weil ich erlebte: Wenn's hart auf hart kommt, wenn alle frommen Sprüche wegfallen und es wirklich um etwas geht, dann trägt der Glaube. Dann ist Gott da! Dann ist das, was man in guten Zeiten eingeübt hat (zum Beispiel das Verinnerlichen von Bibelversen), durchaus tragfähig!

Mit dem „In-den-Schmerz-Hineinatmen", dem sturen Bibelversrezitieren und den damit verbundenen Erfahrungen wurde ich nach und nach wirklich still und begann ganz zögerlich, Ja zu sagen und anzunehmen. Ich kapitulierte vor der Krise und der Kraft, die von ihr ausging. Demütig beugte ich mich unter die mächtige Hand Gottes. Doch das Aufgeben war keine Resignation, sondern eher so etwas wie eine fruchtbare Kapitulation. Ich war angekommen bei einem Glauben, der stillhält, damit Gott zum Zug kommen kann.

Ein Glaube, der Schritte geht

Die fruchtbare Kapitulation trug etwas Hoffnungsvolles in sich. Da war kein dunkles, sondern ein sehr helles Gefühl. Und schon bald regte sich mein Lebenswille wieder. Aber es war ein Lebenswille, der das Schwere integrierte und es nicht mehr bekämpfte. Nun suchte er nach Wegen aus der Krise. Allerdings nicht mehr aggressiv und blindwütig, sondern sehr behutsam, sehr tastend. Es ging jetzt nicht mehr um „Hauptsache raus aus der Krise“, sondern darum, Wege zu finden, die zu mir passten. Es ging jetzt nicht mehr darum, so schnell wie möglich wieder zu funktionieren, sondern mitzunehmen, was ich in der Krise gelernt hatte. Denn ich war in der Tiefe mit dem Wesentlichen in mir und in meiner Beziehung zu Jesus in Kontakt gekommen. Das wollte ich nicht wieder verlieren.

Wenn wir die Krise für unser Leben fruchtbar machen wollen, ist es nötig, dass wir festhalten, was sie uns über uns, unser Leben und nötige Veränderungen beigebracht hat. Tun wir das nicht, verpufft das Gute, das aus dieser Krise hervorgehen könnte. Wir gehen dann fast genauso aus der Krise heraus, wie wir hineingeraten sind – bestenfalls nur ein bisschen angeschlagen, schlimmstenfalls verbittert und desillusioniert.

Es gilt, die Impulse aus der Krise im Leben „danach“ umzusetzen. Die nötigen Veränderungen bringen wir (das haben wir bereits im letzten Kapitel gesehen) durch viele kleine Schritte auf den Weg. Durch Üben, Üben und nochmals Üben. Diese kleinen Schritte sind unabdingbar, wenn wir nach einer Krise unser gesundes Wachstum wieder in Gang bringen wollen.

„In den Schmerz hineinatmen – in das Leben, in *mein* Leben hineinatmen“ – diesen Satz nahm ich aus dieser Zeit mit. Meine Krise, so schrieb ich zu Beginn dieses Kapitels, war ausgelöst worden durch Überlastung, ein Übermaß an Fremdbestimmung und die Unfähigkeit, mein Leben so zu gestalten, wie es zu mir passte. Nun hatte sie mich gezwungen, mir aber auch die Erlaubnis gegeben, sehr reduziert zu leben, weniger für andere zu funktionieren und dafür mehr Ausschau nach dem zu halten, was Gott eigentlich mit mir wollte. Das galt es nun in die Normalität hinüberzuretten und dort umzusetzen. Und das war harte Arbeit! Denn kaum der Krise entronnen, griffen alte Denk- und Verhaltensmuster wieder nach mir, und Bekannte begrüßten mich mit den Worten: „Na, du bist ja wieder ganz die Alte.“ Damit war häufig die Erwartung verbunden, alles ginge nun wieder seinen gewohnten Gang. Aber ich war nicht mehr die Alte und wollte es nicht mehr sein. Und der gewohnte Gang sollte es auch nicht mehr sein, sondern ich hatte in der Tiefe neue, zu mir passendere Wege entdeckt. Aber das musste ich mir selbst und anderen erst einmal peu à peu beibringen. In dieser letzten Phase der Krise wuchs in mir ein Glaube, der diszipliniert umsetzt, was zum Wachsen und Gedeihen nötig ist.

Und heute? Heute habe ich auch wieder einen Bibelvers, der mich begleitet. Es ist der Anfang von Psalm 30: *„Ich will dich rühmen, Herr, denn du hast mich aus der Tiefe gezogen und lässt meine Feinde nicht über mich triumphieren. Du hast mein Klagen in Tanzen verwandelt, hast mir das Trauergewand ausgezogen und mich mit Freude umgürtet.“*

Ich habe diesen Vers ganz anders erlebt, als ich es mir beim „Einstieg“ in die Krise vorgestellt habe. Aber dennoch ist er absolut wahr!

Einen Weg bahnen

Vielleicht stecke ich gerade mitten in einer sehr schweren Zeit. Das „Licht am Ende des Tunnels", von dem ich andere immer wieder sprechen höre, kann ich noch nicht einmal erahnen. Ich fühle mich einfach nur elend, bin am Ende meiner Kraft und weiß nicht mehr ein noch aus. Deshalb will ich die Worte, die ich von anderen höre oder lese, nehmen und mich daran festhalten. Ich will versuchen, mich auf dem Weg, den ich darin erkennen kann, vorsichtig voranzutasten, und prüfen, ob das auch für mich ein Weg durch die Krise sein könnte.

Vielleicht bin ich auch schon fast „durch". Dann will ich mir die Mühe machen, noch einmal zu resümieren, was ich in dieser Zeit gelernt habe. Keinesfalls will ich zulassen, dass ich einfach weitermache, wo ich vorher aufgehört habe, sondern das, was ich gelernt habe, für mein weiteres Leben fruchtbar machen.

Wo auch immer ich stehe: Ich werde stur und beharrlich an meinem „Ich weiß, dass mein Erlöser lebt" festhalten. Und wenn es nur Worte sind, die ich sage – aber ich werde sie mir nicht nehmen lassen und sie dem Feind immer wieder entgegenhalten. So lange, bis auch ich wieder mit einem frohen Herzen glauben kann!

Zum Nachlesen

1. Könige 19,1-18; 2. Könige 20,1-7; Psalm 3,4-6; Psalm 18; Psalm 27; Jesaja 30,15; Jesaja 35,1-4; 2. Korinther 1,3-11; 2. Korinther 12,7-10; 1. Petrus 5,6-11; Offenbarung 21,1-7.

Und wieder haben wir einige Antworten auf unsere Frage vom Anfang gefunden:

Wie wird man so? So authentisch, so souverän, so humorvoll, so geradlinig, so stark, so liebevoll und wertschätzend, so unglaublich … jesusähnlich?

Es geschieht, indem wir die volle Verantwortung für uns und die Gestaltung unseres Lebens übernehmen.

Indem wir uns tief im Wort Gottes, im Gebet und in einer authentischen Gemeinschaft mit anderen Christen verwurzeln.

Indem wir formulieren, was wir ganz persönlich für unser Leben brauchen, und uns zielstrebig dafür einsetzen, das auch umzusetzen.

Indem wir anstehende Veränderungsprozesse so gewinnbringend wie möglich gestalten.

Indem wir die Vergebung Gottes immer und immer wieder in Anspruch nehmen, aber auch anderen diese Vergebung nicht vorenthalten.

Und nicht zuletzt, indem wir in Krisenzeiten nah an Jesus dranbleiben, damit wir an ihnen nicht zerbrechen.

Nun wird es Zeit, noch einmal verstärkt das Ziel in den Blick zu nehmen. Wo möchten wir mit dem, was uns anvertraut wurde, hin? Was ist das Ziel unserer geistlichen und persönlichen Entwicklung?

TEIL 3

DAS ZIEL IM BLICK

Kapitel 13

Stark und widerstandsfähig

Wir sind erst dann wirklich stark, wenn wir uns unserer Schwachheit bewusst sind.
Corrie ten Boom

Ich befinde mich bei einem Teamtreffen, bei dem ein größeres, überkonfessionelles Projekt geplant werden soll. Um mich herum sitzt die Crème de la crème der christlichen Szene: lauter Menschen (vor allem Männer), deren Namen ich bis dato nur aus den christlichen Medien, von Buchtiteln oder von Konferenzen kenne. Allein diese Tatsache schüchtert mich schon ungeheuer ein. Dass *ich* hier bin, hängt mit dem Bestreben des Veranstalters zusammen, die Frauenquote nicht gänzlich zu vernachlässigen, und der durchaus begrüßenswerten Erkenntnis, dass Frauen in der immer noch stark von Männern geprägten frommen Szene einen wichtigen Beitrag zu leisten haben. Da wir uns größtenteils nicht kennen, werden wir zunächst aufgefordert, uns vorzustellen und etwas von uns, von unserem Leben und unserer Arbeit zu berichten. Am besten, so die Bitte des Moderators, auch etwas Persönliches, damit man sich „wirklich" kennenlernt und das Ganze nicht nur rein formal ist.

Das Persönliche ist bei meinen Teamkollegen schnell abgehakt (verheiratet, drei fast erwachsene Kinder und ein Hund), das Formale nimmt weitaus größeren Raum ein (genannt werden: berufliche Kompetenzen, Mitarbeit in diversen Gremien, von ihnen entwickelte Arbeitszweige in der Gemeinde, unter ihrer Leitung entstandenes Gemeindewachstum, Gemeindeneugründungen in den letzten fünf Jahren, Projektplanungen für die nächsten Jahre, die Flugreisen der letzten Woche, um als Redner im Ausland auf diversen Konferenzen zu fungieren, usw.). Geballte Stärke und Kompetenz füllt den Raum! Als ich an der Reihe bin, ist mein Kopf wie leer gefegt. Ich kann „so etwas“ beim besten Willen nicht vorweisen. Ich kratze alle meine Leistungen der letzten Jahre zusammen, blase sie noch ein bisschen auf und serviere sie dieser erlesenen Runde. Etwas Persönliches erzähle ich dann auch noch. Da wir aber gerade familiär in einer sehr belastenden Situation stecken, steigen mir bei dem, was ich sage (wahrscheinlich auch, weil ich so aufgeregt und angespannt bin), die Tränen in die Augen, und meine Stimme fängt an zu zittern. Das Ganze ist mir mehr als peinlich und ich fühle mich einfach nur grauenhaft – weil ich nicht so kompetent „rüberkomme“, weil ich mir die Blöße gegeben habe und weil ich auch gerne so stark, souverän und sicher wirken würde wie meine Mitstreiter. Gleichzeitig ärgere ich mich aber auch über mich. Ärgere mich, dass diese ganzen höchst menschlichen Mechanismen immer noch nach mir greifen. Ärgere mich, weil ich versuche, meine Stärke – trotz gegenteiliger Beteuerung – eben *doch* aus meiner Leistung und meinem Status zu ziehen. Ärgere mich, dass es mir nicht gelingt, einfach bei mir selbst zu bleiben, weil ich so, wie ich bin, von Jesus geliebt und wertgeschätzt bin und meine Stärke in *ihm* habe.

In diesem Moment spüre ich: Das mit der Stärke, die allein aus Gott kommt, ist gar keine leichte Sache. Denn die Stärke, die Gott meint und die er als Ziel unserer geistlichen und persönlichen Entwicklung vorgesehen hat, sieht vielfach ganz anders aus als das, was *wir* darunter verstehen. Bei dieser Stärke geht es eben nicht, wie vielleicht zunächst verstanden, um Durchsetzungskraft und mentale oder körperliche Dominanz. Noch viel weniger geht es um eine rücksichtslose Ellenbogenmentalität oder ein antrainiertes Imponier- und Machtgehabe (wobei ich niemandem in dem oben genannten Beispiel diese Motive unterstelle – dafür kenne ich diese Menschen viel zu wenig). Nein, es geht um echte, substanzielle Stärke, die dabei hilft, das Leben auch mit seinen Widrigkeiten zu bewältigen und positiv, nach vorn gerichtet zu gestalten. Es geht um Souveränität, die frei und unabhängig von Menschen und äußeren Lebensumständen macht. Es geht um natürliche Autorität, die aus Reife und Lebenserfahrung erwachsen ist.

Stärke, die aus der Schwäche kommt

Als Christen begleitet uns ein eigenartiges Paradox, das der Apostel Paulus in einem einzigen kleinen Satz zusammenfasst: *„Denn wenn ich schwach bin, dann bin ich stark"* (2. Korinther 12,10b).

Denselben scheinbaren Widerspruch finden wir auch im Hebräerbrief. In der Aufzählung der Glaubenshelden und dem, was sie erkämpft und erlitten haben, wird ganz beiläufig erwähnt: *„Sie sind stark geworden, als sie schwach waren"* (Hebräer 11,34b).

Stärke und Schwäche scheinen im Leben von Gottes Leuten ein Gegensatzpaar zu sein, das aber untrennbar zusammengehört und sich gegenseitig befruchtet. Ja, die Schwäche scheint vielfach Voraussetzung dafür zu sein, dass echte Stärke in uns wachsen kann.

Das hat seinen Grund zum einen darin, dass wir in der Schwachheit mit unserem wahren Ich konfrontiert werden. Alle selbst errichteten Mauern und Fassaden, die unser Leben zusammengehalten, geschützt und ihm scheinbare Stärke verliehen haben, bröckeln oder brechen vollends zusammen. Dahinter kommt der Mensch zum Vorschein, der wir *eigentlich* sind. Nie kommen wir uns selbst und Gott so nah wie in Zeiten der Hilflosigkeit, Verunsicherung und Kraftlosigkeit. Und erst mit diesem „wahren Selbst" kann Gott etwas anfangen. So habe auch ich gerade in Zeiten der Schwachheit und des Zusammenbruchs, von denen ich an der einen oder anderen Stelle bereits erzählt habe, die Nähe und das Reden Gottes in besonderer Intensität erfahren.

Wenn wir diesen Zustand aushalten und uns nicht so schnell wie möglich wieder in unsere Pseudostärke flüchten, dann erleben wir, dass wir unsere Schwäche eben *nicht* bekämpfen und von uns abspalten müssen, sondern sie bejahen und versöhnt mit ihr leben können. Das dürfen wir tun, weil der „Ich bin *für* dich da“ ebenfalls ein uneingeschränktes Ja zu uns hat und die Versöhnung mit unserer *ganzen* Person sucht.

Der daraus resultierende authentische Lebensstil, der Schwäche integriert und bejaht, statt sie abzulehnen, setzt viel Energie und Kraft frei, die wir ansonsten benötigen, um zu verdrängen, zu bekämpfen und an unseren Fassaden zu bauen. Gleichzeitig lässt uns das Erkennen und Bekennen des eigenen Unvermögens alles von *Gott* erwarten. Existenziell erlebte Schwäche nimmt uns unseren menschlichen Hochmut, der uns suggeriert, wir würden unser Leben auch ganz gut alleine hinbekommen. Unsere Schwachheit bringt uns immer wieder in die richtige Stellung vor Gott: Gott ist Gott und wir sind nur Menschen. Gott ist Schöpfer und wir sind nur Geschöpfe, Gott ist Vater und wir sind nur Kinder. Dieses „nur“ beinhaltet keine Abwertung, sondern das Wissen, dass wir abhängig und auf Hilfe angewiesen sind.

> Nie kommen wir uns selbst und Gott so nah wie in Zeiten der Hilflosigkeit, Verunsicherung und Kraftlosigkeit.

Weil menschliche Stärke und Größe den Blick für diese Zusammenhänge verstellt, Schwachheit uns aber fast „automatisch“ demütig sein lässt, hat Gott eine Schwäche für die Schwachen und ein Faible für alle Benachteiligten, Zerbrochenen und jene Menschen, die am Boden liegen.

„Schlachtopfer willst du nicht, ich würde sie dir geben; an Brandopfern hast du kein Gefallen. Das Opfer, das Gott gefällt, ist ein zerknirschter Geist, ein zerbrochenes und zerschlagenes Herz wirst du, Gott, nicht verschmähen", sagt der Psalmist in Psalm 51,18-19. Und Maria bekennt aufgrund ihrer persönlichen Erfahrung begeistert: *„Er* (Gott) *vollbringt mit seinem Arm machtvolle Taten: Er zerstreut, die in ihrem Herzen voll Hochmut sind; er stürzt die Mächtigen vom Thron und erhöht die Niedrigen"* (Lukas 1,51-52).

Auch Paulus ermutigt die Korinther: *„Seht doch auf eure Berufung, Brüder! Da sind nicht viele Weise im irdischen Sinn, nicht viele Mächtige, nicht viele Vornehme, sondern das Törichte in der Welt hat Gott erwählt, um die Weisen zuschanden zu machen, und das Schwache in der Welt hat Gott erwählt, um das Starke zuschanden zu machen. Und das Niedrige in der Welt und das Verachtete hat Gott erwählt: das, was nichts ist, um das, was etwas ist, zu vernichten, damit kein Mensch sich rühmen kann vor Gott"* (1. Korinther 1,26-29).

All diese Menschen haben die Erfahrung gemacht, dass unsere menschliche Stärke vor Gott nur sehr geringe Bedeutung hat, ja, für sein Handeln oft sogar hinderlich ist. Dagegen scheinen Menschen, die schwach und hilflos sind, ihn und seine Kraft auf den Plan zu rufen.

Dennoch ist nicht die Schwäche, sondern die Stärke das Ziel in unserem Reifungsprozess. Schwäche kann, wenn wir sie idealisieren, von uns auch schnell instrumentalisiert werden, um nun unsererseits Macht auszuüben, andere unter Druck zu setzen und sie zu manipulieren. Wir werden in der Bibel aber an keiner Stelle aufgefordert, schwach um der Schwäche willen zu sein. Wir werden allenfalls ermutigt, eigene Stärke loszulassen, um dann in der

Kraft Gottes stark und mutig zu sein, zu kämpfen und zu überwinden. Unsere Schwachheit ist nur der Ausgangspunkt, an dem Gott handelt und an den er uns im Laufe unseres Lebens immer wieder zurückführt, um uns neu deutlich zu machen, wer der *eigentliche* Ursprung unserer Stärke ist.

Schwäche hat also in sich keinen geistlichen Wert, sondern erhält diesen nur dadurch, dass sie unsere Herzenshaltung verändert. Auf diesem Weg kann Gott sein Ziel mit uns erreichen, nämlich in *seinem* Sinne starke Männer und Frauen aus uns zu machen.

Stärke, die aus der Abhängigkeit kommt

Vielfach erleben wir jene Menschen als stark, die selbstbestimmt leben, unabhängig und ganz ihr eigener Herr sind, die ihr Ding durchziehen und sich von nichts und niemandem dreinreden lassen.

Geistlich gereifte Menschen leben auch an dieser Stelle mit einem Paradox: Sie leben nicht *selbst*bestimmt, sondern *jesus*bestimmt, sie sind nicht unabhängig, sondern vollkommen abhängig. Aber gerade diese vollkommene Abhängigkeit von Jesus schwächt sie nicht in ihrer Persönlichkeit, sondern stärkt sie. Das Aufgeben der Selbstbestimmung führt nicht in eine duckmäuserische Knechtschaft, sondern lässt starke Persönlichkeiten mit großer Ausstrahlungskraft heranreifen.

Im Johannesevangelium benutzt Jesus das sehr bekannte Bild vom Weinstock und den Weinreben (Johannes 15,1-17). Er vergleicht uns, seine Jünger, mit den Weinreben, deren Bestimmung es ist, reife, pralle Früchte hervorzubringen. Aber – und das ist jedem klar, der solch einen Weinstock vor Augen hat – dieser Vorgang funktioniert nur, wenn die Rebe am Weinstock hängt. Ist sie abgetrennt worden, von selbst abgefallen oder abgeknickt, dann liegt sie auf dem Boden und vertrocknet. Aus sich selbst heraus hat diese Rebe keine Möglichkeit, weiterzuleben, geschweige denn Früchte zu bringen.

So wie die Reben an diesem Weinstock werden auch wir von Jesus permanent mit Nährstoffen versorgt. Er kümmert sich darum, dass unsere Grundbedürfnisse – zum Beispiel der Wunsch, geliebt und wertgeschätzt zu sein, Bedeutung zu haben und versorgt zu werden – gestillt sind. In dem Maß, wie wir verlernen, aus eigener Kraft zu leben, in dem Maß fließen uns neue Kräfte von ihm, dem Weinstock, zu.

Unsere Stärke und die Fähigkeit, fruchtbar zu leben, liegen also allein in einer ganz engen Bindung an Jesus. Ohne diese Verbindung können in unserem Leben keine geistlichen Früchte entstehen. Wir können sicherlich eine Menge produzieren, was diesen Früchten ähnelt, aber die Qualität wird nie dieselbe sein wie beim Original!

Folglich verhindert die Abhängigkeit vom Weinstock das Leben nicht, sondern ermöglicht es erst; sie laugt uns nicht aus, sondern belebt uns. Die Bindung an Jesus fesselt nicht, sondern setzt frei. Seine Herrschaft knechtet nicht, sondern gibt Raum zur Entfaltung. Unser Ich mit unserer Persönlichkeit, unseren Gaben, Fähigkeiten und allem, was sonst noch zu uns gehört, kann sich *gerade* dann optimal entwickeln und entfalten, wenn wir nicht selbstbestimmt, sondern jesusbestimmt leben. Denn die Rebe wächst, entwickelt und „fruchtet" nur, wenn sie am Weinstock hängt.

Es ist fatal, dass gerade unter einer vermeintlich christlichen Prägung Menschen in ihrer Entwicklung oftmals nicht gefördert, sondern klein gehalten, zurechtgestutzt und an falschen Stellen beschnitten werden. Die Folge ist, dass diese Menschen tatsächlich nicht mehr selbstbestimmt leben, aber eben auch nicht wirklich jesusbestimmt, im Sinne einer lebendigen, kraftvollen und gesund entwickelten Persönlichkeit. Abgeknickt und kraftlos hängen sie am Weinstock und werden ausschließlich von einem frommen Regelwerk und dessen Prägung bestimmt. Sie wirken merkwürdig leblos und unscheinbar, sind weder „Fisch noch Fleisch" oder werden hart und gesetzlich. Wahrlich kein Aushängeschild für die Qualität des Weinstocks!

Es bewirkt eben einen großen Unterschied, ob wir mit der Faust in der Tasche und zusammengebissenen Zähnen in Hingabe und Gehorsam leben oder ob wir die Freude, Erfüllung und Kraft kennengelernt haben, die aus der Abhängigkeit vom Weinstock kommt – eine Abhängigkeit, mit der Jesus geehrt wird und durch die wir zur vollen Entfaltung kommen.

Stärke, die aus der Freiheit von Menschen kommt

Leben wir in dieser Abhängigkeit von Jesus, ist unser Leben – auch das ist ein Paradox – von großer Freiheit und Unabhängigkeit gekennzeichnet. Und genau diese Freiheit ist unsere Stärke, denn sie befähigt uns, in Klarheit und Eindeutigkeit unseren eigenen, von Gott gezeigten Weg zu gehen, unabhängig von Menschen und ihren Beurteilungen zu sein und authentisch zu leben.

Leben wir in dieser Abhängigkeit von Jesus, ist unser Leben – auch das ist ein Paradox – von großer Freiheit und Unabhängigkeit gekennzeichnet.

Im Alten Testament wird uns von einem jungen Mann namens Daniel berichtet, der als Jude mitsamt seinen Freunden an den Hof des babylonischen Königs Nebukadnezar verschleppt wurde. Diese jungen Männer kennzeichnete ein außergewöhnlicher Mut im Umgang mit den

Mächtigen des Landes und eine große innere Freiheit und Souveränität, die ihnen ermöglichte, konsequent ihren Weg zu gehen. Ihre Unerschrockenheit gipfelte darin, dass sie die Anweisung, die Götter des Landes und das goldene Standbild des Königs anzubeten, nicht befolgten. Dabei war ihnen die Konsequenz – Tod durch Verbrennen im Feuerofen – durchaus klar. Aber ihnen war genauso klar, dass sie keine andere Autorität akzeptieren würden als den Gott Israels.

Natürlich dauerte es nicht lange und sie wurden vor den König zitiert. Der gab den drei Freunden Daniels noch eine letzte Chance, ihren Fauxpas zu korrigieren, ließ es sich aber ebenfalls nicht nehmen, ihnen die drohende Todesstrafe noch einmal in schillernden Farben vor Augen zu malen. Wir können uns lebhaft vorstellen, wie er sich völlig selbstsicher und entspannt zurücklehnte, bevor er süffisant grinsend fragte: *„Welcher Gott kann euch dann aus meiner Gewalt erretten?“* (Daniel 3,15). Für ihn war klar: Diese Männer sind von *mir* abhängig und deswegen werden sie mir gehorchen. Sie brauchen *mich*, um leben zu können. Diese Gewissheit gab ihm das Gefühl von Macht.

Aber er hatte nicht damit gerechnet, dass Menschen, die mit Gott unterwegs sind, völlig anders „ticken“.

Aber er hatte nicht damit gerechnet, dass Menschen, die mit Gott unterwegs sind, völlig anders „ticken“. Denn er hatte hier keine ängstlichen und eingeschüchterten jungen Männer vor sich, sondern durch den Glauben an Gott gereifte starke Persönlichkeiten. Er hatte Leute vor sich, die bereits an Gott gebunden waren und deswegen *keine* andere Bindung eingingen und *keine* andere Abhängigkeit akzeptierten. Gegenüber der Stärke dieser inneren Freiheit war Nebukadnezar absolut machtlos!

Die Antwort der drei jungen Männer ist dann auch legendär:

Wir haben es nicht nötig, dir darauf zu antworten: Wenn überhaupt jemand, so kann nur unser Gott, den wir verehren, uns erretten; auch aus dem glühenden Feuerofen und aus deiner Hand, König, kann er uns retten. Tut er es aber nicht, so sollst du, König, wissen: Auch dann verehren wir deine Götter nicht und beten das goldene Standbild nicht an, das du errichtet hast.“

Daniel 3,16b-18

Touché! Freiheit und Souveränität pur! Diese Männer blieben – da konnte der König noch so sehr seine Muskeln spielen lassen – absolut souverän. Denn bei ihnen regierte die Stärke und Freiheit, die entsteht, wenn Menschen ausschließlich an Gott gebunden sind.

Diese Souveränität trieb den König zur Weißglut. Er ließ einheizen – aber so richtig! Doch als Daniels Freunde gefesselt in den Feuerofen geworfen wurden, geschah das Unfassbare: Die drei jungen Männer waren tatsächlich auch im materiellen Sinne unantastbar! Das Feuer konnte ihnen nichts anhaben, im Gegenteil: Der Engel des Herrn *„machte das Innere des Ofens so, als wehte ein taufrischer Wind“* (Kapitel 3,50; EÜ[2]).

Auch inmitten dieser im wahrsten Sinne des Wortes brenzligen Situation behielten die Männer einen kühlen Kopf und priesen Gott. Von ihnen ist uns eines der schönsten Lobpreislieder überliefert. Man spürt ihm ab, dass die drei vor lauter Lob und Anbetung regelrecht übersprudeln (Daniel 3,51-90; EÜ).

Diese Geschichte schildert eine sehr extreme Situation. Die wenigsten von uns werden auch nur ansatzweise etwas Ähnliches erleben. Aber sie zeigt, wie viel Stärke, Mut und Souveränität in uns wachsen kann, wenn wir uns ausschließlich Gott und seiner Autorität unterordnen, und wie groß unsere Freiheit von Menschen und ihren Machtspielchen ist, wenn wir allein von *ihm* abhängig sind.

Dass das alles andere als einfach ist, erlebe ich immer wieder, zum Beispiel in Situationen wie der am Anfang dieses Kapitels. Dann merke ich, wie weit ich noch von dieser echten Freiheit entfernt bin und wie schnell ich mich doch wieder in menschliches Macht- und Imponiergehabe verwickele, um Eindruck zu schinden oder andere zu dominieren. Gleichzeitig erlebe ich aber *auch* Situationen, in denen diese große Freiheit in mir schon Wirklichkeit wird. In solchen Momenten bekomme ich eine Ahnung von dem, was in meinem Leben durch Jesus tatsächlich möglich ist!

Stärke, die aus der Unabhängigkeit von den Umständen kommt

Die Stärke einer geistlich gereiften Persönlichkeit liegt auch in der Freiheit und Unabhängigkeit von den Umständen. Paulus schreibt im Brief an die Philipper: *„Denn ich habe gelernt, mich in jeder Lage zurechtzufinden: Ich weiß Entbehrungen zu ertragen, ich kann im Überfluss leben. In jedes und alles bin ich eingeweiht: in Sattsein und Hungern, Überfluss und Entbehrung. Alles vermag ich durch den, der mir Kraft gibt“* (Philipper 4,11 b-13).

Im geistlichen Sinn starke Menschen sind immer auch sehr gelassene Menschen, die mit der Gewissheit leben, mit jeder Situation, und sei sie noch so schwierig, zurechtzukommen. Und das nicht, weil sie ein übermäßig großes Vertrauen in die eigenen Kräfte und Kompetenzen hätten, sondern weil sie wissen, dass sie durch die enge Bindung an Jesus eine innere Kraftquelle haben, die nie versiegt. Unsere eigene Kraft ist begrenzt. Unsere Belastbarkeit ist begrenzt. Unsere

Im geistlichen Sinn starke Menschen sind immer auch sehr gelassene Menschen, die mit der Gewissheit leben, mit jeder Situation, und sei sie noch so schwierig, zurechtzukommen.

Fähigkeit, Schmerz, Trauer und die Querschläge des Lebens auszuhalten, ist begrenzt. Nicht aber die Kraft, die von Gott kommt:

Diesen Schatz tragen wir in zerbrechlichen Gefäßen; so wird deutlich, dass das Übermaß der Kraft von Gott und nicht von uns kommt. Von allen Seiten werden wir in die Enge getrieben und finden doch noch Raum, wir wissen weder aus noch ein und verzweifeln dennoch nicht; wir werden gehetzt und sind doch nicht verlassen; wir werden niedergestreckt und doch nicht vernichtet. ... Darum werden wir nicht müde; wenn auch unser äußerer Mensch aufgerieben wird, der innere wird Tag für Tag erneuert.

2. Korinther 4,7-9.16

Unsere Liebe ist begrenzt. Wir können uns selbst oft nicht lieben, geschweige denn manchen unangenehmen Zeitgenossen. Nicht aber die Liebe, die von Gott kommt: *„Die Liebe Gottes ist ausgegossen in unseren Herzen durch den Heiligen Geist, der uns gegeben ist"* (Römer 5,5b).

Unsere Freude ist begrenzt. Das Erleben von Freude ist häufig sehr abhängig von unserer Tagesform, von unseren Launen und Stimmungen und dem, was wir gerade erleben. Nicht aber die Freude, die von Gott kommt: *„Vor deinem Angesicht herrscht Freude in Fülle, zu deiner Rechten Wonne für alle Zeit"* (Psalm 16,11).

Unsere Hoffnung ist begrenzt und verflüchtigt sich in verfahrenen und aussichtslosen Situationen ganz schnell. Nicht aber die Hoffnung, die von Gott kommt: *„Der Gott der Hoffnung aber erfülle euch mit aller Freude und mit allem Frieden im Glauben, damit ihr reich werdet an Hoffnung in der Kraft des Heiligen Geistes"* (Römer 15,13).

Wir könnten nahezu endlos so weitermachen und den Begrenzungen in uns und um uns herum etwas entgegenhalten von dem, was uns von Jesus zufließt. Damit sind wir im höchsten Maße unabhängig von den Umständen, in denen wir leben müssen.

Schaue ich in mein Leben, dann stelle ich fest, dass ich an dieser Stelle noch eine Menge zu lernen habe. Je nachdem, wie mein Leben verläuft, bin ich mitunter himmelhoch jauchzend oder zu Tode betrübt, sprühe vor Elan oder bin völlig kraftlos, bin voller Hoffnung oder komplett verzweifelt, voller Dankbarkeit oder voller Bitterkeit, voller Liebe oder voller Ablehnung. Ich *re*agiere häufig nur auf das Leben und bleibe damit Abhängige von den Ereignissen. In solchen Situationen muss ich mich immer wieder rückbesinnen auf all das, was ich in Jesus bereits *habe* und was von den Umständen unangetastet bleibt. Um wie viel stabiler und widerstandsfähiger könnte ich sein, wenn ich das wirklich verstanden hätte: Durch Jesus habe ich einen ganz *eigenen*, von den Lebensbedingungen unabhängigen „Stromkreislauf", der mich versorgt – durch ihn kann ich ganz souverän auch die größten Turbulenzen meines Lebens durchstehen!

Stärke, die durch die Freiheit von der Macht der Sünde kommt

Nicht zuletzt – und das ist die Kernbotschaft im Neuen Testament – sind wir durch die Bindung an Jesus frei von der Macht der Sünde. Wir haben uns bereits ausführlicher mit den Themen „Vergebung empfangen" und „Vergebung gewähren" beschäftigt. Deswegen sei dieser Punkt hier nur noch einmal kurz erwähnt.

Solange wir leben, haben wir noch mit den Ausläufern der Sünde zu tun. Aber durch unsere Bindung an Jesus ist ihre alles zerstörende Macht in unserem Leben gebrochen. *„Die Sünde wird nicht über euch herrschen, denn ihr steht nicht unter dem Gesetz, sondern unter der Gnade“*, schreibt Paulus im Brief an die Römer (Kapitel 6,14). Die Sünde kann uns nicht mehr *grundsätzlich* von Gott trennen und hat keinen Anspruch mehr auf uns.

Der Weg zur Gnade steht uns immer offen. Nichts und niemand, keine Macht der sichtbaren oder unsichtbaren Welt, kann diesen Weg mehr versperren.

Natürlich gehen wir der Sünde immer wieder auf den Leim. Das bedeutet aber nicht, dass wir unter ihrer Herrschaft stehen. Nein, wenn wir gesündigt haben, können wir sofort umkehren und zurück in die Freiheit gelangen. Der Weg zur Gnade steht uns immer offen. Nichts und niemand, keine Macht der sichtbaren oder unsichtbaren Welt, kann diesen Weg mehr versperren.

Weil es diesen „Gnadenweg“ gibt, hat die Sünde keine Macht mehr über uns. Denn auch die Sünde kann diesen Weg nicht mehr versperren und somit kann sie uns niemals mehr knechten, klein halten und verbiegen. Wir können auf dem „Gnadenweg“ *jederzeit* direkt zum Herzen von Jesus zurückkehren. Die Sünde kann uns nicht mehr anklagen, denn wir wurden ein für alle Mal freigesprochen. Wir leben jetzt als Begnadigte: in vollkommener Abhängigkeit von dem, der uns begnadigt hat, aber darüber hinaus in absoluter Freiheit!

Einen Weg bahnen

Immer wieder staune ich darüber, wie viel Freiheit und Unabhängigkeit, wie viel Freude und wie viel Stärke durch meine Beziehung zu Jesus in meinem Leben wachsen können. Das Leben, welches Jesus mir anbietet, ist faszinierend und – das begreife ich immer mehr – tatsächlich ein Leben in Fülle. Das „Prinzip" ist eigentlich ganz einfach: Ich brauche nur meine Schwachheit einzugestehen und zu beginnen, aus seiner Kraft zu leben. Ich brauche mich nur von ihm beschenken zu lassen, statt zu versuchen, mir selbst zuzuführen, was ich so sehr benötige.

Aber wie oft erlebe ich, dass mir das Vertrauen auf ihn und seine Versorgung fehlt! Ich binde mich in unguter Weise an Menschen und Umstände und erwarte von ihnen, dass sie mir geben, was ich so sehr benötige: Liebe, Wertschätzung, Sicherheit, Aufmerksamkeit und Erfüllung. Damit mache ich mich an falscher Stelle abhängig. Wenn alles gut läuft, merke ich das noch nicht einmal. Aber wenn ich von Menschen nicht bekomme, was ich suche, bin ich ganz schnell am Boden zerstört. Es reicht ein kritisches Wort, eine Nichtbeachtung, eine Unfreundlichkeit und schon beginne ich mich infrage zu stellen. Wenn der Ablauf meines Alltags nicht so reibungslos klappt oder mein Leben sich ganz anders entwickelt als von mir erwünscht, bin ich schlecht drauf, mache mir Sorgen, bin bekümmert oder aufgebracht. Um wie viel stabiler könnte mein Leben sein, wenn ich bei Jesus suche, was ich von Menschen und den Lebensumständen erhoffe!

Ich ahne, dass mein geistliches und persönliches Wachstum an diesem Punkt stagniert oder aber enorm vorangeht. Ich ahne, dass meine Beziehung zu Jesus eine Tiefe erlangen kann, die ich bisher nur vom Hörensagen kannte. Ich ahne, dass etwas in mir und in meinem Leben passieren kann, von dem ich bisher nur träumte. Ich brauche nur tagtäglich, in jeder Stunde und in jeder Minute, meine Selbstbestimmung aufzugeben und mich in die totale Abhängigkeit von ihm zu begeben. Es ist so leicht ... und doch so schwer!

Zum Nachlesen

2. Mose 14,13-14; Psalm 33,16-22; Sacharja 4,6; Römer 6,1-8.17; 2. Korinther 12,9-10; Galater 5,1; Epheser 3,14-16; Epheser 6,10-17; 2. Timotheus 1,7.

Kapitel 14

Zur Liebe befähigt

In der Liebe verwurzelt und auf sie gegründet, sollt ihr mit allen Heiligen dazu fähig sein, die Länge und Breite, die Höhe und Tiefe zu ermessen und die Liebe Christi zu verstehen, die alle Erkenntnis übersteigt.
Epheser 3,17-19a

„Ich kann machen, was ich will, ich *mag* diese Person einfach nicht. Ich versuche ja, sie zu lieben, aber ich krieg's einfach nicht hin!" Ratlos und auch ein bisschen verzweifelt schaut meine Bekannte mich an. Ich kenne und schätze sie als eine reife und gestandene Person, die mit allen Fasern ihres Herzens Jesus lieben und ihm nachfolgen will. Sie ist mir in so vielen Dingen ein Vorbild! Nur das mit der „blöden Liebe" (O-Ton) will einfach nicht klappen. Nicht generell, aber sie kennt wie wahrscheinlich die meisten von uns ein paar „Spezis", die ihr das Leben schwer machen und denen gegenüber sich positive Gefühle einfach nicht einstellen wollen.

Ich frage mich: Sind diese positiven Emotionen wirklich so entscheidend und von Gott gefordert? Kann ich nicht in meiner *Grund*haltung einem Menschen zugewandt und *für* ihn sein (ihn eben lieben), auch wenn er für mich aufgrund seines Typs und seines Gebarens nicht gerade ein Sympathieträger ist? Und kann ich nicht auch dann ein Liebender bleiben, wenn ich dem anderen Grenzen setze, weil er mir und anderen mit seinem Verhalten schadet? Liebe ich weniger, nur weil ich den anderen mit unbequemen Wahrheiten konfrontiere und damit Unbehagen, Aggressionen oder Konflikte auf den Plan rufe? Bin ich lieblos, wenn ich mich nicht mehr ständig (mit besten Absichten) in das Leben des anderen einmische und ihn stattdessen freigebe, *eigene* Entscheidungen zu treffen und seine *eigenen* Wege zu gehen? Und blende ich nicht all diese gefühlsmäßig unangenehmen und dennoch so wichtigen Aspekte der Liebe aus, wenn ich Liebe nur auf ein kuschlig-warmes „Ich mag dich"-Gefühl reduziere? Also: Wie ist das mit der Liebe?

Zunächst einmal: Geistlich gereifte Menschen *sind* liebesfähige Menschen. Das hat damit zu tun, dass sie im höchsten Maße von dem „Ich bin für dich da" geprägt sind, dessen Wesen Liebe ist. *„Wir haben die Liebe, die Gott zu uns hat, erkannt und gläubig angenommen. Gott ist die Liebe, und wer in der Liebe bleibt, bleibt in Gott, und Gott bleibt in ihm"*, so lesen wir im 1. Johannesbrief 4,1.

Gott liebt nicht nur, sondern er *ist* Liebe. Liebe ist nicht nur ein Teil seiner „Persönlichkeit" oder seines „Charakters", sondern ist sein *Wesen* und seine Identität. „Gott" und „Liebe" sind austauschbare Begriffe. Genauso wenig, wie wir *unsere* unverwechselbare Identität abstreifen können, genauso wenig kann Gott seine Identität, die Liebe, abstreifen. Seine DNA ist immer Liebe, auch da, wo von seinem Zorn die Rede ist, von seiner Eifersucht gesprochen wird, er als Richter auf den Plan tritt oder sein Nichthandeln für uns unverständlich ist. All diese für uns befremdlichen Seiten Gottes, die nicht zu unserem Verständnis von Liebe passen, existieren nicht als Eigenschaften *neben* Gottes Liebe, sondern sind immer Ausdrucksformen seiner Liebe und lassen sich auch nur unter den Vorzeichen der Liebe verstehen.

Das Wissen, dass Gott nur Liebe ist und nur Licht, aber keinerlei Finsternis in ihm ist (1. Johannes 1,5), vertreibt auch den letzten Rest Unsicherheit und Angst vor einer etwaigen Unberechenbarkeit Gottes. *„Furcht gibt es in der Liebe nicht, sondern die vollkommene Liebe vertreibt die Furcht"*, lesen wir in 1. Johannes 4,18.

Entdecken wir Gottes DNA-Spuren in unserem Leben, können wir immer mit ganz großer Gewissheit sagen: „Aha, da war mal wieder die Liebe am Werk." Diese Liebe prägt mit wachsender geistlicher Reife auch unser Leben und das Zusammenleben mit anderen Menschen.

Liebe bedeutet, den Menschen zugewandt zu sein

Das Kennzeichen der Liebe Gottes ist seine absolute Zuwendung zu den Menschen. Ohne einen Unterschied zu machen und ohne Ansehen der Person begegnet Gott jedem Menschen mit voller Aufmerksamkeit und geht ihm nach. Seine Zuwendung geht so weit, dass er selbst Mensch wurde, um sich ganz mit uns zu identifizieren und in unseren Schuhen zu laufen. In Jesus hat Gott nicht nur vorübergehend ein Bad in der Menge genommen, um symbolisch Volksnähe zu demonstrieren, sondern er hat, frei von Berührungsängsten, tatsächlich unter uns und mit uns gelebt. Diese starke Nähe zu den Menschen ließ böse Zungen behaupten, Jesus sei ein Fresser, Säufer und Freund von Zöllnern und Sündern. Zumindest mit der letzten Behauptung hatten seine Gegner absolut recht!

In Jesus hat Gott nicht nur vorübergehend ein Bad in der Menge genommen, um symbolisch Volksnähe zu demonstrieren, sondern er hat, frei von Berührungsängsten, tatsächlich unter uns und mit uns gelebt.

Dieselbe den Menschen zugewandte Haltung finden wir auch bei Paulus, der die steile Aussage formulierte:

Den Juden bin ich ein Jude geworden, um Juden zu gewinnen; denen, die unter dem Gesetz stehen, bin ich, obgleich ich nicht unter dem Gesetz stehe, einer unter dem Gesetz geworden, um die zu gewinnen, die unter dem Gesetz stehen. Den Gesetzlosen war ich sozusagen ein Gesetzloser – nicht als ein Gesetzloser vor Gott, sondern gebunden an das Gesetz Christi –, um die Gesetzlosen zu gewinnen. Den Schwachen wurde ich ein Schwacher, um die Schwachen zu gewinnen. Allen bin ich alles geworden, um auf jeden Fall einige zu retten.

1. Korinther 9,20-22

Auch Paulus versuchte, den größtmöglichen gemeinsamen Nenner mit denen zu finden, die er mit Jesus bekannt machen wollte und mit denen er sein Leben teilte.

Um einen Zugang zu den Herzen der Menschen zu finden, sind auch wir immer wieder herausgefordert, im Zusammensein mit ihnen das Verbindende zu suchen, statt Trennendes zu betonen.

Das gilt zunächst für unseren Umgang mit unseren Schwestern und Brüdern aus anderen Konfessionen und Denominationen. Wie viel unnötige Abgrenzung findet hier statt, nur weil der andere eine andere Frömmigkeit lebt, eine andere Sprache spricht und ihm ein anderer, uns fremder Stallgeruch anhaftet. Wie oft folgen wir unseren Vorurteilen, ohne erst einmal genauer hinzuschauen und hinzuhören. Wie oft suchen wir das Haar in der Suppe, um es dann triumphierend hochzuhalten, als Beweis dafür, dass der andere eben doch nicht „richtig“ (meint: so wie wir!) glaubt. Wie wenig Mühe geben wir uns, den anderen überhaupt erst einmal zu verstehen, ihn mit seiner Art, zu glauben und nachzufolgen, zu achten und von seinen Erkenntnissen zu lernen. Wie wachstumsfördernd ist es dagegen, wenn wir über unseren Tellerrand schauen und uns auf die Andersartigkeit des anderen einlassen.

Vor einigen Jahren folgte ich der Einladung eines katholischen

Kirchenchores in unserem Nachbardorf. In dem geplanten Chorprojekt sollten die Orgelmesse von Haydn und noch ein paar andere Klassiker gesungen werden. Das reizte mich sehr, wenngleich ich eingestehen muss, dass mein erster Gedanke war: „Gibt es so etwas in der Art denn nicht auch bei *uns*?“ Dieses Denken bin ich gewohnt. Man fährt lieber meilenweit irgendwohin zu „seiner“ Gemeinde, um dort die „Geschwister“ zu treffen, als den Fuß über die Schwelle einer anderen, fremden Gemeinde oder Kirche zu setzen. Ich wollte es aber zumindest einmal versuchen und betrat am nächsten Abend mit einer merkwürdigen Mischung aus Angst und Neugier ein fremdes Gemeindehaus, um mit fremden Menschen fremde Choräle mit gänzlich fremden Texten zu singen.

Freundliche, herzliche Menschen hießen mich willkommen und dabei lernte ich staunend meine erste Lektion: Nicht nur wir Freikirchler (das ist der Stall, aus dem ich komme) haben eine enge, herzliche Gemeinschaft, in der andere aufrichtig willkommen sind, sondern jenseits unseres Bretterzauns gibt es so etwas auch, und es herrscht nicht unbedingt – wie häufig gemunkelt wird – nur eisige, kirchliche Kälte.

Der mehrstimmige Chorgesang, eine lateinische Messe voller Harmonien und sehr stimmgewaltig, rührte mich zutiefst an und war an diesem Abend mein Bekenntnis und Lobpreis hin zu Jesus. Mein freikirchliches Über-Ich zischte mir zu: „Das sind großartige Worte, die hier alle singen, Worte, die Gott loben und preisen – aber wer von denen hier ist schon *wirklich* gläubig?“ Ich zischte zurück: „Das ist mir jetzt egal“, worauf mich das Freikirchen-Über-Ich entsetzt ansah und sich dann schmollend zurückzog. Es war mir in diesem Moment wirklich egal. Diese Vorverurteilung eines Menschen oder einer Gruppe in gläubig, nicht *richtig* gläubig oder gänzlich *un*gläubig machte schon lange nichts Gutes mehr mit mir und ich empfand diese Haltung zunehmend als anmaßend und überheblich.

Von da an besuchte ich im Rahmen meines Chorgesanges die eine oder andere katholische Messe. Und war häufig sehr beeindruckt. Da gab es beispielsweise eine Vielzahl an Ritualen, die mir völlig fremd waren und deren Inhalt sich mir erst nach und nach erschloss. Ich kann mir durchaus vorstellen, dass es gar nicht leicht ist, solche Rituale immer mit Leben zu füllen, wenn man mit ihnen groß geworden ist. Möglicherweise werden sie irgendwann zu leeren Handlungen, denen man gar keine Bedeutung mehr beimisst. Um dem vorzubeugen, gibt es bei uns Freikirchlern so gut wie gar keine Rituale mehr. Wir legen nämlich sehr großen Wert darauf, dass wir bei dem, was wir mit und vor Gott tun, alle unsere Sinne beisammenhaben und authentisch sind. Deswegen sagen wir Jesus direkt, wie's uns ums Herz ist – wir meinen, das kommt ehrlicher als ein vorgefertigtes Gebet. Und deswegen vermeiden wir Rituale, die schnell zu einer sinnentleerten, nicht authentischen Handlung werden könnten.

Wir haben nichts, woran wir uns festhalten können, wenn unser authentisches Ich mal schlappmacht.

Die Sache hat zwei Haken. Der eine heißt: Wir haben nichts, woran wir uns festhalten können, wenn unser authentisches Ich mal schlappmacht. Und das kann, das weiß ich ja nun aus meinem Leben, durchaus vorkommen. Das Balancieren auf dem Drahtseil einer persönlichen Krise oder einer geistlichen Dürreperiode gestaltet sich aber möglicherweise leichter, wenn man wenigstens noch ein Geländer zum Festhalten hat. Der zweite Haken: Unser Frömmigkeitsstil ist ziemlich verkopft. Wir haben ja nicht mehr viel zum Fühlen, Gucken, Schmecken und Riechen übrig gelassen. Bleiben also, zumindest in manchen Gruppierungen, nur noch der Intellekt und das Reden übrig, um Gott zu erleben und zu erfassen. Das führt zu endlosen Gesprächen und Diskussionen über Bibeltexte und darüber, was uns dieser Text zu sagen hat. Der Erlebnisfaktor, den wir als Menschen so dringend benötigen, weil wir nicht nur wandelnde Köpfe sind, kommt dabei häufig viel zu kurz.

Es gab also einiges, was ich bei meinem Ausflug in die katholische Kirche gelernt habe. Der Kontakt mit dieser mir völlig fremden Frömmigkeit hat mich bereichert, Vorurteile abgebaut und Verstehen in mir wachsen lassen. Dabei müssen unterschiedliche Standpunkte durchaus nicht aufgegeben werden und Konturen müssen nicht zwangsläufig verwischen. Durch Jesus gereifte Liebe kann dem anderen ganz zugewandt sein und dennoch ganz bei sich selbst bleiben!

Vor allem aber sind wir aufgefordert, uns den Menschen, die Jesus noch nicht kennen, bedingungslos zuzuwenden. Auch wir sollen nicht nur Volksnähe demonstrieren, sondern Nähe tatsächlich *leben*. Das ist gar nicht so leicht, wenn man mit einer anderen, vermeintlich christlichen Prägung groß geworden ist:

„Habt nicht lieb die Welt und was in der Welt ist! Wer die Welt liebt, hat die Liebe zum Vater nicht“ (1. Johannes 2,15), so oder ähnlich wurde in meiner Kindheit häufig von der Kanzel gewettert. Aus Angst davor, sich mit weltlichen Gedanken und Verhaltensweisen zu „infizieren“, wandte man sich den Menschen nicht zu, sondern kapselte sich ab und leistete damit einer frommen Gettobildung Vorschub. Einmal im Jahr verließen wir dann unseren frommen Kokon und versuchten, Menschen in den geschützten, sicheren Raum der Gemeinde oder eines Evangelisationszeltes einzuladen. Zu diesen Menschen hatten wir im „realen Leben“ oftmals gar keine echte Beziehung, was das plötzlich erwachte Interesse an ihnen recht fragwürdig erscheinen ließ.

Heute verstehe ich, dass unsere Eltern und die Verantwortlichen der Gemeinde solche oder ähnliche „Das ist die böse Welt"-Aussagen zitiert und entsprechend interpretiert haben, um uns als Kinder und Jugendliche vor unguten Einflüssen und falschen Wegen zu schützen. Und ganz sicher waren diese Schutzmaßnahmen nicht immer schlecht, sondern haben uns an der einen oder anderen Stelle davor bewahrt, einen falschen Weg einzuschlagen. Aber später spürte ich, dass ich diese Prägung mit Eintritt ins Erwachsenenalter nicht einfach abstreifen und den Schalter plötzlich umlegen konnte. Und so blieb es häufig bei einer offenen oder subtilen Abgrenzung gegen „die da draußen".

Das „Ich gehöre nicht dazu" und die Ängste vor der bösen Welt sitzen bei mir immer noch tief und lassen sich nicht mit noch so ausgeklügelten missionarischen Programmen und „Jesus liebt dich"-Sprüchen ausmerzen. „Gehet hin in alle Welt" kostet mich häufig viel Überwindung und ist mehr ein Gehorsamsakt als ein echtes Herzensanliegen. Aber auch in diesem Punkt gehe ich meine kleinen Schrittchen, übe Neues ein und hoffe, dass Jesus auch aus dem bisschen, was ich ihm an dieser Stelle bieten kann, etwas macht. Dabei ist es für mich sehr wichtig geworden, dass ich authentisch sein und bleiben darf und nicht etwas aufsetzen muss, was gar nicht zu mir passt.

Aber auch in diesem Punkt gehe ich meine kleinen Schrittchen, übe Neues ein und hoffe, dass Jesus auch aus dem bisschen, was ich ihm an dieser Stelle bieten kann, etwas macht.

Vor einiger Zeit fragte meine Nachbarin mich, ob ich Lust hätte, abends mit ihr etwas trinken zu gehen. Lust hatte ich keine, aber ich hatte Jesus ja versprochen, meine kleinen Schritte zu gehen. Ich überwand mich also und so saßen wir stundenlang in einem netten Bistro und redeten und redeten. Kamen in tiefe Gespräche über Persönlichkeitsstrukturen, schwierige Prägungen aus der Kindheit, mütterliche Gefühle, über die Unfähigkeit zu lieben, das Empfinden, selbst nicht liebenswert zu sein, und, und, und. Ich konnte sie so gut verstehen und fühlte mich ebenso verstanden. Kurz bevor wir gingen, stieg aus dem hintersten Eckchen meiner Gehirnwindungen der Gedanke auf, jetzt, gerade in diesem Zusammenhang, doch noch etwas von Jesus sagen zu müssen. Ich bemühte mich, noch irgendwie die Kurve zu kriegen – da war die Situation schon vorbei. In dem Moment, wo ich versuchte, noch schnell meinen missionarischen Ausfallschritt zu machen, fühlte ich mich auf einmal fremd und unwohl in meiner Haut. Vorher, da war ich authentisch, das war ich: gerne und gut zuhören, mich und meine Gedanken und Gefühle mitteilen, von schwierigen Zeiten in meinem Leben sprechen und den anderen hinter meine Fassade gucken lassen, weil ihm das augenscheinlich guttut. Alles andere empfand ich als aufgesetzt – das war irgendwie nicht mehr ich. Und außerdem: Was hätte ich schon sagen können? Hatte nicht gerade ich trotz meines Christseins häufig das Gefühl, nicht auszureichen und wertlos zu sein? Klangen Aussagen wie: „Gott kann unseren Liebestank auffüllen", aus meinem Mund nicht wie Hohn und Spott?

In dem Moment, wo ich versuchte, noch schnell meinen missionarischen Ausfallschritt zu machen, fühlte ich mich auf einmal fremd und unwohl in meiner Haut.

Heute, einige Zeit nach diesem Erlebnis, weiß ich, dass ich bei Jesus und in seinem Dienst authentisch sein darf. Ich muss kein frommes Theater spielen und Sätze von mir geben, die nicht passen. Deswegen darf ich auch im Umgang mit Menschen, die keine Beziehung zu Gott haben, Fragender und Suchender bleiben und brauche Gott und sein Handeln nicht zu verteidigen. Jesus redet durch mich, wie es zu mir passt. Heute würde ich meiner Nachbarin vielleicht sagen: „Du, ich habe mit meinem Selbstwertgefühl auch immer wieder Schwierigkeiten. Ich fühle mich oft ungenügend und meine, nicht liebenswert zu sein. Aber ich glaube, dass Gott mir immer wieder versucht zu sagen, dass ich wertvoll und von ihm geliebt bin. Nur, dass diese Botschaft bei mir oft nicht ankommt, weil auf meiner Festplatte so viele Negativbotschaften gespeichert sind. Manchmal erreichen mich seine Worte, aber manchmal auch nicht. Dennoch glaube ich, dass ich bei ihm mit meiner Suche an der richtigen Adresse bin." Das wäre ich. Ich muss meine Zerbrochenheit nicht weglügen, weil sie ein schlechtes Licht auf Jesus werfen könnte. Ich darf mich *neben* den anderen stellen und muss nicht *über* ihm stehen. Ich darf, so sagte einmal jemand, Bettler sein, der einem anderen Bettler zeigt, wo es Brot gibt, auch wenn er selbst noch nicht satt geworden ist. Ich muss nicht Vorzeigeobjekt sein, sondern vor allem eins: ehrlich und ganz ich selbst!

Für andere wiederum ist das „Mittendrin" vertraut und sie bewegen sich sehr sicher auf dem Parkett dieser Welt. „Nicht von der Welt, aber mitten in der Welt" – das funktioniert aber nur, wenn wir einen festen Stand haben und frei von Angst und Scham unseren Mann oder unsere Frau stehen. Sonst verlieren wir schnell den Boden unter den Füßen. Mittendrin zu sein heißt ja nicht, dass wir angepasst sind und alles abnicken, sondern bedeutet, dass wir uns auch in sehr engen Beziehungen mit Menschen, die ohne Jesus leben, zu unserer Identität als Gottes Kinder bekennen.

Sind wir von der Liebe geleitet, werden wir nicht in erster Linie fromme Richtigkeiten unters Volk bringen und ständig mit mahnend erhobenem Zeigefinger darauf hinweisen, dass „wir als Christen" in diversen Fragen der Ethik und Moral ganz anders und vor allem „richtig" denken. Damit demonstrieren wir moralische Überlegenheit, die mehr abschreckt als anzieht und die wir darüber hinaus auch gar nicht besitzen.

Vielmehr können wir deutlich machen, dass auch wir unverdient beschenkt und begnadigt wurden und dieses Geschenk angenommen haben. Von der Liebe Gottes erfüllt, versuchen wir nun, entsprechend zu leben, damit diese Liebe in uns und um uns herum immer mehr Raum gewinnt. In dieses Erleben möchten wir andere gerne mit hineinnehmen.

Sind wir mit dieser dankbaren und demütigen Haltung unterwegs, dann sind wir dem anderen ganz zugewandt, hören ihm zu und können dabei auch zwischen den Zeilen von seinen Nöten lesen. Es geht darum, ihm die gleiche Liebe und Aufmerksamkeit entgegenzubringen, die Jesus auch uns immer wieder schenkt. Es geht darum, frei und entspannt auch über eigene Fehler und Schwächen zu sprechen, weil wir eben nicht von unserer Leistung und unserem Gutsein leben, sondern von der bedingungslosen Annahme des „Ich bin für dich da". Es geht darum, anzunehmen, wo andere ablehnen, zu vergeben, wo andere aufrechnen, und Wertschätzung zu vermitteln, wo andere nur Verachtung übrig haben.

Ob im Umgang mit Christen oder solchen, die sich nicht dazu zählen – zugewandte Liebe bedeutet, dass wir in der Begegnung mit dem anderen das Verbindende suchen, statt uns auf das Trennende zu konzentrieren.

An dieser Stelle ein paar Fragen, die uns vielleicht weiterhelfen können:

- Welchen gemeinsamen Nenner könnte ich mit dem Mitchristen finden, dessen Bibel- und Glaubensverständnis sich von dem meinigen grundlegend unterscheidet?
- Was könnte das Verbindende mit meinem Nachbarn, mit dem Arbeitskollegen oder Sportsfreund sein?
- Was verbindet mich mit meinen Eltern, Geschwistern oder Kin-

dern, die einen ganz anderen Lebensweg eingeschlagen haben als ich? Wie könnte ich dieses vielleicht sehr dünne Band stärken?

- Wo gibt es in meinem Leben Menschen, die diese zugewandte Liebe dringend benötigen, weil sie am Rand der Gesellschaft stehen, schwach, bedürftig, alt oder einsam sind? Wie könnte ich diesen Personen meine Zuwendung zeigen? Welche Möglichkeiten gäbe es, sie in mein persönliches Leben oder in das Leben meiner Gemeinde mit einzubinden?

Liebe bedeutet, wahr zu sein

„Wahrheit und Freiheit verbinden sich miteinander oder sie gehen gemeinsam elend zugrunde", hat Papst Johannes Paul II. gesagt. In unserem Kontext könnten wir ergänzen: „Auch Wahrheit und *Liebe* verbinden sich miteinander oder sie gehen gemeinsam elend zugrunde." Liebe braucht die Wahrheit, sonst verliert sie an Qualität und Tiefe. Und Wahrheit braucht die Liebe, sonst wird sie hart und gesetzlich.

Liebe braucht die Wahrheit, sonst verliert sie an Qualität und Tiefe. Und Wahrheit braucht die Liebe, sonst wird sie hart und gesetzlich.

„Wir wollen uns, von der Liebe geleitet, an die Wahrheit halten und in allem wachsen, bis wir ihn erreicht haben", schreibt Paulus an die Epheser (Kapitel 4,15) und bringt damit etwas zusammen, was wir in der Begegnung mit anderen Menschen oft nicht „unter einen Hut" bekommen.

Jemandem in Liebe vollkommen zugewandt zu sein und trotzdem oder gerade deswegen ihm gegenüber ganz ehrlich und authentisch zu sein, ist für uns oft schwierig. Und das nicht zu Unrecht: Wie oft ziehen sich Menschen zurück, kaum, dass sie mit unserer wahren Identität und dem, was *auch* zu uns gehört, konfrontiert worden sind? Und umgekehrt: Wie oft reagieren andere verärgert, wenn man ihr Denken, Reden und Verhalten nicht teilt, sondern eine abweichende Meinung deutlich kundtut?

Um Beziehungen und die Harmonie nicht zu gefährden, verschleiern wir deswegen häufig die Wahrheit und verstecken, wer wir *wirklich* sind und was wir *wirklich* denken und fühlen. Gehen wir mit den Ansichten und Lebensweisen eines anderen nicht d'accord, schweigen wir lieber und tolerieren, statt zu konfrontieren.

Liebe im Sinne Gottes ist aber kein watteweiches Wohlgefühl, welches alles und jeden einbettet und dabei jede Schärfe und Kontur verliert. Liebe in unserem Sinne ist auch nicht identisch mit „lieb sein" und „nett sein", sondern kann für uns und andere durchaus sehr unbequem und schmerzhaft sein. Liebe ist aber dennoch immer *für* den anderen und ihm zugewandt – und gerade deswegen auch daran interessiert, ein authentisches Miteinander zu fördern und nötigenfalls auch zu ent-täuschen. Denn was nützt es uns und anderen, wenn wir in Täuschungen leben, die uns zwar momentan zu einem harmonischen Miteinander und einem angenehmen Lebensgefühl verhelfen, aber langfristig nur Schaden anrichten? Die Liebe braucht die Wahrheit! Aber „die Wahrheit reden" im Sinne Gottes hat nichts gemein mit frömmelnder Rechthaberei und einem penetranten Pochen auf biblische Richtigkeiten.

Um Beziehungen und die Harmonie nicht zu gefährden, verschleiern wir deswegen häufig die Wahrheit und verstecken, wer wir wirklich sind und was wir wirklich denken und fühlen.

In der Bibel (vor allem im Alten Testament) ist „Wahrheit" kein abstrakter Begriff, bei dem es um das Für-wahr-Halten von theoretisch errichteten Gedankengebäuden oder Sachverhalten geht, sondern kommt aus dem Bereich der Beziehung und dem ganz praktischen Lebensvollzug. Wahr ist, was fest, zuverlässig und tragfähig ist und sich darüber hinaus im Leben bewährt hat. Wahr ist, *wer* sich in Vergangenheit, Gegenwart und Zukunft als treu und zuverlässig erwiesen hat und immer noch erweist. Deswegen kann Jesus auch sagen, dass *er* die Wahrheit ist. In ihm ist das Echte, Unverfälschte, Treue und Zuverlässige in Person vorhanden.

Wahrheit lässt sich also gar nicht von Beziehungen, von unserem Leben und erst recht nicht von der Liebe trennen, wenn sie im Sinne Gottes praktiziert und gelebt werden will. Ist sie nicht in Beziehung eingebettet, wird sie deswegen schnell zerstörerisch und hart. Sie dient dem Ziel, Lebenslügen aufzudecken, um damit gesunde, heile Beziehungen zu uns selbst, zu unserem Nächsten und zu Gott wiederherzustellen. Wahrheit im Sinne Gottes will nicht zerstören, sondern heilen. Um dieses Ziel zu erreichen, braucht Wahrheit immer auch die Liebe!

Jesus war stets voller Liebe, aber auch wahr. Dazu gehörte, dass er Menschen ganz zugewandt war, sie aber *auch* mit sich selbst, ihren Abgründen und den Folgen ihres Handelns konfrontierte. Dabei war er manchmal so geradeheraus, dass man beim Lesen seiner Worte mitunter die Luft anhalten muss. Aber gerade weil er die Menschen so sehr liebte, überließ er sie nicht ihren Täuschungen und Irrtümern, sondern deckte sie auf.

Genauso wenig versuchte er, Menschen unter Vorspiegelung falscher Tatsachen in die Nachfolge zu locken. In Lukas 14,25-34 ermahnte Jesus seine begeisterte Anhängerschaft, sich gut zu überlegen, worauf sie sich beim Projekt „Nachfolge" einließen. Er beendete seine Rede vom Kostenüberschlagen mit dem Satz: *„Das Salz ist etwas Gutes. Wenn aber das Salz seinen Geschmack verliert, womit kann man ihm seine Würze wiedergeben? Es taugt weder für den Acker noch für den Misthaufen, man wirft es weg. Wer*

Ohren hat zum Hören, der höre" (Lukas 14,34-35). Mit anderen Worten: Wenn du gut startest, aber nach und nach deinen „Geschmack", deine Power, deinen Elan und deine Lust verlierst, weil dir doch alles zu anstrengend und zu schwierig wird, dann bist du irgendwann nichts Halbes und nichts Ganzes mehr. Du taugst schlussendlich zu gar nichts mehr.

Harte Worte, aber wahre Worte, mit denen Jesus seiner Zuhörerschaft die Illusion raubte, Nachfolge wäre ein netter Spaziergang, den man ohne Anstrengungen und Mühe locker absolvieren könne. Sie erzeugten auch nicht gerade ein „Wir haben uns alle lieb"-Gefühl, sondern brüskierten und verpassten der Begeisterung des einen oder anderen sicherlich einen mächtigen Dämpfer. Es sind allerdings durchaus auch liebevolle Worte, welche die Menschen davor schützen sollten, in ihrer Euphorie alles stehen und liegen zu lassen und wegen falscher Vorstellungen hinterher bitter enttäuscht zu sein.

Harte Worte, aber wahre Worte, mit denen Jesus seiner Zuhörerschaft die Illusion raubte, Nachfolge wäre ein netter Spaziergang, den man ohne Anstrengungen und Mühe locker absolvieren könne.

Auch in unserem Leben gehören Liebe und Wahrheit untrennbar zusammen und sollten gut ausbalanciert sein. An dieser Stelle ein paar Fragen, die vertiefen helfen können:

- In welchen Situationen meines Lebens verschleiere ich die Wahrheit und vermeide Konfrontationen um des „lieben Friedens" willen?
- Wann lasse ich Dinge einfach laufen, stecke den Kopf in den Sand oder rede alles schön, weil ich nicht unbequem sein möchte?
- Wo unterstütze ich Täuschungsmanöver, weil auch ich Angst vor der Wahrheit habe oder selbst von der Täuschung profitiere?
- An welchen Stellen meines Lebens „haue ich anderen die

Wahrheit um die Ohren" – nicht, weil ich *sie* zurechtbringen will, sondern weil ich *mich* durchsetzen will?

- Wo geht es mir nur um die „richtige" Lehre und die korrekte Überzeugung, sodass ich den anderen und sein Heil nicht im Blick habe?
- Bin ich in meiner Lebenswirklichkeit und in meinen Beziehungen von Wahrheit geprägt?

Liebe bedeutet, loszulassen

Gott hat den Menschen aus freiem Entschluss „einfach so" geschaffen – um Gemeinschaft mit ihm zu haben und um ihn zu lieben. Er hat es so eingerichtet, dass der Mensch diese Liebe voller Vertrauen aus freien Stücken beantworten kann. Wäre auch nur ein Quäntchen Zwang oder Unfreiwilligkeit im Spiel, wäre diese Liebe keine Liebe mehr. Dann wären wir Marionetten, die gehorchten und funktionierten, aber nicht unbedingt auch liebten. Nur in der Freiheit kann sich Liebe entfalten und zeigt sich wirkliche Liebe.

Im Johannesevangelium ist uns eine lange, recht schwer verständliche Rede von Jesus überliefert (Johannes 6,22-59), in der er über das Manna vom Himmel und das wahre Brot des Lebens spricht. In diesem Kontext erklärt Jesus, dass wir sein Fleisch essen und sein Blut trinken müssen, um in ihm zu bleiben.

Für die Zuhörer damals, die den großen Zusammenhang und die theologische „Auswertung" noch nicht kannten so wie wir heute, müssen diese Worte äußerst befremdlich gewesen sein, vor allem, wenn sie diese wörtlich und nicht bildhaft verstanden. Die Reaktion auf seine Rede war dann auch entsprechend: *„Viele seiner Jünger sagten: Was er sagt, ist unerträglich. Wer kann das anhören?"* (Johannes 6,60).

Jesus machte daraufhin deutlich, dass man seine Worte nur geistlich, eben durch den Geist verstehen kann, aber dass dieses Verständnis, und damit der Weg zu Jesus, auch nur vom Vater gegeben werden kann. Diese Aussage brachte für viele seiner Jünger das Fass zum Überlaufen und sie verabschiedeten sich aus der Jüngerschaft. Mit seiner Rede hatte er in ihren Augen den Bogen gründlich überspannt.

Eine äußerst kritische Situation, in der das Projekt Nachfolge zu kippen drohte! Was, wenn jetzt das Ganze eine nicht mehr zu kontrollierende Dynamik bekäme und alle Jünger, ohne Ausnahme, das Weite suchten?

Nachdem ihn der große Pulk verlassen hatte, wandte Jesus sich an die Zwölf, die er in den engeren Jüngerkreis berufen hatte. Er wusste, dass es jetzt Spitz auf Knopf stand, weil möglicherweise auch dem einen oder anderen aus diesem engsten Kreis Zweifel an seiner Glaubwürdigkeit gekommen waren.

> Jesus macht deutlich, dass er und sein Vater im Himmel jeden Menschen von Herzen lieben und ihn mit offenen Armen empfangen – dass sie aber niemanden festhalten, der (wieder) gehen möchte.

Es wäre ihm ein Leichtes gewesen, diesen kleinen Rest nun unter Druck zu setzen, moralisch oder emotional an sich zu binden und sie mit einer flammenden Rede noch einmal so richtig auf die Nachfolge einzuschwören. Aber nichts von alledem tut Jesus, sondern er fragt nur: *„Wollt auch ihr weggehen?"* (Johannes 6,66).

Er stellt eine schlichte Frage, mit der er seinen Jüngern selbst in dieser kritischen Situation die Wahlfreiheit lässt – selbst auf die Gefahr hin, dass sie sich gegen ihn entscheiden.

Auch in anderen Geschichten, etwa im Gleichnis vom verlorenen Sohn (Lukas 15,11-32) oder bei der Begegnung mit dem reichen jungen Mann (Markus 10,17-27), macht Jesus deutlich, dass er und sein Vater im Himmel jeden Menschen von Herzen lieben und ihn mit offenen Armen empfangen – dass sie aber niemanden festhalten, der (wieder) gehen möchte.

Leider atmet *unsere* Liebe zu anderen oft nicht diese Freiheit. Manche, die in christliche Kreise „geraten" oder darin aufgewachsen sind, fühlen sich unter Druck gesetzt oder manipuliert und vielerlei Zwängen ausgesetzt. Die Liebe Gottes und ein christlicher Lebensstil haben sie nicht fasziniert, begeistert und zutiefst überzeugt, sondern Angst vor Strafe, Druck und Manipulation haben sie in die Nachfolge gezwungen. Wenn hier keine Heilung passiert, bleibt dieses Grundmuster in unserer Beziehung zu Gott erhalten, und Druck, Unfreiheit und Ängste dominieren unser Leben mit ihm.

Als Menschen, die andere gerne mit dem Evangelium erreichen möchten, bewegen wir uns auf einem schmalen Grat. Einerseits haben wir den Auftrag, anderen von der Liebe Gottes, die in Jesus unter uns gelebt hat, zu erzählen. Das soll keine fromme Pflichterfüllung sein, sondern eine leidenschaftliche Sache, die uns begeistert. Schließlich haben wir selbst erlebt, wie viel Heil, Befreiung und Veränderung in unser Leben durch unsere Hinwendung zu Gott gekommen sind! Darüber hinaus wissen wir, dass das, was wir glauben, nicht eine von vielen Möglichkeiten ist, sondern *die* Möglichkeit, nicht einer von vielen Wegen, sondern *der* Weg. Wir wissen, dass es um das Leben schlechthin geht und nicht nur um eine von vielen Formen, das Leben zu gestalten. Der Glaube an Gott, so unsere Überzeugung, ist alternativlos! Das gibt unserer Botschaft eine gewisse Dringlichkeit und Nachdrücklichkeit.

Dennoch sollten andere Menschen in unserer Gegenwart immer Freiheit atmen können. Gott selbst gibt ihnen diese Freiheit. Wenn einer sich von Herzen danach sehnt, dass diese Menschen zu ihm kommen, dann doch er! Und trotzdem lässt er ihnen die Wahl, seiner Einladung zu folgen oder sich abzuwenden.

An dieser Stelle heiligt der Zweck *nicht* die Mittel. Manchmal wird gesagt: „Aber es geht doch um die Ewigkeit – da ist jedes Mittel recht. Wenn sich jemand aus Angst bekehrt – sei's drum! Hauptsache, er bekehrt sich!" Doch unser Wunsch, dass andere Menschen die Ewigkeit bei Gott verbringen, darf niemals dazu führen, dass wir, in welcher Form auch immer, dem anderen die Freiheit rauben. Denn diese Haltung entspricht nicht dem Wesen Gottes.

Geistlich gereifte Menschen bieten anderen die Liebe Gottes an, sind aber auch fähig, sie loszulassen, damit sie ihre eigene Entscheidung treffen und ihren eigenen Weg gehen können. Genauso wenig, wie Gott seine Liebe zum Einzelnen von dessen Entscheidung für oder gegen ihn abhängig macht, genauso wenig machen sie ihre Liebe zu den Menschen davon abhängig, ob jemand schon oder noch mit Jesus unterwegs ist oder nicht.

Den anderen loslassen – das gilt darüber hinaus auch in allen anderen Situationen, in denen Menschen Wege gehen und Entscheidungen treffen, die in unseren Augen nicht richtig sind. Es kann durchaus wichtig sein, den anderen mit unserer Sicht der Dinge zu konfrontieren und ihn auf eine mögliche Fehlentscheidung aufmerksam zu machen. Aber was er dann mit unseren Impulsen macht, das ist *seine* Entscheidung, für die wir ihn freigeben müssen.

Auch hier noch einige Fragen zum Weiterdenken:

- Lebe ich in einer Beziehung zu Gott, die Freiheit atmet, oder stecke ich immer noch in alten Zwängen und Ängsten fest und fühle mich in seiner Gegenwart bedroht und unter Druck gesetzt?

- An welchen Stellen meines Lebens fällt es mir (vielleicht aus den gleichen Gründen) schwer, *andere* ihren eigenen Weg mit Gott finden zu lassen?
- Wo übe ich – mit besten Absichten – Druck aus, manipuliere oder versuche, zu überreden?
- Wo habe ich Menschen wie eine heiße Kartoffel fallen gelassen, weil sie nicht mehr mit mir gemeinsam Jesus nachfolgten?
- Fällt es mir vielleicht generell schwer, andere ihre eigenen Entscheidungen treffen und ihren eigenen Weg finden zu lassen? Woran könnte das liegen?

Gott möchte uns zur Liebe befähigen! Einer Liebe, die dem anderen unabhängig von unserer Gefühlslage vorbehaltlos und völlig zugewandt ist. Einer Liebe, die gerade deswegen die Wahrheit nicht verschleiert. Einer Liebe die, auch wenn es wehtut, den anderen ziehen lässt!

Einen Weg bahnen

Ich weiß, dass Gott die vollkommene Liebe ist. Aber ich entdecke in dieser Liebe immer wieder Facetten, die mir fremd und unverständlich sind. Dennoch möchte ich daran festhalten, dass Gottes Wesen ausschließlich Liebe und bei ihm nur Licht und keine Finsternis ist.

Ich möchte auch in meiner eigenen Liebesfähigkeit wachsen. Dabei merke ich jedoch immer wieder, dass mein Verständnis von Liebe sehr einseitig und vom momentan herrschenden Zeitgeist geprägt ist. Deswegen will ich stets überprüfen, ob es sich bei meinem Verständnis von Liebe immer noch um das handelt, was Gott unter „Liebe“ versteht.

Ich weiß, dass ich diese Liebe nicht „machen" und selbst produzieren kann. Auch hier bin ich wieder vollkommen abhängig davon, dass Gott mich beschenkt. Aber ich möchte ihn jeden Tag neu um dieses Geschenk bitten. Denn Menschen sollen in mir und durch mich hindurch die Liebe, die Jesus zu ihnen hat, entdecken und kennenlernen. Das ist mein größter Wunsch!

Zum Nachlesen

5. Mose 10,12-13; Markus 10,17-27; Johannes 15,9-11; 1. Korinther 13; Epheser 4,24-25; Kolosser 3,12-15; Hebräer 12,5-12; 1. Petrus 4,7-8; 1. Johannes 4,16-21.

Kapitel 15

Ein Geschenk für andere

Die Einzigen unter euch, die wirklich glücklich sein werden, sind die, die suchten und herausfanden, wie sie dienen können.
Albert Schweitzer

Wachstum, Reife und die Entwicklung des uns anvertrauten Potenzials dienen nicht dem Selbstzweck. Selbst-Verwirklichung macht nur dann Sinn, wenn sie uns befähigt, uns optimal in das Zusammenleben mit anderen einzubringen. Deshalb ist das Ziel einer gelungenen geistlichen und persönlichen Entwicklung immer auch, ein dienender Mensch zu werden, der das Leben anderer durch sein Dasein und Tun bereichert.

Auch hier begegnet uns ein scheinbares Paradox: Wer sich im Dienst an andere verschenkt, ist häufig der, der am meisten beschenkt wird. Wer in das Leben anderer investiert, verliert nicht, sondern bereichert das eigene Leben. Wer sich erniedrigt und sich selbst zurückstellt, wird erhöht (Matthäus 23,12).

Wer dagegen ängstlich nur bei sich selbst bleibt und ausschließlich das eigene Wohlergehen im Blick hat, verkümmert immer mehr und bleibt weit hinter seinen Möglichkeiten zurück. Und wer sich selbst in den Vordergrund stellt und sich erhöht, erfährt oft das genaue Gegenteil von dem, was er sich erhofft hat: Statt Lob und Zuwendung erfährt er Ablehnung und wird von anderen als Aufschneider und Wichtigtuer gemieden. Wer vor lauter Angst, zu kurz zu kommen, alles an sich reißt, verliert erst recht. Ein Leben, das vor allem mit dem Ziel der Selbst-Befriedigung gelebt wird, verursacht genau das Gegenteil: Statt echter, tiefer Befriedigung bleiben Leere und das Empfinden von Sinnlosigkeit zurück.

Jesus bringt diese scheinbare Widersprüchlichkeit in zwei sehr krassen Sätzen zum Ausdruck: „*Wer hat, dem wird gegeben, und er wird im Überfluss haben; wer aber nicht hat, dem wird auch noch weggenommen, was er hat*“ (Matthäus 25,29). Diese Aussage finden wir in dem Gleichnis von den anvertrauten Talenten, welche von zweien mit viel Fleiß und Einsatz vermehrt und von einem mit fadenscheinigen Argumenten vergraben werden. Die einen investieren und gewinnen immer mehr, der andere hält zurück und versucht zu sichern, aber verliert damit auch noch das Wenige, was er hat.

Und zum Thema Nachfolge sagt Jesus: „*Wer sein Leben retten will, wird es verlieren; wer aber sein Leben um meinetwillen verliert, der wird es retten*“ (Lukas 9,24). Er macht auch hier deutlich: Wer sich selbst und die eigenen Ansprüche in der Nachfolge aufgibt und dabei seine Angst, zu kurz zu kommen, loslässt, erreicht paradoxerweise genau das Gegenteil von dem, was er befürchtet hat: Er *verliert* sich nicht, sondern er *rettet* sich und sein Leben und trägt damit den größtmöglichen Gewinn, den „Jackpot“, davon.

Dass gerade der sein Potenzial entwickelt, der von sich selbst wegsieht und sich dem anderen zuwendet, ist eine wichtige Lebensregel.

Dass gerade der sein Potenzial entwickelt, der von sich selbst wegsieht und sich dem anderen zuwendet, ist eine wichtige Lebensregel, die es wieder neu zu entdecken gilt. Denn wir sind eine Gesellschaft von „Das bringt *mir* nichts“-Bürgern und „Das tut *mir* nicht gut“-Mitgliedern geworden – eine Gruppe sich selbst bespiegelnder Egozentriker auf dem Weg zur ganz persönlichen Wohlfühloase. Es zählt, was uns guttut und den Pegel angenehmer Gefühle in die Höhe treibt. Wird es schwierig und sind Durchhaltekraft, vorübergehender Verzicht, Opfer und ein erwachsenes, reifes Verhalten gefragt, gebärdet sich unser Ego wie ein Kleinkind, das sich im Supermarkt schreiend und tobend auf dem Boden herumrollt, weil es den heiß begehrten Schokoriegel nicht bekommt.

Gleichzeitig nimmt man bei vielen Menschen aber auch etwas anderes wahr: eine große Müdigkeit, Erschöpfung und Antriebslosigkeit und eine merkwürdige Entfremdung von sich selbst. Ein gesundes Empfinden für das, was wir brauchen, damit es uns nachhaltig und nicht nur kurzfristig gut geht, scheint abhandengekommen zu sein. Es hat den Anschein, als habe der moderne Mensch sich selbst verloren: Je schneller und je mehr wir uns um uns selbst und unser eigenes Wohlgefühl drehen, umso mehr scheint sich unser Ich in alle Richtungen zu zerstreuen und unser Mittelpunkt an Substanz zu verlieren.

„Was nützt es dem Menschen, wenn er die ganze Welt gewinnt, dabei aber sich selbst verliert und Schaden nimmt?" – dieser Satz von Jesus (Lukas 9,25) ist nie so wahr gewesen wie heute. Denn dass wir mit unserer „Alles für uns selbst gewinnen wollen"-Mentalität Schaden nehmen, das wird heute niemand mehr bestreiten. Wir sind in unserem Land unterwegs als Menschen, denen es äußerlich besehen so gut geht wie nie zuvor, die aber oftmals eine kranke, beschädigte Seele haben und mit sich selbst und ihrem Leben nicht mehr zurechtkommen. Die eigenartige Mischung aus einer erschreckenden Selbstvernachlässigung und Ich-Entfremdung einerseits und egozentrischer Selbstfixierung andrerseits scheint Sinn- und Persönlichkeitskrisen geradezu ins Leben einzuladen.

Deswegen gehören zu einem aufmerksamen Umgang mit uns selbst und der Frage: „Was brauche *ich*, um mich in meinem Leben wohlzufühlen?", unbedingt auch Fragen wie: „Was braucht der andere, damit es *ihm* gut geht? Wie kann ich das mir anvertraute Leben in den Dienst meiner Mitmenschen stellen?"

Ein sicherer Stand

Dienen kann nur, wer einen sicheren Stand hat und selbst gut versorgt ist. Die Aufforderung, uns für andere einzusetzen, löst in uns die Angst aus, selbst zu kurz zu kommen. Und diese Angst ist nicht unbegründet! Denn der Dienst am anderen kann tatsächlich anstrengend sein, uns an die Grenzen unserer Kraft führen, kann Überwindung kosten und uns sehr herausfordern. Das, von dem wir meinen, es täte *uns* jetzt gut und würde *uns* weiterbringen, muss hintenangestellt werden. Und das ist durchaus nicht immer leicht.

„Wenn ich heute Abend nach der Veranstaltung noch für den Gebetsdienst zur Verfügung stehe, dann komme ich viel zu spät ins Bett und bin morgen bei der Arbeit todmüde."

„Wenn ich meiner Frau heute Nachmittag die Kinder abnehme, kann ich nicht ins Fitnessstudio gehen. Ich müsste mich aber dringend mal wieder so richtig auspowern und etwas für meine Gesundheit tun."

„Wenn ich diesen Monat so viel spende, dann werde ich mir keine neuen Stiefel kaufen können. Und die heiß ersehnte Lederjacke, auf die ich schon lange ein Auge geworfen habe, muss auch noch warten."

„Wenn ich dem Nachbarn morgen beim Fällen und Zerkleinern des Baumes helfe, dann werde ich es nicht mehr rechtzeitig zum Hauskreis schaffen. Und ich hab mich doch so sehr auf den Abend und die Gemeinschaft mit den anderen gefreut!"

„Wenn ich mir jetzt für ein langes Telefongespräch oder den Besuch bei einem einsamen Menschen Zeit nehme, dann kann ich mir nicht den Film anschauen, den ich so gerne sehen wollte."

„Wenn ich den Kollegen in seinem beruflichen Vorwärtskommen unterstütze, dann kommt *er* ganz groß raus und überflügelt mich, während ich das Nachsehen habe und womöglich überhaupt keine Anerkennung bekomme."

In solchen oder ähnlichen Situationen sind wir hin- und hergerissen zwischen unseren eigenen Bedürfnissen und den Bedürfnissen anderer. Wir *wollen* ja gerne für andere da sein, ihnen dienen und mit ihnen teilen. Aber wir befürchten, dann mit unseren eigenen Anliegen auf der Strecke zu bleiben.

Uns sitzt die Angst, selbst nicht satt zu werden, im Nacken. Aber genau in dieser Angst will uns der „Ich bin *für* dich da" herausfordern und begegnen. Denn im Dienen kommen wir nicht in erster Linie der Aufforderung zu einem außerordentlich hingebungsvollen Sozialverhalten nach. Ganz sicher gibt es Menschen, die weitaus mehr und aufopferungsvoller dienen als wir. Wir kommen vielmehr der Aufforderung nach, dem „Ich bin für dich da" und seiner Fürsorge zu vertrauen. Es geht auch hier wieder im Kern um die vertrauensvolle Beziehung zu ihm und nicht um das Einhalten von Geboten oder Gesetzen. Unsere Bereitschaft und unsere Fähigkeit zu dienen spiegeln den „Beziehungsstatus" wider, in dem wir mit Jesus leben.

Im Dienen kommen wir nicht in erster Linie der Aufforderung zu einem außerordentlich hingebungsvollen Sozialverhalten nach. Wir kommen vielmehr der Aufforderung nach, dem „Ich bin für dich da" und seiner Fürsorge zu vertrauen.

Vertrauen wir ihm, dass er uns gut versorgen wird und er das, was wir in unserem Dienst an Kraft und Energie verlieren, wieder auffüllt? Glauben wir ihm, dass seine Lebensregeln wirklich gut sind, auch wenn sie unseren Lebenserfahrungen, unseren Gedanken und Gefühlen zuwiderlaufen? Sind wir der Überzeugung, dass er uns nicht klein- und kurzhalten möchte, sondern uns ein Leben in Fülle schenken will? Verlassen wir uns darauf, dass wir auch dann noch innerlich und äußerlich gut versorgt sind, wenn wir unsere Selbstversorgung aufgeben? Sind wir von seiner Liebe, Wertschätzung und Aufmerksamkeit so „gesättigt", dass wir beim

Kampf um die vordersten Plätze getrost jemand anderem den Vortritt lassen können?

Damit wir derart gut versorgt sind, ist es wichtig, dass wir uns zunächst von Jesus dienen lassen. *„Da sagte er zu ihnen: Kommt mit an einen einsamen Ort, wo wir allein sind, und ruht ein wenig aus. Denn sie fanden nicht einmal Zeit zum Essen, so zahlreich waren die Leute, die kamen und gingen"* (Markus 6,31). Jesus nimmt uns inmitten unserer Umtriebigkeit immer wieder zur Seite, damit wir zur Ruhe kommen und auftanken können. Wie sehr brauchen wir diese Zeiten, in denen er uns durch seine Gegenwart wieder neu mit Kraft, Energie und Zuwendung füllen will!

> Sind wir von seiner Liebe, Wertschätzung und Aufmerksamkeit so „gesättigt", dass wir beim Kampf um die vordersten Plätze getrost jemand anderem den Vortritt lassen können?

Wir sitzen am Morgen an einem reich gedeckten Tisch. Wir essen uns satt und werden von ihm mit Inspirationen für den Tag gut versorgt. Ein letzter, ermutigender Klaps auf die Schulter und dann ziehen wir los. Wir gehen in den Tag mit all seiner Arbeit und seinen Anforderungen. Dabei begegnen wir vielen hungrigen Menschen, die nur darauf warten, dass ihre Bedürfnisse gestillt werden. Wir teilen aus, helfen, trösten, nehmen uns Zeit, unterstützen und geben all das weiter, was wir von Jesus empfangen haben. Die letzten Stunden des Tages werden uns lang, wir werden müde, sind hungrig und uns plagt die Lustlosigkeit. Wir würden jetzt viel lieber die Beine hochlegen, statt uns die Füße für andere platt zu laufen! Aber wir versuchen, diese Lustlosigkeit zu überwinden, weil wir wissen, dass es bald geschafft ist.

Vor unserem inneren Auge taucht das Bild von unserem Zuhause auf: hell erleuchtete Fensterscheiben und fröhliches Gelächter, das bis nach draußen schallt. Ein Fest mitten im Alltag. Jemand, der uns schon mit offenen Armen erwartet. Der uns das Gepäck abnimmt, uns auf den Stuhl drückt, etwas zu trinken bringt und sagt: „Jetzt ruh dich erst einmal aus!" Wieder ein reich gedeckter Tisch, an dem wir uns satt essen können. Und irgendwann die gespannte Aufforderung: „Jetzt erzähl mal – wie war dein Tag?"

Und während wir erzählen, sehen wir seinen Anteil nehmenden Blick, sehen das leise Lächeln, welches seine Lippen umspielt, hören sein stolzes „Das war eine super Idee! Hätte glatt von mir sein können. Klasse gemacht!". Und in diesem Moment wissen wir ganz sicher, dass wir auch morgen wieder für ihn losziehen werden …

Wenn wir aber versäumen, unsere eigene Bedürftigkeit immer wieder von Jesus stillen zu lassen, dann bluten wir in unserem Dienst aus. Wir werden zunehmend erschöpft und müde, weil wir keinen Ort haben, an dem wir uns regenerieren können und unser Dienst wertgeschätzt wird. Schnell ist es dann passiert, dass wir in eine Opferhaltung rutschen, aus der wir unsere Bedeutung ableiten. Wir sind überlastet und gestresst – aber das alles für den Dienst im Reich Gottes. Na, wenn das nichts ist!

Während wir unsere „Ich opfere mich in diesem Dienst total auf"-Haltung für alle gut sichtbar zur Schau stellen, klopfen wir uns selbst auf die Schulter. Wir benutzen unseren Dienst, um unsere Sehnsucht nach Anerkennung, Aufmerksamkeit, Bedeutung und Sinn zu stillen. Dabei werden wir regelrecht süchtig und abhängig von unserer Arbeit und gleichzeitig Ko-Abhängig von den Menschen, denen wir helfen. Denn ihre Hilfsbedürftigkeit ist unser Lebenselixier! Wir geben ihnen alles, weil sich das für *uns* so gut anfühlt. Zahltag ist später. Aber er wird kommen – garantiert! Denn irgendwann wollen wir, bitte schön, dass uns gedankt und unser Einsatz gewürdigt wird. Bekommen wir dann nicht das, was wir erwarten, werden wir bitter, weil wir alles gegeben, aber nun von niemandem etwas zurückerhalten haben. Kein Dank, kein Lob, nicht die kleinste Anerkennung! Im schlimmsten Fall stellen wir dann völlig desillusioniert unseren Dienst ein und schimpfen verbittert auf dieses undankbare Pack.

Zu solchen Fehlentwicklungen kann es kommen, wenn wir unseren Dienst gebrauchen, um „wer" zu sein. Wir haben völlig vergessen, dass wir in Jesus und bei ihm bereits jemand sind! Wir haben völlig vergessen, dass wir bei ihm alles bekommen, wonach wir uns so sehr sehnen: Ermutigung, Lob, Anerkennung, Liebe und neue Kraft!

Im Hören auf Jesus fokussiert leben

Damit wir in unserem Dienst nicht ausbluten, ist es extrem wichtig, dass wir nicht einfach „drauflos"-dienen, sondern gut hinhören, wo und wann wir dran sind. Denn die Not um uns herum ist riesengroß. Die vielen verschiedenen Aufgabenfelder in unserer Gesellschaft, in unseren Gemeinden und bei christlichen Projekten schreien nach unserer Mitarbeit.

Für die Burn-out-Spezialisten, die Verzichtskünstler und Sich-selbst-Aufopferer unter uns kann die Aufforderung, sich dienend einzubringen, zu einer verhängnisvollen Falle werden. Während andere sich gemütlich zurücklehnen, die Beine hochlegen und alle Appelle an sich abprallen lassen, fühlt sich der Typ „Ich muss allzeit bereit sein" von der Bitte zur Mitarbeit *immer* angesprochen.

An dieser Stelle verwechseln wir ganz schnell unsere Prägung und Persönlichkeitsstruktur mit dem Reden von Jesus. Deswegen brauchen wir gerade bei diesem Thema eine ganz enge Anbindung an ihn. Denn unser „natürliches Ich" funktioniert wie von selbst. Will einspringen, retten, sich opfern und verzichten. Und das nicht, weil es so geistlich wäre, sondern weil es sich dieses Verhalten antrainiert hat und darüber den eigenen Wert definiert. Weil es damit andere manipulieren und an sich binden will. Weil es sich in der Bewunderung anderer sonnt und sich unverzichtbar machen möchte.

Wir müssen also ganz genau hinschauen, bevor wir dienen. Müssen unser „Strickmuster" kennen und gut mit uns selbst im Kontakt stehen. Es ist nötig, aufmerksam hinzuhören, damit wir die Stimme des Heiligen Geistes erkennen, der uns die Wahrheit über uns und unsere Beweggründe offenbart.

> Für die Burn-out-Spezialisten, die Verzichtskünstler und Sich-selbst-Aufopferer kann die Aufforderung, sich dienend einzubringen, zu einer verhängnisvollen Falle werden.

Denn *Jesus* fordert uns durchaus nicht immer nur zu mehr Disziplin auf. Verlangt nicht in *jeder* Situation von uns, zu dienen, das Unbequeme zu tun und den „inneren Schweinehund" zu überwinden. Sondern er ermutigt den einen oder anderen auch, den eigenen Bedürfnissen mehr Raum zu geben und zur Abwechslung mal das Angenehme und Bequeme zu tun.

Das kann dann eben auch bedeuten, Dinge liegen zu lassen und sich *nicht* immer für alles verantwortlich zu fühlen. Kann auch besagen, anderen etwas Unangenehmes zuzumuten und ihnen nicht zwanghaft alles abnehmen und aus dem Weg räumen zu müssen. Kann heißen, auch mal Nein zu sagen, Grenzen zu setzen und abzuwarten, dass der *andere* „in die Pötte" kommt.

Dass wir unserem Nächsten damit möglicherweise viel effektiver und nachhaltiger dienen, als wenn wir ihm alle Arbeit abnehmen – darauf muss man erst einmal kommen. Jesus weiß es allerdings bereits, weswegen es gut ist, nicht einfach loszupreschen, sondern erst einmal seinen Rat einzuholen.

Das Hören auf Jesus befähigt uns, fokussiert zu leben und zu dienen. Und das ist nötig, wenn wir uns nicht zwischen all den Nöten, Anforderungen und Erwartungen aufreiben wollen.

Jesus selbst sagt von sich: *„Amen, amen ich sage euch: Der Sohn kann nichts von sich aus tun, sondern nur, wenn er den Vater etwas tun sieht. Was nämlich der Vater tut, das tut in gleicher Weise der Sohn"* (Johannes 5,19). Der enge Blickkontakt zu seinem Vater im Himmel bewahrte Jesus davor, sich zu verzetteln, und half ihm, fokussiert zu leben. Er diente, wann und wo es für ihn dran war, und setzte sich nur dort ein, wo er tatsächlich auch den Auftrag dazu hatte. Er handelte erst, wenn die Zeit dazu gekommen war.

Sein Dienst beschränkte sich auf ca. drei Jahre seiner Lebenszeit. Gemessen an einem ganzen Leben ist das eher ein Kurzeinsatz! Und in diesen drei Jahren war er nur an *einigen* Orten und nicht an *allen*. Er heilte, befreite nur *einige* Menschen und nicht *alle*. Er zog sich zwischendurch zurück, ruhte aus und nahm sich Zeit zum Gebet. Und das, obwohl die Leute mit ihren Gebrechen Schlange standen! Aber er ließ sich von dieser Not nicht treiben, sondern konzentrierte sich auf das, was ihm von Gott aufgetragen wurde. Und so war sein Dienst dennoch äußerst effektiv.

Auch Paulus kann uns in Sachen „Fokussiert leben" ein großes Vorbild sein. Als Antwort auf die Parteiungen in der Gemeinde schreibt er den Korinthern im 1. Korintherbrief: *„Ich danke Gott, dass ich niemand von euch getauft habe, außer Krispus und Gaius, sodass keiner sagen kann, ihr seiet auf meinen Namen getauft worden. Ich habe allerdings auch die Gemeinde von Stephanas getauft. Ob ich sonst noch jemanden getauft habe, weiß ich nicht mehr. Denn Christus hat mich nicht gesandt zu taufen, sondern das Evangelium zu verkünden"* (Kapitel 1,14-17a).

Natürlich wusste Paulus um den grundlegenden Missionsauftrag von Jesus, zu allen Völkern zu gehen, alle Menschen zu seinen Jüngern zu machen, sie zu taufen und zu unterweisen (Matthäus 28,19-20). Aber innerhalb dieses „Großauftrags“ kannte er auch seinen „Spezialauftrag“, nämlich das Evangelium zu verkünden. Diese Berufung konnte er mit großer Klarheit und Bestimmtheit formulieren und gleichzeitig mit großer Gelassenheit feststellen: „Taufen ist nicht ‚mein Ding‘ – dazu bin ich von Jesus *nicht* beauftragt.“

Auch wir werden immer nur ein bisschen, aber längst nicht alles tun können. Wir werden Grenzen setzen und zu mancher Aufgabe Nein sagen müssen. Je genauer wir unseren Spezialauftrag kennen, umso gezielter und effektiver können wir da dienen, wo auch tatsächlich unser Platz ist.

Je genauer wir unseren Spezialauftrag kennen, umso gezielter und effektiver können wir da dienen, wo auch tatsächlich unser Platz ist.

Mit den eigenen Gaben dienen

Gott selbst hat für einen Schutzmechanismus vor Überforderung gesorgt, indem er jedem von uns spezielle Begabungen mitgegeben hat, mit denen wir dienen und einander ergänzen sollen. *„Dient einander als gute Verwalter der vielfältigen Gnade Gottes, jeder mit der Gabe, die er empfangen hat“*, schreibt Petrus (1. Petrus 4,10). Das bedeutet, dass wir in dem uns zugeteilten Bereich unsere Begabung zum vollen Einsatz bringen sollen, aber vieles andere getrost liegen lassen und uns von anderen ergänzen und be-dienen lassen dürfen. Wir geben und empfangen auf diese Weise an anderer Stelle selbst. Wenn wir in dieser guten Ordnung leben und niemand aus dem wechselseitigen Geben und Nehmen aussteigt, dann entsteht aus diesem Miteinander etwas Großartiges, ohne dass Einzelne in ihrem Dienst völlig ausbluten.

Aber auch hier ist der „Ich bin für dich da“ der Hauptakteur und unsere eigene Leistung nur zweitrangig. Im Epheserbrief lesen wir, dass wir in Christus dazu geschaffen sind, in unserem Leben die guten Werke zu tun, die Gott im Voraus für uns bereitet hat (Epheser 2,10). Wieder war der „Ich bin für dich da“ bereits vor Ort und hat alles bereitgestellt, damit wir loslegen können.

Stellen wir uns vor, dass er für die handwerklich Begabten unter uns eine komplett eingerichtete und perfekt ausgestattete Werkstatt vorbereitet hat. Jede Menge Maschinen, Sägen, Bohrer, Schräubchen und Werkstoffe lassen sich hier finden. Das reinste Handwerkerparadies!

Für die Künstler von uns hat er Ateliers mit riesigen Leinwänden bereitgestellt, dazu Farben von unterschiedlichster Konsistenz und enormer Leuchtkraft. Auch die Bildhauer, Töpfer, Quilter und Designer finden hier alles, was das Herz begehrt. Die Schauspieler und Dramaturgen, die Pantomimen und Kabarettisten tummeln sich im Nebenraum. Und von Ferne hört man die Musiker, die in Räumen mit bester Akustik ein neues Stück einüben.

Die Schauspieler und Dramaturgen, die Pantomimen und Kabarettisten tummeln sich im Nebenraum. Und von Ferne hört man die Musiker, die in Räumen mit bester Akustik ein neues Stück einüben.

Den Denkern unter uns wurden Studierstuben mit bis zur Decke reichenden Bücherregalen zur Verfügung gestellt und den strukturierten Planern wurde ein helles, luftiges Büro zugeteilt, mit verschiedenen Ablagesystemen, Kalendern und diversen technischen Hilfsmitteln. Hier können die klugen Köpfe von Herzenslust planen, organisieren und koordinieren.

Natürlich hört man den einen oder anderen während seiner Arbeit auch mal stöhnen oder schimpfen. Schließlich kann der Künstler nicht *nur* kreativ arbeiten und der Musiker nicht *nur* in den höchsten Tönen tirilieren oder frei improvisieren. Pinsel müssen ausgewaschen, neue Materialien besorgt, Kulissen instand gehalten und langweilige Etüden geübt werden. Aber jeder weiß, dass auch diese langweiligen Arbeiten mit zum Großen und Ganzen gehören. Und jeder hat die Erfahrung gemacht: Wer hier schludert oder kneift, stellt sich selbst ein Bein (so hat der Künstler nur *einmal* vergessen, seine guten, teuren Pinsel auszuwaschen – das wird ihm so schnell nicht wieder passieren!), und wer nicht bereit ist, auch eintönige und nicht sonderlich ansprechende Routinearbeiten zu verrichten, wird nie zu seiner Bestleistung finden! Alles in allem aber werkelt jeder freudig vor sich hin, in dem Umfeld, das ihm von Gott zugedacht wurde und optimal zu ihm passt.

Doch dann ist etwas durcheinandergeraten. Ein paar von den Musikern sind dummerweise im Büro gelandet und quälen sich mit überquellenden Ablagen und der Einhaltung von Terminen herum. Sie fühlen sich unwohl und überfordert, weil sie eigentlich einfach nur Musik machen wollen. „Diese ganze Organisiererei" treibt sie schier zur Verzweiflung.

Einer von den strukturierten Planern meint dagegen, er müsse unbedingt bei den Künstlern mitmischen und diesem „chaotischen Haufen" mal zeigen, wo es langgeht. Sein Vorgehen ist dann auch vom Anfang bis zum Ende durchgeplant, aber seine Kunstwerke wirken merkwürdig seelenlos und ihnen fehlt es an Esprit.

Der Denker ist im Werkraum gelandet und versucht zu schrauben und zu bohren. Aber er bringt nur Mittelmäßiges zustande, denn er kann denken – aber nicht besonders gut schrauben. Er ist gelangweilt und desinteressiert, ihm passieren häufig Fehler und zwischen ihm und seinen Mitarbeitern kommt es immer wieder zu Spannungen.

Die Künstler sind in der Studierstube gelandet und blättern lustlos in den Wälzern herum. Sie malen allenfalls ein paar Blümchen an den Rand der Seiten und fühlen sich total unterfordert.

Die Handwerker mühen sich redlich ab, ein halbwegs passables Theaterstück auf die Beine zu stellen, sie proben bis zum Umfallen (sie geben sich wirklich Mühe!) – aber die Bewegungen wirken hölzern, die Dialoge sehr bemüht und die komödiantischen Szenen bringen niemanden wirklich zum Lachen.

Gott steht daneben, rauft sich die Haare und denkt: „Ich hatte alles so gut vorbereitet! Jetzt bringen die doch glatt alles durcheinander und machen sich selbst das Leben unnötig schwer!"

Gott steht daneben, rauft sich die Haare und denkt: „Ich hatte alles so gut vorbereitet! Jetzt bringen die doch glatt alles durcheinander und machen sich selbst das Leben unnötig schwer!"

Auch wenn es zuweilen sehr anstrengend und kräftezehrend wird, kann unser Dienst doch so viel leichter, aber auch effektiver sein, wenn wir ihn unter den Bedingungen, die Gott uns gegeben hat, ausüben. Wenn wir an dem Ort sind, an dem er uns haben will, und die Gaben einsetzen, die uns mitgegeben wurden. Nicht mehr, aber auch nicht weniger. Dann werden wir erleben, dass der „Ich bin für dich da" uns mit allem versorgt, was wir brauchen!

Einen Weg bahnen

Vielleicht gehöre ich zu den Menschen, die sich gerne vor der Arbeit drücken, verbindlichen Einsatz scheuen und gerne erst einmal ihre eigenen Schäfchen ins Trockene bringen, bevor sie sich für andere einsetzen. Ich habe es mir in meinem Leben gemütlich gemacht und tue mich äußerst schwer damit, meine Bequemlichkeit und meine „Wohlfühloase" zu verlassen. Natürlich würde ich das niemals so zugeben, aber bei Licht besehen, muss ich mir eingestehen, dass es genau so ist.

Dann will ich Jesus meine Schuld bekennen: all meine Ichbezogenheit und all meinen Mangel an Liebe zu ihm und zu meinen Nächsten. Ich will mir dabei bewusst machen, dass ich mit meinem Lebensstil selbst am meisten verliere. Denn ich gehe an einem erfüllten und fruchtbaren Leben, so wie Jesus es mir schenken möchte, vorbei. Heute will ich mich noch einmal aufmachen und mich Jesus zur Verfügung stellen – mit all meinen Begabungen und Kompetenzen. Ich werde mich nicht länger drücken und mich auch dann einbringen, wenn es einiges von mir abverlangt. Vielleicht gehöre ich aber auch zu denen, die sich im Dienst an anderen völlig verausgaben. Ich habe ein schlechtes Gewissen, wenn ich Nein sage, wenn ich mir Zeit für mich und meine Erholung nehme, und bin unfähig, Arbeiten auch mal ungetan liegen zu lassen. Ich brauche meinen Dienst, um mich lebendig, wertvoll und dazugehörig zu fühlen. Aber gleichzeitig bin ich erschöpft, müde und verbittert, weil alles immer an mir hängen bleibt. Vielleicht befinde ich mich auch irgendwo zwischen diesen beiden Extremen. Wie dem auch sei – ich möchte wieder neu einüben, im Hören auf Jesus zu leben. Ich weiß: Wenn ich seinen Spuren folge und (nur) da hingehe, wo auch er hingeht, dann bin ich weder überfordert noch unterfordert, sondern genau richtig und ganz zu mir passend unterwegs!

Zum Nachlesen

Jesaja 58,6-11; Matthäus 20,20-28; Lukas 10,25-42; Johannes 13,1-17; 1. Korinther 12; 2. Korinther 4,16-17; 2. Korinther 8,13-14; Epheser 4,11-12; Epheser 6,7-8; Philipper 2,3-11.

Kapitel 16

Du bist dir anvertraut

Aus Gottes Hand empfing ich mein Leben, unter Gottes Hand gestalte ich mein Leben, in Gottes Hand gebe ich mein Leben zurück.
Augustinus von Hippo

Dieses Buch ist eine Ermutigung dazu, das eigene Leben – ähnlich wie einen Garten – anzuschauen und es gut zu umsorgen, sodass wir darin gedeihen, aufblühen und Früchte bringen können. Das bedeutet, einen Blick dafür zu bekommen, was zu uns als Menschen im Allgemeinen, aber auch zu uns ganz persönlich passt, was uns wachsen lässt und was wir brauchen, damit wir mit dem uns anvertrauten Leben gut zurechtkommen.

Dass solch ein liebevoller Umgang mit uns selbst und dem eigenen Leben etwas ganz anderes ist als eine egozentrische „Hauptsache, ich fühl mich wohl"-Gesinnung, ist hoffentlich deutlich geworden. Denn übermäßige Ichbezogenheit tut uns nicht gut, sondern lässt im Gegenteil unseren Lebensgarten verwildern, lässt uns verkümmern und eingehen.

Gut für das eigene Selbst zu sorgen, heißt dagegen, die eigenen Widerstandskräfte zu stärken, um den Stürmen und den Hitze- und Kälteperioden trotzen zu können.

Heißt, ein kurzfristiges „Ins-Kraut-Schießen" zu verhindern, Schädlinge zu erkennen und sie zu bekämpfen.

Heißt, zu beschneiden, geeignete Standorte zu suchen und hin und wieder umzupflanzen.

Heißt, in einer Lebensgemeinschaft mit anderen zu stehen und einander in einer Ausgewogenheit von Nehmen und Geben zu ergänzen.

Bedeutet auch, auf die wärmenden Sonnenstrahlen und den erfrischenden Regen zu warten und diese Wartezeiten auszuhalten und sinnvoll nutzen zu können.

Vieles davon ist mit Arbeit verbunden und nicht alles fühlt sich auf Anhieb gut an. Aber früher oder später werden wir erste Erfolge solch eines Lebensstils verzeichnen können. Werden für uns und andere erste Früchte in unserem Lebensgarten ernten können. Werden eine Ahnung davon bekommen, wie sich echte Lebenslust anfühlt. Irgendwann werden wir so viel Substanz und Tiefgang gewonnen haben, dass wir nur staunen können über das, was in unserem Leben gewachsen ist. Was für ein Geschenk macht uns Gott mit diesem Leben!

> Irgendwann werden wir so viel Substanz und Tiefgang gewonnen haben, dass wir nur staunen können über das, was in unserem Leben gewachsen ist.

Überall da, wo Menschen in besonderer Nähe zu dem „Ich bin für dich da" leben, kann man etwas von der Lust spüren, dieses Leben schöpferisch zu gestalten, mutig voranzugehen, Widerständen zu trotzen und Gutem und Lebensförderlichem Raum zu geben. Das zeigt sich auch oder gerade dann, wenn es eng wird, wenn das Leben sich von seiner unbequemen Seite zeigt und ein menschenfreundlicher Lebensraum erst noch geschaffen werden muss.

Was für eine Freude, wenn wir am Ende unseres Lebens sagen können, dass wir unter den Voraussetzungen und Möglichkeiten, die wir hatten, das Bestmögliche aus unserem Leben gemacht haben und in der Abhängigkeit von Gott verantwortliche Gestalter unseres Lebens waren! Was für eine Freude, wenn wir aus dem Vollen und aus der Kraft des „Ich bin für dich da" geschöpft haben, statt sparsam und berechnend nur unsere eigenen Ressourcen angezapft zu haben! Was für eine Freude, wenn von uns wie von Abraham gesagt werden kann, dass wir lebenssatt unser Dasein auf dieser Erde beendet haben!

Ewigkeitstauglich?

Das uns anvertraute Leben *wird* irgendwann beendet sein, weil wir vergänglich sind: *„Des Menschen Tage sind wie Gras, er blüht wie die Blume des Feldes. Fährt der Wind darüber, ist sie dahin, der Ort, wo sie stand, weiß von ihr nichts mehr"*, bringt der Psalmist das Leben des Menschen recht ernüchternd auf den Punkt (Psalm 103,15-16).

Auch wenn unser Leben, gemessen an der Zeit und erst recht an der Ewigkeit, ein Nichts ist, hat es doch vor Gott und in der Ewigkeit Bedeutung. Paulus schreibt an die Korinther:

> *Ob aber jemand auf den Grund (Jesus Christus) mit Gold, Silber, kostbaren Steinen, mit Holz, Heu oder Stroh weiterbaut: das Werk eines jeden wird offenbar werden; jener Tag wird es sichtbar machen, weil es im Feuer offenbart wird. Das Feuer wird prüfen, was das Werk eines jeden taugt. Hält das stand, was er aufgebaut hat, so empfängt er Lohn. Brennt es nieder, dann muss er den Verlust tragen. Er selbst aber wird gerettet werden, doch so wie durch Feuer hindurch.*
>
> 1. Korinther 2,12-15

Damit hinterher nicht alles „für die Katz" war, sollten wir für den Bau des uns anvertrauten Lebens ewigkeitstaugliches Material von bester Qualität verwenden. Jesus spricht an anderer Stelle davon, dass wir Schätze im Himmel sammeln sollen, die, anders als die Schätze, die wir hier auf der Erde anhäufen, nicht der Vergänglichkeit unterworfen sind, sondern dauerhaft Bestand haben. Denn längst nicht alles, von dem *wir* meinen, es sei sinnvoll und gewinnbringend, nicht jedes Projekt, in das wir Zeit, Kraft und Herzblut stecken, ist tatsächlich auch nachhaltig von Bedeutung.

Heiner, der uns im allerersten Kapitel begegnet ist und der nun bereits in die Zielgerade einläuft („Kindchen, machen wir uns nichts vor: Für mich und meine liebe Dorle wird's langsam Zeit, die Koffer zu packen und Abschied zu nehmen – mal schaun, wer von uns zuerst die Heimatscholle betreten darf"), ist auch an dieser Stelle sehr ehrlich. „Weißt du", so vertraut er mir in einem sehr stillen Moment an, „ich habe in meinem Leben vieles richtig gut gemacht. Aber manches auch nicht. Ich habe zum Beispiel viel zu viel Energie in das Projekt ‚Arbeit' gesteckt und viel zu wenig Zeit in Beziehungen investiert. Zeitweilig hatte mich mein Ehrgeiz so am Wickel, dass mein beruflicher Aufstieg für mich das Wichtigste war. Heute denke ich: Ein bisschen weniger hätt's auch getan – wir hätten deswegen ja nicht am Hungertuch genagt –, dann wär da mehr Zeit für meine Dorle und die Kinder gewesen … und für Freunde", fügt er noch hinzu. „Und", er zwinkert mir zu und droht mir scherzhaft mit dem Finger, „glaub ja nicht, dass alles, was ich im frommen Bereich getan habe, wirklich so fromm war. Dass ich das bisschen freie Zeit, was ich hatte, statt in meine Familie lieber in die Gemeinde gesteckt habe … na ja, ich glaube, das lag mehr daran, dass zu Hause meine liebe Dorle wartete, die mich oft ganz schön herausgefordert hat. Dieser Frau konnte ich noch nie etwas vormachen! Vor ihr konnte ich meine Macken nicht verstecken und sie hat mich diesbezüglich auch nicht gerade mit Samthandschuhen angefasst. Da ging's manchmal ganz schön ans Eingemachte! Statt mich dem zu stellen, bin ich halt laufen gegangen und habe mich in die Gemeinde geflüchtet. Da war ich der Held und wurde wegen meiner ‚Geistlichkeit' und Einsatzbereitschaft bewundert." Er kichert. „Das hat mir schon seeehr gefallen …" Dann wird er aber schnell wieder ernst. „Aber ob das wirklich immer Jesus war, der das alles so von mir wollte?" Zweifelnd wiegt er sein graues

Haupt. „Rückblickend“, so schließt er, „würde ich heute manches anders machen.“

So wie Heiner geht es wahrscheinlich fast jedem von uns: Rückblickend stellen wir fest, dass wir vieles richtig gut gemacht haben, aber manches … eben auch nicht. Manchmal sind uns die Prioritäten verrutscht, und Dinge bekamen eine Bedeutung, die wir ihnen heute nicht mehr beimessen würden – weil wir inzwischen erkannt haben: Jesus würde ihnen diese Bedeutung *nicht* beimessen.

> Denn längst nicht alles, von dem wir meinen, es sei sinnvoll und gewinnbringend, nicht jedes Projekt, in das wir Zeit, Kraft und Herzblut stecken, ist tatsächlich auch nachhaltig von Bedeutung.

Deswegen ist es hilfreich, wenn wir schon hier und heute die Prioritäten in unserem Leben von Zeit zu Zeit überdenken und gegebenenfalls neu ordnen. Denn wir haben später nicht die Möglichkeit, unser Leben noch einmal auf null zurückzusetzen und von vorn, mit anderen Zielsetzungen, mit anderen Inhalten oder mit anderen Schwerpunkten, zu beginnen. Wir werden später das ernten, was wir *heute* säen.

Es gilt, schon *heute* kluge und lebensförderliche Entscheidungen zu treffen. Entscheidungen, die dafür sorgen, dass unser Leben im Großen wie im Kleinen Ewigkeitscharakter erhält. Das Problem dabei: Woher wissen wir, was wirklich, auch in den Augen Gottes, Bestand hat? Wie sieht *seine* „Prioritätenliste“ aus?

Armer, reicher Bauer!

Jesus erzählt die Geschichte von einem reichen Mann, der nach einer guten Ernte gar nicht mehr weiß, wohin mit all dem Getreide. Er beschließt, die alten, zu klein gewordenen Scheunen abzureißen und größere zu bauen. Dorthinein will er seine Getreidevorräte bringen und es sich in den folgenden Jahren gut gehen lassen. Gesammelt hat er ja genug – das wird erst einmal eine Weile reichen (Lukas 12,15-21)!

Wenn wir diese Geschichte ohne unsere fromme Brille lesen und unsere mögliche Konditionierung durch zahlreiche Kindergottesdienststunden einmal beiseitelegen („So ein egoistischer und habgieriger Mensch!"), dann würden die meisten von uns wahrscheinlich sagen: „Dieser Mann handelt klug, umsichtig und vorausschauend. Er geht sorgsam mit den von Gott geschenkten Gaben um, indem er sie gut verwaltet und sie nicht einfach vergammeln lässt. Er hat geschickt vorgesorgt und sich fürs Alter abgesichert. Gut gemacht!"

Umso verwunderlicher ist es, dass Gottes Urteil über das Leben dieses Mannes ganz anders lautet: *„Du Narr!"*, sagt Gott, *„noch in dieser Nacht wird man dein Leben von dir zurückfordern. Wem wird dann alles gehören, was du angehäuft hast?"* Und Jesus schließt mit der Aussage: *„So geht es jedem, der nur für sich selbst Schätze sammelt, aber vor Gott nicht reich ist"* (Lukas 12,20-21).

So geht es jedem, dem in seinem Leben die Prioritäten und Inhalte durcheinandergekommen sind. Er hat nicht besonders klug investiert und seinen Reichtum in falsche Projekte investiert. Am Ende bleibt … nichts!

Beim Lesen dieser oder ähnlicher Geschichten sollten wir darauf achten, dass wir den „Ich bin *für* dich da" im Blick behalten und nicht den lebensfeindlichen „Ich bin *gegen* dich" wieder auf den Plan rufen. Gott zieht hier nicht des Nachts als gruseliger Sensenmann um die Häuser, reißt unseren wackeren Bauern aus dem Tiefschlaf und fordert als Strafe für die fehlgeleitete Lebensplanung sein Leben von ihm zurück. Es heißt nicht: „… noch in dieser Nacht werde *ich* dein Leben von dir fordern", sondern: „… noch in dieser Nacht fordern *sie* oder fordert *man* dein Leben von dir.“ Gott wird in dieser Geschichte nicht als der Handelnde beschrieben, sondern als jemand, der als Augenzeuge von außen das Geschehen beobachtet und daraus seine Schlüsse zieht: „Oh Mann! Jetzt guck dir *das* an! Da machst du dir so viele Gedanken und rackerst dich dein Leben lang so sehr ab – und das ganze Sorgen und Arbeiten war völlig umsonst! Wie dumm von dir! Du hättest langfristig und nachhaltig viel mehr von deinem Leben gehabt, wenn du deinen Reichtum anders in meinem Sinne investiert hättest. Dann wärst du jetzt reich vor mir und dein Leben hätte Bestand gehabt. So aber ist alles dahin!“

> Gott zieht hier nicht des Nachts als gruseliger Sensenmann um die Häuser, reißt unseren wackeren Bauern aus dem Tiefschlaf und fordert als Strafe für die fehlgeleitete Lebensplanung sein Leben von ihm zurück.

Nachdem die Geschichte vom reichen Bauern und seinem dramatischen Ende erzählt ist, spricht Jesus direkt im Anschluss über das Sorgenmachen (Lukas 12,22-32). So, als wolle er sagen: „Schaut mal, es ist doch wirklich unglaublich tragisch, wenn das Leben so wie bei diesem reichen Bauern endet! Es ist tragisch, wenn man zum Schluss feststellen muss, dass man aufs falsche Pferd gesetzt hat. Und damit euch das *nicht* passiert und ihr das euch anvertraute Leben in *meinem* Sinne leben könnt, beschreibe ich euch jetzt mal ein Leben, in dem die Prioritäten aus Gottes Sicht stimmen.“

Überraschung!

Was jetzt folgt, ist zumindest für mich völlig überraschend. Auf meine Frage: „Wenn nicht wie dieser Bauer, wie werde ich denn sonst vor Gott reich? Wie müssen denn meine Prioritäten geordnet sein, damit mein Leben vor Gott Bestand hat?“, entfaltet Jesus keine lange Prioritätenliste und keinen Zwölf-Punkteplan, der aufführt, in welche Aufgaben und Arbeiten wir unsere Energie stecken sollen. Er listet auch nicht auf, welche Verhaltensweisen und Dienste im Sinne Gottes „Schätze“ sind und welche nicht. Nein, was jetzt folgt, klingt fast zu schön, um wahr zu sein. Klingt nach einem entspannten Leben in völliger Gelassenheit. Klingt ein bisschen nach ... Garten Eden.

Da ist die Rede von Vögeln, die von Gott versorgt werden, und von wunderschönen, von ihm prachtvoll bekleideten Lilien. Jesus wischt den von uns erwarteten Zwölf-Punkteplan achtlos vom Tisch und geht auf unsere sorgenvolle Frage: „Was muss ich denn tun, damit mein Leben auch in Gottes Augen reich ist?“, zunächst gar nicht ein.

Erst einmal lenkt er unseren Blick auf Gott. Auf einen großzügigen, verschwenderischen Gott, der – das kann jeder an der Natur sehen – gerne und im Überfluss gibt. Der auch *uns* gerne und im Überfluss gibt, denn wir sind für ihn noch viel wertvoller als all die Tiere und Pflanzen. Hier treffen wir ihn also wieder, den „Ich bin *für* dich da“, der dafür sorgen will, dass unsere „bedürftigen Kehlen“ immer gut gefüllt sind!

Und weil wir diesen „Ich bin für dich da“ an unserer Seite haben, brauchen wir keine unnötige Energie darauf zu verwenden, uns um uns selbst und die Erfüllung unserer Bedürfnisse zu sorgen. Diesen Part möchte *er* übernehmen. „Selbstversorger“ müssen nur die Menschen sein, die den „Ich bin für dich da“ nicht kennen. *„Darum fragt nicht, was ihr essen und was ihr trinken sollt, und ängstigt euch nicht! Denn um all das geht es den Heiden in der Welt. Euer Vater weiß, was ihr braucht“* (Lukas 12,25.29-30). *Wir* brauchen „nur“ zu vertrauen und uns von dem „Ich bin für dich da“ versorgen zu lassen.

Bevor die Frage beantwortet wird, wie wir denn leben sollen, wird von Jesus also erst einmal klargestellt, dass die Basis für ein gewinnbringendes Leben nicht in unserer Leistung, nicht im Abarbeiten einer Prioritätenliste und nicht in unserer Anstrengung liegt, sondern in einer vertrauensvollen Beziehung zu ihm, dem „Ich bin für dich da".

Was hat der Bauer also bei seiner Lebensführung falsch gemacht? Er hat nicht vertraut, sondern sein Leben ausschließlich aus eigener Kraft und aus eigenen Möglichkeiten gestaltet. Er hat die Erfüllung seiner Bedürfnisse in die eigene Hand genommen, statt sich versorgen zu lassen. Das hat ihn nicht nur viel Schweiß und Mühe gekostet, sondern war darüber hinaus auch noch völlig vergebens!

Die Ein-Punkt-Liste

Und dann kommt sie doch noch, die Prioritätenliste, nach der wir gefragt haben. Aber auf dieser „Liste" steht nur ein einziger Punkt. Das Ganze ist also nicht sonderlich kompliziert, im Gegenteil, es ist durchaus leicht zu merken: *„Euch jedoch"*, so sagt Jesus, *„muss es um sein Reich gehen; dann wird euch das andere dazugegeben"* (Lukas 12,31).

„Reich Gottes" ist ein Begriff, der in den Evangelien untrennbar mit Jesus verbunden ist (Lukas 17,20-21). Damit ist es weniger eine Ortsbeschreibung als vielmehr ein Beziehungsbegriff. Das Reich Gottes ist nicht ein „fertiger" Ort, zu dem man hinpilgern könnte, sondern es ereignet sich, wächst und entsteht da, wo Jesus ist und Menschen ihn in ihrer Mitte haben. Dort wird es sichtbar und erfahrbar. „Trachtet zuerst nach dem Reich Gottes", heißt also weniger: Die *Arbeit* für das Reich Gottes oder der *Bau* an seinem Reich sollen für euch oberste Priorität haben. Vielmehr bedeutet dieser Satz: Die *Beziehung* zu Jesus und seine Gegenwart in der Mitte eures Lebens soll für euch das Wichtigste sein.

Die oberste Priorität in unserem Leben hat also keine Sache, kein Dienst und erst recht keine fromme Pflichterfüllung, sondern eine *Person*. Von dieser Person her regelt sich alles andere in unserem Leben: unser Lebensstil, unsere Ethik, unser Umgang mit uns selbst und mit anderen Menschen, die Projekte, in die wir uns einbringen, und vieles mehr. Mit Jesus in unserer Mitte wächst und entsteht Reich Gottes in uns und um uns herum. Alles andere, so sagt Jesus, gibt es gratis noch obendrauf! Auf die Frage, wie das uns anvertraute Leben auch im Sinne Gottes reich werden kann, bekommen wir also keine Anweisung in die Hand gedrückt, sondern uns wird eine Beziehung angeboten.

Damit ist auch die Frage: *„Wie wird man so? So authentisch, so souverän, so humorvoll, so geradlinig, so stark, so liebevoll und wertschätzend, so unglaublich … jesusähnlich?“*, die uns durch dieses Buch begleitet hat, beantwortet. Neben all den guten Dingen, die wir tun können, um einen Weg zu bahnen, ist es vor allem die innige Beziehung zu Jesus, durch die man „so“ wird. Und nur durch diese Beziehung wird unser Leben dauerhaft und nachhaltig Bestand haben.

Denn wir haben unser Leben erst dann optimal gelebt und gestaltet, wenn wir uns losgelassen haben und in der totalen Abhängigkeit von dem „Ich bin für dich da“ leben. Doch gerade dann sind wir – und das ist das Erstaunliche – absolut frei, absolut wir selbst und können uns bestmöglich entfalten. Wir sind dem „Ich bin für dich da“ treu ergeben, sind gehorsame Nachfolger und trotzdem starke, individuell sehr unterschiedliche Persönlichkeiten mit großer Ausstrahlung. *Gerade* weil wir jesusbewusst sind, sind wir auch selbstbewusst und können in dieser Welt unsere Frau und unseren Mann stehen.

Jeder von uns wird unter seiner Führung einen völlig anderen Lebensweg gehen, vorbei an gänzlich unterschiedlichen Landschaften. Wir alle werden uns unterschiedlich entwickeln und zu ganz verschiedenartigen Persönlichkeiten heranreifen. Unsere Ansichten und Erkenntnisse, unser Lebensstil und die Unterpunkte in unseren „Prioritätenlisten" werden sich nicht gleichen. Aber dennoch sind wir miteinander auf einzigartige Weise verbunden: durch unsere Liebe zu ihm!

Das Reich Gottes ist nicht ein „fertiger" Ort, zu dem man hinpilgern könnte, sondern es ereignet sich, wächst und entsteht da, wo Jesus ist und Menschen ihn in ihrer Mitte haben.

Und damit schließt sich der Kreis. Am Ende geht es wieder – wie könnte es auch anders sein – um den „Ich bin *für* dich da". Werfen wir zum Schluss noch einmal einen Blick auf ihn:

Ein Fest mitten im Alltag. So fühlt sich eine Begegnung mit jemandem an, der uns vertraut ist und von dem wir uns absolut geliebt und angenommen wissen. Mit dem wir Lasten teilen und bei dem wir ganz entspannt bleiben können, weil wir keine Kraft darauf verschwenden müssen, etwas zu verstecken oder uns aufzuplustern. So fühlt sich eine Beziehung an, die uns neue Lebensenergie verleiht, weil wir aus der Begegnung weggehen mit einer Fülle an neuen Impulsen und Ideen, unser Leben kreativ und fruchtbringend zu gestalten.

So oder ähnlich müssen sich die Menschen in der Gegenwart von Jesus gefühlt haben. In der Gegenwart des Menschenliebhabers, des Menschenfreunds. In seiner Nähe waren sie zufrieden, gesättigt, entspannt, wurden verstanden, inspiriert und durch vie-

le interessante und spannende Impulse ermutigt, ihr Leben schöpferisch zu gestalten und in gute Bahnen zu lenken. Nicht umsonst hat er die Menschen, vor allem die, welche ihre Bedürftigkeit eingestanden haben, magisch angezogen. Seine Nähe hatte etwas unglaublich Wohltuendes – auch oder gerade da, wo er mit seinem Reden und Handeln manch wunden Punkt getroffen hat. Das „Ich bin für dich" muss bei ihm so stark spürbar gewesen sein, dass Schuld bekannt wurde, Menschen umgekehrt sind und Neues gewagt wurde.

So fühlt sich die Begegnung mit Gott an, wenn wir ihn selbst als Menschenfreund und Menschenliebhaber kennengelernt haben und ihn auch ganz persönlich als den „Ich bin für dich da" erfahren haben. Wir können ihn auch nur so erfahren – so, wie er sich selbst vorgestellt hat. Seine Nähe tut gut, inspiriert, sättigt und macht gleichzeitig Lust auf mehr. Macht Lust, loszulassen, umzukehren und Neues zu wagen!

Anmerkungen

1 Aus: Dag Hjalmar Agne Carl Hammarskjöld: *Zeichen am Weg.* © Verlag Freies Geistesleben & Urachhaus GmbH, Stuttgart 2011.

2 Dieser Vers findet sich auch in der Luther-Bibel mit Apokryphen: Stücke zu Daniel 3,26.

Peter Höhn
Leben aus Liebe
Vom Himmel her die Welt bewegen
Edition
AUFATMEN
SCM